Beck'sche Reihe
Aktuelle Länderkunden
BsR 849

Obwohl sich Taiwan und Hongkong neben dem 1,2-Milliarden-Staat China wie Zwerge ausnehmen, haben sie sich wirtschaftlich doch zu Giganten entwickelt und der Volksrepublik auch im technologischen Bereich bei weitem den Rang ablaufen können. Im Falle des winzigen Hongkong wirkt dies bisweilen genauso, als hätte etwa Helgoland die Bundesrepublik Deutschland in den Schatten gestellt.

Der Hauptgrund für diesen verblüffenden Leistungsvorsprung der beiden „reichen Verwandten" gegenüber dem chinesischen Familienverband liegt, von einigen Kapitalfluchtbewegungen einmal abgesehen, darin, daß Taiwanesen und Hongkonger aus der Not ihrer politisch so heiklen Lage eine wirtschaftliche Tugend gemacht und die im metakonfuzianischen Wertesystem steckenden Möglichkeiten optimal ausgeschöpft haben.

Das vorliegende Buch analysiert die Besonderheiten Taiwans und Hongkongs unter geschichtlichen, politischen und wirtschaftlichen Gesichtspunkten, beschreibt ferner die politische Kultur dieser beiden „Peripher-Gesellschaften" und versucht, ihre Zukunft zu prognostizieren.

Dr. *Oskar Weggel* ist Wissenschaftlicher Referent am Institut für Asienkunde in Hamburg. Von ihm liegen bereits vor: „China" (BsR 807) und „Indochina" (BsR 809). Im Verlag C.H. Beck erschien von ihm ferner: „Die Asiaten", ein Schlüssel zum Verständnis und eine Anleitung zum Umgang mit den Asiaten – in ihrer Heimat und bei uns, „mit einer Fülle von Informationen und geradezu unterhaltsam zu lesen" (Capital).

OSKAR WEGGEL

Taiwan
Hongkong

VERLAG C.H.BECK MÜNCHEN

Mit 2 Karten, 9 Abbildungen (Süddeutscher Verlag, München) und
1 Tabelle

Dies ist eine Forschungsarbeit des Instituts für Asienkunde, Hamburg

Die Deutsche Bibliothek – CIP-Einheitsaufnahme

Weggel, Oskar:
Taiwan, Hongkong / Oskar Weggel. [Dies ist eine
Forschungsarbeit des Instituts für Asienkunde,
Hamburg]. – Orig.-Ausg. – München : Beck, 1992
    (Beck'sche Reihe ; 849 : Aktuelle Länderkunden)

    ISBN 3 406 35169 7
NE: GT

Originalausgabe
ISBN 3 406 35169 7

Einbandentwurf von Uwe Göbel, München
Umschlagbild: Sonne-Mond-See, Taiwan
(Internationales Bildarchiv Horst v. Irmer, München)
© C.H. Beck'sche Verlagsbuchhandlung (Oscar Beck), München 1992
Gesamtherstellung: Appl, Wemding
Printed in Germany

Inhalt

III. Die Wirtschaft als A und O

IV. Das gesellschaftliche Leben

V. Die Zukunft

Anhang

Vorwort

Am 1. Juli 1997 beginnt für die Kronkolonie Hongkong ein neues Zeitalter: Nach 156 Jahren britischer Vorherrschaft geht dann alle Amtsgewalt an die Volksrepublik (VR) China über – für die einen ein Zukunftsfanal, für die anderen ein rabenschwarzes Ereignis. Spätestens von diesem historischen Datum an dürfte sich auch die Taiwan-Frage mit erneutem Nachdruck stellen.

Welche Ergebnisse das Lotteriespiel um die „Wiedervereinigung" auch immer zutage fördern mag, so ist doch heute schon abzusehen, daß sich am Eigenprofil Taiwans – aber auch Hongkongs – nicht allzu viel ändern wird. Beide sind *geschichtlich* in eine Sonderrolle hineingewachsen, verkörpern gegenüber dem realsozialistischen China ein chinesisches „Anderssein" und nehmen insofern (vor allem in Krisenzeiten) eine Druckausgleichs- und Kontrapunktfunktion wahr; beide gehorchen anderen *politischen* Spielregeln, *wirtschaften* anders, und beide haben nicht zuletzt auch das autochthone *metakonfuzianische* Erbe weitaus konsequenter in moderne Verhaltensformen umgesetzt als die VR China, die allzu lange dem Suggestionsreiz fremder Formeln erlegen ist und erst 1978 im Zeichen der Deng-Xiaoping-Reformen damit begonnen hat, sich zielstrebig und doch voller Berührungsängste auf den „Renormalisierungs"-Weg zu begeben. Diese vier Verschiedenheiten, die sich gleichzeitig auch als die besonderen Markenzeichen der beiden „Wahlverwandten" Taiwan und Hongkong erweisen, sollen sukzessive in den ersten vier Kapiteln analysiert werden. Aufbauend darauf gilt es dann in Kap. V noch einen abschließenden Blick auf die Zukunft Taiwans und Hongkongs zu werfen.

Die drei Hauptthesen, die der Gesamtdarstellung als Leitfäden zugrunde liegen, gehen davon aus, daß Taiwan und Hongkong erstens geschichtlich gewachsene Gegenkonstellationen – und damit gelebte Alternativen – zum Reich der Mitte sind, daß diese ihre Sonderrolle zweitens keineswegs im Widerspruch zur Tradition steht, sondern ganz im Gegenteil die im Wertesystem des Metakonfuzianismus angelegten Möglichkeiten auf modernisierungsträchtige Weise ausschöpft und daß deshalb, drittens, tendenziell nicht mit einer Sozialisierung Taiwans oder Hongkongs, sondern eher umgekehrt mit einer Taiwanisierung/Hongkongisierung der VR China, zumindest aber der im dortigen Wirtschaftsleben tonangebenden südostchinesischen Küstenprovinzen zu rechnen ist. Angesichts solcher Perspektiven sind die Evolutionsmodelle Taiwan und Hongkong keineswegs auf Nebenschauplätze beschränkt, sondern könnten einem Viertel der Menschheit Schrittmacherdienste leisten.

Das vorliegende Buch soll sich nicht kopflastig in der Darlegung und Reflexion von Sachfragen erschöpfen, sondern ist darüber hinaus als Sympathieerklärung des Autors an Taiwan und Hongkong gedacht, die er seit 1965 immer wieder besuchen und deren Gastfreundschaft er viele Jahre hindurch in Anspruch nehmen durfte. Distanz und Nähe, Kritik und Anteilnahme sollen also die Darstellung bestimmen.

Die Verschriftung der chinesischen Namen und Begriffe erfolgt ausnahmslos in Pinyin und wird nur dort in Cantonesisch belassen, wo es zur Identifizierung unentbehrlich ist. Lediglich in den Literaturangaben sollen die dort jeweils benutzten Umschreibungen beibehalten bleiben, auch wenn sie einem anderen System folgen oder aber falsch sind.

Der Autor dankt seinen Mitarbeiterinnen, Frau Grethe Meier-Gildemeister und Frau Marianne Köhne, für die Textbearbeitung und für die redaktionellen Hinweise sowie seinem Kollegen Rüdiger Machetzki für kritische Durchsicht des Manuskripts und für eine Reihe von Anregungen.

Hamburg, Januar 1992

I. Geschichte

1. Das „andere" China:
Die Sonderstellung Taiwans und Hongkongs

a) Geschichtliche Randlage

Vier epochale Katastrophen des kaiserlichen China waren es, die dazu führten, daß sich außerhalb des Reichs der Mitte chinesische Auslandsgemeinden und Nebenschauplätze, ja offen rivalisierende Gegenstaaten herausbildeten: Als im 13. Jh. das Song-Reich von den aus Nordasien vorrückenden mongolischen Reiterheeren aufgerollt wurde, flohen Tausende von Chinesen nach Nanyang (dem heutigen Südostasien) und gründeten dort die ersten Überseegemeinden; als im 17. Jh. die Ming-Dynastie (1368–1644) unter den Schlägen der Manzhou-Tataren ins Wanken geriet, erlebte die chinesische Besiedlung Taiwans ihren Auftakt; als im 19. Jh. die Qing-Dynastie (1644–1911) verwelkte, begann die britische Kronkolonie Hongkong aufzublühen, und als Mitte des 20. Jh. die Republik China (1912–1949) auf dem Festland zusammenbrach, setzte jene gewaltige Bluttransfusion nach Taiwan und Hongkong ein, die sich schon bald als Hauptelexier für die Revitalisierung dieser beiden Randgebiete Chinas erweisen sollte. Schon dieser erste Überblick läßt die Vermutung aufkommen, daß Taiwan und Hongkong, die ja bezeichnenderweise beide Inselcharakter besitzen, gegenüber dem Reich der Mitte stets eine Ausgleichs- und Nischenfunktion hatten. Das insulare China diente als eine Art Druckausgleichskammer für all jene Kräfte, die im eigentlichen China keine Entfaltung (mehr) finden konnten. Folglich repräsentierten Taiwan und Hongkong auch stets ein *alternatives* China und erfuhren in diesem dialektischen Dauererlebnis ihre eigentliche Bestimmung und ihre Existenzberechtigung. Solange beide *anders*

11

waren, erwiesen sie sich als unentbehrlich, ja als befruchtend – und sie hätten geradezu erfunden werden müssen, wären sie nicht ohnehin schon durch die List der Geschichte ins Leben gerufen worden.

Kein Wunder, daß dieses insulare – und querdenkerische – China den Siegelbewahrern der konfuzianischen Tradition immer schon als höchst suspekte Grauzone erschienen war und daß vor allem zwei Tatbestände Berührungsängste hervorriefen, nämlich die maritime Außenlage und die häufig überseeische Orientierung dieser als Randkulturen empfundenen Gebiete.

Schon die *Insellage* als solche ließ Allergien aufkommen: Anders als bei seefahrenden Völkern war das „hai" (Meer) der Han-Zivilisation ja nicht als Erweiterungs-, sondern stets als Begrenzungsraum erschienen: Das Reich der Mitte galt nach traditioneller Darstellung als von „Vier Meeren" umgeben – und dies, obwohl in Zentralasien weit und breit kein Meer ist! „Hai" war also das Begrenzende schlechthin und wurde als das „Äußere" (wai) empfunden – ganz im Gegensatz zum „neidi", d. h. dem Innenbereich. Wer mit dem Meer zu tun hatte, stand von vornherein in einem schiefen Licht, ob er sich nun als Seeräuber, als entflohener Strafgefangener oder als risikofreudiger Kaufmann entpuppte.

Angesichts dieser im wahrsten Sinne des Wortes erdverbundenen Grundeinstellung des Mandarinats war es kein Wunder, daß zwischen dem chinesischen Festland und den ihm vorgelagerten Inseln stets psychologische Mauern standen. Die größte dieser Inseln war – mit 36.000 qkm – Taiwan, gefolgt von Hainan (33.900 qkm) und einer weiteren Hundertschaft, an deren unterer Skala das im extremen Süden gelegene Hongkong lag.

Die periphere Entwicklung Taiwans und Hongkongs im Rahmen der chinesischen Geschichte ergibt sich allein schon aus der Tatsache, daß, von einer einzigen Ausnahme abgesehen, nie ein Kaiser ihren Boden betreten hat. Der einzige Monarch, der sich wenigstens den Randlagen Hongkongs genähert hatte, war Xiang Xing, der letzte Monarch der Südlichen Song-Dynastie, dem die nachdrängenden mongolischen Reiterheere während seiner nur zwei Jahre (1278–1279) währenden Amtszeit fast pausenlos auf den Fersen geblieben waren und der sich in einer ziellosen Flucht seinen Verfolgern bis Shekou („Schlangenmaul"), nahe dem heutigen Hongkong, hatte entziehen können. Hier, im tiefsten Süden seines Reiches angelangt, ließ er sich von einem Minister ins Meer hinaustragen und starb dort 1279 den Freitod. Sein Grab ist einer der touristischen Hauptanziehungspunkte der heutigen Wirtschaftssonderzone Shekou.

Auf der Flucht vor den pfeilschnellen mongolischen Reiterheeren befanden sich damals aber nicht nur der Kaiser und sein Hof, sondern Tausende von Song-Loyalisten, die, anders als Xiang Xing, an der Südgrenze des Reiches keineswegs das Handtuch werfen, sondern sich hinaus ins unbekannte „Südmeer" (Nanyang) wagen wollten, und die dann ja auch im heutigen Indochina sowie im Malaiischen Archipel eine neue Bleibe fanden, u. a. in Tumasik (oder auch Temasek), einem unbedeutenden Ankerplatz, an dem später das moderne Singapur entstand. Diese chinesische Kolonisierung von Teilen Südostasiens sorgte dafür, daß von jetzt an persönliche Beziehungen zwischen Auswanderern und „Daheimgebliebenen" – also zwischen Südchina und Nanyang – entstanden waren, die den soliden Untergrund für spätere Handelsbeziehungen abgaben und deren bis heute fortwirkendes Erbe mit dazu beigetragen hat, daß der asiatisch-pazifische Raum am Ende des 20. Jh. zu einem der dynamischsten Brennpunkte der Weltwirtschaft geworden ist.

b) Die „Blaue Kultur" als Markenzeichen des insularen und des südöstlichen China

Die ersten auslandschinesischen Gemeinden in Nanyang hatten sich bereits vier Jahrhunderte vor der Geburt eines chinesischen Taiwan und sechseinhalb Jahrhunderte vor der Entstehung der Kronkolonie Hongkong herausgebildet. Trotz solcher Zeitabstände war den Bewohnern der Huaren(„Auslandschinesen")-Gemeinden und den späteren Bewohnern Taiwans und Hongkongs aber doch *eines* gemeinsam, nämlich das Südchinesentum, das sich vom übrigen Reich der Mitte vor allem durch zwei kulturelle Unterscheidungsmerkmale abhob, nämlich durch seine Sättigung mit Dialekten und durch seine „Blaue Kultur".

Während sich Nordchina zur Steppe hin jahrhundertelang durch die „Zehntausend-Meilen-Mauer" abgeschirmt hatte, blieb das südliche vom nördlichen China durch eine Dialektmauer abgesondert: allerdings nicht so sehr, weil sich hier sprachliche Neubildungen ergeben hätten, sondern weil gerade umgekehrt hier das ursprüngliche Chinesisch reiner erhalten blieb als im Norden. In Hongkong sind die Yue(Canton)-Dialekte, auf Taiwan sowohl Min- als auch Yue-Dialekte zu Hause. Nur an wenigen Stellen wurde der Dialektpanzer durch die Kommunikationsmittel der Großen Tradition, nämlich durch die Schriftsprache, den Staatskonfuzianismus und durch eine Reihe von künstlerischen Traditionen durchbrochen – ähnlich wie etwa die Grenzen des mittelalterlichen Europa durch das Latein und durch spätrömische Kunstelemente.

Zweitens aber hat sich in Südchina eine eigene Kultur herausgebildet, die von der antiregionalistischen Geschichtsschreibung des kaiserlichen Mandarinats stets mit Stillschweigen übergangen zu werden pflegte, die sich aber jedem Nordchinesen, der Gelegenheit hatte, in den Süden zu kommen, geradezu physisch mitteilte und die als solche erstmals in einem sechsteiligen Fernsehfilm herausmodelliert wurde, der im Juni 1988 unter dem Titel „Heshang" über die Bildschirme der VR China lief. Die Serie war, wie sich bald herausstellte, von den damaligen Reformern um Parteichef Zhao Ziyang angeregt worden und sollte eine antikonservative politische Botschaft übermitteln. Als solche wurde sie zum ersten wirklichen Medienereignis der Volksrepublik – und gleichzeitig zu einem Stein des Anstoßes.

Die „Gelbe Kultur" sei – so die These der Filmserie – schon seit Jahrhunderten erstarrt und praktisch untergegangen – daher auch der Titel „Heshang", wörtlich: „Vorzeitiger Tod des Gelben Flusses". Paradoxerweise aber gelinge es ihrer Knochenhand auch heute noch, dem aufs Meer hinausblickenden, also „blauen und weltoffenen" Süden in seinem Entfaltungsdrang immer wieder Einhalt zu gebieten. Wenn China je aus seinem Mauerverließ ausbrechen und zu einem wirklich kosmopolitischen Gemeinwesen werden wolle, so müsse es sein alle Neuerungen erstickendes gelbes Erbe über Bord werfen. Die Erstarrung des Nordens und seine Sehnsucht nach Abkapselung hänge mit der Verwachsenheit im Lößboden zusammen: Nach alter Überlieferung seien die Bewohner der Lößebene, d. h. der nördlichen Urheimat der chinesischen Kultur, aus gelbem Boden geformt, lebten von „gelbem Reis" (Hirse), wohnten in Lößhöhlen und tränken seit unvordenklicher Zeit gelbschlammiges Wasser. Urvater der Chinesen sei Huangdi, der „Gelbe Kaiser", der rituell immer nur gelbe Kleider getragen habe, den „Lößweg" gegangen sei – und unter gelbglacierten Ziegeldächern zu leben pflegte. Kein anderes Volk der Welt sei so bodenverhaftet, so konservativ und so introvertiert gewesen wie „unsere Ahnen". Die Rückständigkeit einer mehrtausendjährigen Zivilisation habe sich wie der Schlamm des Huanghe in den Adern der Nation und nicht zuletzt auch in den Köpfen der politischen Elite abgelagert. Statt in die Zukunft zu schauen und den Fortschritt voranzutreiben, hätten die Ahnen sich hinter Abwehrmauern verschanzt und immer nur die Vergangenheit angebetet. Statt sich z. B. aktiv der japanischen Piraten zu erwehren, habe die Ming-Dynastie nur müde reagiert und die Qing-Dynastie schließlich gar den gesamten Küstenstreifen entvölkert. Auch gegen die mit modernen Flotten aufkreuzenden Europäer sei den Vorfahren nicht mehr eingefallen als den Kopf in den Sand zu stecken und zu versuchen, sich noch stärker abzukapseln. Selbst die Kulturrevolution sei am Ende nichts anderes gewesen als eine Flucht in die eigene Innerlichkeit – und in den Selbstbetrug.

Dabei hätten die Chinesen nicht einmal Neuland betreten müssen, um sich vom gelben Schlamm der Vergangenheit zu befreien; vielmehr hätte es genügt, sich die meereszugewandte Blaue Kultur der chinesischen Küstenbewohner zu eigen zu machen; ob mit den eigentlichen Vertretern der Blauen Kultur am Ende nicht gar Taiwan und Hongkong gemeint sein konnten, blieb in der Filmserie wohlweislich offen.

Die meisten südchinesischen Zuschauer zeigten sich von der Serie und ihrer Aussage begeistert. Schon kurze Zeit später veranstaltete die Stadt Guangzhou bezeichnenderweise „Blaue Wochen". Umgekehrt waren die konservativen Politiker der Beijinger Führung geschockt und nahmen die den Juni-Ereignissen von 1989 folgende konservative Wende zum Anlaß, um über „Heshang" das Leichentuch der Zensur zu breiten. Verschwunden ist freilich nur der Film, nicht jedoch die von ihm aufgezeigte Kluft.

Dies konnte auch gar nicht so schnell geschehen, da der Gegensatz zwischen dem „nördlichen" und dem „südlichen", also zwischen dem „Gelben" und dem „Blauen" China keineswegs neu ist, sondern auf eine lange Geschichte zurückblickt, die bis in die Song-Dynastie nachvollziehbar bleibt: Unter dem Druck der damals aus dem Norden vordringenden Mongolen hatte sich der wirtschaftliche und schließlich auch der politische Schwerpunkt Chinas von Nord- nach Südchina verlagert, also von der Weizen- in die Reisanbauregion und von Zentralasien, mit dem sich noch das Tang-Reich (618–907) permanent hatte auseinandersetzen müssen, nach Südchina und zum südostchinesischen Küstenbereich hin. Der Süden, ehedem noch reines Kolonialgebiet, war vor allem in den eineinhalb Jahrhunderten der „Südlichen Song" (1127–1279) zum chinesischen Reichs- und Kulturzentrum und damit gleichzeitig auch zu einer echten Alternative sowie zum Schauplatz eines regionalen Sonderbewußtseins geworden. Damit aber hatten sich Keime der Rivalität zwischen Süd und Nord entfaltet, wie sie seitdem zum ständigen Merkmal der chinesischen Politik geworden sind und wie sie sich bis in Fragen der Literatur, der Theaterstile und der Architektur, nicht zuletzt auch der Musik und sogar der Kochkunst hinein weiterentfalteten. Vor allem aber war China in den viereinhalb Jahrhunderten zwischen der Gründung des Song-Reichs und den maritimen Großexpeditionen des Admirals Zheng He (1371–1434) zur mit Abstand größten Seemacht der damaligen Welt geworden. Das frühere Interesse für die „Seidenstraße durch die Steppe" hatte sich in diesem Zeitraum auf die „Seidenstraße übers Meer" verlagert.

Diese neue Tradition dauerte immerhin bis zum Jahre 1433, als sich nämlich das gerade 65 Jahre alte Ming-Regime als Reaktion auf die schon wieder einmal aus dem Norden vorstoßenden

Mongolen gezwungen sah, seine Aufmerksamkeit erneut ganz den „Steppenstraßen" zuzuwenden und die Große Mauer um Hunderte von Kilometern zu verlängern, so daß für maritime Unternehmungen kein Geld mehr übrigblieb.

Auch aus abwehrstrategischen Überlegungen wurde die Hauptstadt 1421 vom südlichen Nanjing ins nördliche Beijing verlegt, womit symbolisch ein Rückzug Chinas von der Blauen Kultur hinein in den traditionellen „gelben Bereich" stattfand. Überall ging das Reich auf Hab-acht-Stellung und duckte sich hinter hohen Mauern; zu keinem Zeitpunkt auch wurde an der Großen Mauer so intensiv gebaut, wie während der Jahre der maritimen Selbstaufgabe. Das „Blaue" Erbe lag brach und suchte nach neuen Entfaltungsmöglichkeiten, die sich am ehesten im insularen China finden ließen.

2. Die Entstehung Taiwans und Hongkongs als Antwort auf den Rückzug Chinas in die „Gelbe Kultur"

a) Taiwan wird chinesisch

Trotz der im 15. Jh. neu vollzogenen „Wende nach innen" blieb im südostchinesischen Küstenbereich ein Filigran von Seefahrertraditionen erhalten, aus dem die Ming-Dynastie allerdings keinerlei Nutzen zog. Statt sich zu einer aktiven Flottenpolitik und zur Offensive gegen das zunehmende Seeräuberunwesen durchzuringen und so den Stier direkt bei den Hörnern zu packen, verhielt sich die Ming-Regierung passiv, beschränkte sich auf punktuellen Küstenschutz und geriet damit schon bald in eine verhängnisvolle Situation, als nämlich in Form von Manzhou-Reiterheeren aus dem Norden eine neue „Barbaren"-Welle anrollte, die seit Beginn des 17. Jh. immer weitere Teile Nordchinas erfaßte.

Nun rächte es sich, daß das Reich sich keine maritimen Abwehrreserven geschaffen hatte und vor allem nicht in der Lage war, die wirtschaftlich so bedeutsamen Küstenstädte zu verteidigen.

In ihrer Not blieb den Ming nichts anderes übrig, als ausgerechnet Piraten chinesisch-japanischer Herkunft in ihren Dienst zu nehmen. Einer von ihnen, Zheng Zhilong, hatte mit teils legalen, teils illegalen Mitteln entlang der gesamten chinesischen Küste von Macau bis hinauf zum südjapanischen Kyushu ein Handelsnetz aufgezogen, das so einträglich war, daß Zheng während des frühen 17. Jh. zum wohlhabendsten chinesischen „Abenteurer-Kaufmann" aufrückte. Der Ming-Hof begann sich für den reichen Emporkömmling zu interessieren und betraute ihn 1629 mit dem Oberkommando der Kaiserlichen Marine sowie mit dem Auftrag, zur See und an der Küste den Widerstand gegen die aus dem Norden anrückenden Manzhoutataren zu organisieren und gleichzeitig die übrigen Seeräuber davon abzuhalten, die chinesischen Küsten weiterhin heimzusuchen. So kam es zu dem paradoxen Ergebnis, daß ausgerechnet Chinas Piratenkönig zum maritimen Hauptprotektor der Ming-Kaiser aufrückte. Als noch dynastietreuer erwies sich sein Sohn Zheng Chenggong, der wegen seiner Verdienste die außergewöhnliche Erlaubnis erhielt, den Namen des Kaiserhauses „Zhu" anzunehmen, weshalb er auch schon bald als „Guoxingye" („Exzellenz mit dem staatlichen Namen") auftrat – unter einer Bezeichnung, die von den Holländern und den Portugiesen zu „Koshinga" bzw. „Coxinga" verballhornt wurde.

„Coxinga" blieb dem Kaiserhaus auch nach dem Zusammenbruch der Ming (1644) treu verbunden und wurde zu einem der mächtigsten Widersacher der neuen mandschurischen Qing-Dynastie. Anfangs bekämpfte er die Manzhou-Truppen noch vom südostchinesischen Xiamen (Amoy) aus. Als ihm die strategisch genial geführten Reitertruppen seiner Gegner jedoch immer mehr auf den Leib rückten, blieb ihm nichts anderes übrig, als aufs Meer auszuweichen und sich dort einen neuen Stützpunkt zu suchen. Seine Wahl fiel auf das nur 160 km vor der Küste Fujians gelegene Taiwan, das zu dieser Zeit noch fast ausschließlich von polynesischen Stämmen bewohnt und seit 1624 von der „Vereenigten Oostindischen Compagnie" beherrscht war, die ihren Hauptsitz in Batavia, ihren Filialsitz in Anping, dem heutigen Tainan hatte und der es gelungen war, den Dreieckshandel zwischen Japan, chinesischen Schmuggelringen und der malaiischen Inselwelt an sich zu reißen, wobei Taiwan als Hauptdrehscheibe diente.

Im Frühjahr 1661 setzte Coxinga mit einer Flotte von 900 Schiffen und 25.000 Mann nach Taiwan über, das zu dieser Zeit lediglich von vier holländischen Koggen und 2.200 Mann geschützt war, landete einen Überraschungsangriff und zwang die Besatzung des Forts „Providentia" zur Kapitulation. Die Belagerung der zweiten holländischen Burg, nämlich Zeelandias, zog sich freilich über Monate hin, bis am 1. Februar 1662 eine ehrenvolle Kapitulation erfolgte.

Mit diesem Datum begann die Zeit der Sinisierung Taiwans, die, von 50 Jahren japanischer Kolonialherrschaft (1895–1945) unterbrochen, bis heute weiterwirkt.

Allerdings konnte sich die Zheng-Dynastie auf Taiwan nur wenige Jahre behaupten. Bereits 1683 rückten, kurz nach dem Tode Coxingas, Manzhou-Truppen nach und gliederten die Insel in den chinesischen Reichsverband ein.

Von diesem kurzen – und höchst erfolgreichen – Seemanöver gegen Taiwan abgesehen, blieb aber auch die Qing-Dynastie der Gelben Kultur treu, ja gab sich in ihren letzten Jahren fast noch päpstlicher als der Papst. Die Seefahrertradition geriet noch mehr in Vergessenheit als schon während der Ming-Dynastie. So kam es, daß das Reich bei der Auseinandersetzung mit den europäischen Kolonialmächten im 19. und 20. Jh. kaum seetüchtige Mittel besaß und eine schmähliche Niederlage nach der anderen hinnehmen mußte, u. a. 1894/95 sogar gegen den „kleinen" Nachbarn Japan, der beim Meister China jahrhundertelang in die Schule gegangen war.

b) Die Geburt eines „britischen" – in Wirklichkeit aber „sonderchinesischen" – Hongkong

Den maritimen Scheuklappen der Qing war letztlich auch die Kolonisierung Hongkongs zuzuschreiben. Zwar gab es unter der mandschurischen Oberherrschaft durchaus beachtliche Aussenhandelsströme, die sich jedoch nicht frei entfalten konnten, sondern stets streng bürokratisch kanalisiert blieben, und zwar im Rahmen des sog. „Canton-Systems", das bereits zu Beginn des 19. Jh. voll entwickelt und als solches eine Kreuzung aus altem „Tributsystem" und zeitgemäßerem Dschunkenhandel („Junk Trade") war.

Das bereits damals von Spinnweben überzogene Tributsystem, in dessen Labyrinth sich bis ins 18. Jh. hinein auch der Außenhandel abzuspielen pflegte, war von zwei konfuzianischen Grundannahmen bestimmt, nämlich dem Postulat, daß China das Oberhaupt der ostasiatischen Völkerfamilie sei, und der daraus abgeleiteten Folgerung, daß es als solches für die rechte Familienordnung „unter dem Himmel" (tianxia) zu sorgen habe. Dem „Sohn des Himmels" oblag also eine erzieherische Rolle, die er den Tributdelegationen gegenüber im Rahmen eines seit Jahrhunderten präzise eingeschliffenen Besuchs- und Unterwerfungsrituals demonstrierte. Am Rande des bei Hofe stattfindenden Koutou(Kotau)-Zeremoniells war es den Tributbringern mehrere Tage lang vergönnt, innerhalb der dafür vorgesehenen Bannmeile ihre mitgebrachten Waren zollfrei zu verkaufen.

1685, also nur zwei Jahre nach der Eingliederung Taiwans ins Qing-Reich, vollzog der Hof einen längst überfälligen Schritt und beschloß, den Außenhandel aus dem Tributritual herauszulösen und ihn möglichst weit weg von Beijing, nämlich bis hinunter zum südlichsten aller chinesischen Häfen, nach Guangzhou („Canton"), zu verlagern. Damit entstand das sog. „Canton-System", das zwar die Funktion eines Scharniers zwischen Bürokratie und Freihandel besser erfüllte als das Tributsystem, das aber trotz üppiger Umsätze nach wie vor die Kritik der Ausländer, vor allem der britischen East India Company, auf sich zog: war es doch auch in seiner jetzigen Form noch ein offensichtlich geballter Ausdruck chinesischer Herablassung gegenüber den „Barbaren". Da gab es zunächst einmal eine Milchstraße von Beschränkungen, die von den europäischen Kaufleuten als durchwegs demütigend empfunden wurden, sei es, daß die Ausländer die Stadt Guangzhou nicht betreten, ihre Frauen nicht mitbringen, kein Chinesisch lernen, keine Waffen tragen, keine Diener beschäftigen und nicht einmal chinesische Bücher kaufen durften, sei es, daß sie sich im Ghetto der „Dreizehn Factories", d. h. nur auf dem Gelände der ihnen zugeordneten 13 chinesischen Partnergilden aufhalten und sich im übrigen sogleich nach Beendigung der Handelssaison nach Portugiesisch-Macau zurückzuziehen hatten, sei es, daß sie dem chinesischen Strafrecht unterworfen waren und damit Praktiken der Auspeitschung oder der Folter unterlagen, wie sie sich mit dem europäischen Rechtsverständnis nicht vereinbaren ließen. Darüber hinaus bestand auch noch ein von der Bürokratie streng überwachtes Monopol von 13 Gilden, den sog. „Hongs", die damit beauftragt waren, die ausländischen Partner auch kommerziell unter Kuratel zu halten und die ihrerseits wiederum unter Aufsicht eines kaiserlichen Beamten, des „Inspekteurs über das Canton-Meer", standen, dessen chinesische Amtsbezeichnung „Yue hai guanbu" von den Europäern zu „Hoppo" verballhornt wurde. Als besonders unerträglich erschienen den westlichen Kaufleuten die zahllosen und immer unberechenbarer werdenden „Gebühren" und Auflagen. Klagen dieser Art wurden noch lauter, als die britische Regierung der East India Company 1834 das Handelsmonopol mit China entzog und nun ganz auf Freihandel zu setzen begann. Kaum etwas reimte sich schlechter auf die neue Free Trade Doctrine als das Canton-System! Zwei Kulturen, zwei Rechtskreise und zwei Wirtschaftskonzepte gerieten hier direkt miteinander in Konflikt, und dies alles am Brennpunkt Guangzhou. Allerdings mußte noch ein äußerer Anlaß hinzukommen, um das brisante Gemisch zur Explosion zu bringen – der Opiumhandel.

Wenn das so rabenschwarz beurteilte Canton-System gleichwohl ein gutes halbes Jahrhundert überdauern konnte, so lag dies vor allem daran, daß der Tee-, Luxusgüter- und Seidenhandel für beide Seiten attraktiv und profitabel war und daß auch die in den Anfangsjahren stets passive Handelsbilanz der Briten im Laufe der Zeit ausgeglichen werden konnte. Dies geschah dadurch, daß die ausländischen Partner ihre Rechnungen seit etwa 1800 nicht mehr mit dem immer teurer werdenden Silber, sondern zunehmend mit Opium beglichen, das beim chinesischen

Abb. 1: Sampans im Vorder- und Hochhäuser im Hintergrund. Als die Briten 1841 die Insel Hongkong in Besitz nahmen, trafen sie dort zwar auch einige landbewohnende Kejia („Hakka", wörtl.: „Gastvolk"), vor allem aber Bootsbewohner vom Volk der Tanka und der Hoklo an. Der Ort, an dem diese vom Fischfang lebende Bevölkerung hauptsächlich zu ankern pflegte, wurde später in „Aberdeen" umgetauft, trug damals aber den Namen „Hongkong" (wörtl.: „Duftender Hafen"), also eine Bezeichnung, die später auf die *gesamte* Kronkolonie überging. Bis in die sechziger Jahre des 20. Jahrhunderts hinein war das von Hausbooten und Sampans übersprenkelte Aberdeen die touristische Visitenkarte und das exotische Aushängeschild Hongkongs. Doch dann kam die große Sanierung und Umsiedlung, die vom alten Bild nur noch ein paar Fingerabdrücke übrigließ. Hatte sich die frühere Silhouette Aberdeens aus Masten, Segeln und Buschwerk gebildet, so besteht sie heute aus Mietskasernen, die von der „Hongkong Housing Authority" errichtet wurden, dem inzwischen wohl größten und vermutlich auch effizientesten Wohnungsbauunternehmen der Welt.

Verbraucher begehrt und in den Kolonien der East India Company überreichlich verfügbar war. Damit aber begann sich der handelspolitische Wind zu drehen: Solange die Briten chinesische Waren mit Silber hatten bezahlen müssen, waren sie im Minus geblieben, doch jetzt, da sie die Rechnung mit Opium beglichen, schrieben sie schwarze Zahlen. Für die Chinesen erwies sich die Wendung als katastrophal; abgesehen davon, daß die Silbervorräte nun wieder aus China abflossen, entwickelte sich das Opium zu einer Zeitbombe (für die Volksgesundheit).

In dieser Situation kam es am Beijinger Hof zu einer hitzigen Opiumdebatte, bei der die Befürworter einer Legalisierungs- und die Verfechter einer Verbotspolitik einander gegenüberstanden. Am Ende setzte sich die „Verbots"-Fraktion durch und erteilte im Frühjahr 1839 einem ihrer energischsten Beamten, Lin Zexu (1785–1850), Sondervollmachten gegen die Barbaren. Beherzt umzingelte Lin mit seinen Truppen die Lagerhäuser der Opiumhändler in Guangzhou und forderte sie zur Kapitulation und zur Herausgabe des Rauschgifts auf. Erst nach sechswöchiger Belagerung jedoch warfen die entnervten – und vom energischen Zugreifen der Chinesen überraschten – Briten das Handtuch, rückten ihre rd. 20.000 Kisten Opium heraus und verließen fluchtartig Guangzhou. Da ihnen, auf einen entsprechenden Wink Lins hin, nun auch noch Macau die kalte Schulter zeigte, wichen sie im Sommer 1839 auf die in der Nachbarschaft gelegene taifunsichere Insel Hongkong (m.: Xianggang, „Duftender Hafen") aus, wo zu dieser Zeit nur etwa 3.650 Menschen in rd. 20 Dörfern siedelten und weitere 2.000 Fischer auf Booten lebten. Während sich die Flüchtlinge auf dem unwirtlichen Felseneiland notdürftig einrichteten, veranstaltete Lin Zexu am Strande von Humen („Tigertor"), unweit von Guangzhou, eine demonstrative Verbrennungszeremonie, bei der rd. 1 Million kg Opium in Rauch und Flammen aufgingen. Lin wurde mit diesem Fanal zum Nationalhelden Chinas, gleichzeitig aber auch zum bestgehaßten Feind Großbritanniens, das nicht gewillt war, eine solche Schande auf sich sitzen zu lassen. In der Tat erklärte es im Juli 1840 dem chinesischen Kaiserreich den Krieg und entsandte 48 Kriegsschiffe sowie eine Expeditionsarmee von 4.000 Soldaten nach Fernost.

Damit waren die Weichen für den Ersten Opiumkrieg gestellt, der sich allerdings nicht gleichmäßig hinzog, sondern in dessen Verlauf Kampf- und Verhandlungsphasen einander abwechselten – ganz im Sinne der später von Mao Zedong verfolgten Strategie des „dada tantan" („schlagen schlagen, sprechen sprechen"). Bei einer der zahlreichen Zwischenverhandlungen kam es am 20. 1.

1841 zum Vertrag von Chuanbi, aufgrund dessen China die Insel Hongkong an Großbritannien abtrat, das dort schon eine Woche später, nämlich am 26.1.1841, die britische Flagge hißte und damit das Eiland formell in Besitz nahm.

Der Krieg ging trotz dieses Etappenergebnisses weiter und endete erst mit der Belagerung Nanjings und der Kapitulation Chinas. Am 29. August 1842 mußte das gedemütigte Reich der Mitte den „Nanjing-Vertrag" unterzeichnen, der nochmals die Übernahme Hongkongs durch Großbritannien bestätigte, fünf zusätzliche Häfen für ausländische Kaufleute freigab und den Briten darüber hinaus günstige Zolltarife, Exterritorialität und die Meistbegünstigung einräumte. Die „Kronkolonie Hongkong" war damit endgültig abgesichert.

Die Engländer, die ihre Hongkong-Politik mit einer Schandtat eingeleitet hatten, gingen später allerdings – zu ihrer Ehre sei dies gesagt – dazu über, in der Kronkolonie den Opiumhandel zu verbieten und Rauschgifthändler systematisch zu verfolgen. Gleichwohl blieb Hongkong dem Odium seiner Rauschgifttradition bis heute treu. Zumeist liegt der Vertrieb von Opium und Drogen bei den örtlichen Triaden (Geheimgesellschaften). Eine der bekanntesten der 30 Geheimbünde, deren organisatorische Gebräuche und Rituale zumeist noch auf das 17. Jh. zurückgehen, war lange Zeit die „Qingbang", d. h. jene „Grüne Bande", die ihr Unwesen während der 30er und 40er Jahre zumeist in Shanghai betrieb und die dann nach dem Siege der Kommunisten in Hongkong neu Fuß gefaßt hatte. Die Qingbang wurde am 10. Oktober 1966 in Hongkong ausgeschaltet – zumindest nach Meinung der Polizei. Die anderen Gruppen aber bestehen nach wie vor weiter und gehören mit zu den Hauptelementen der Hongkonger Unterwelt.

Opium erwarb sich übrigens nicht nur in Hongkong, sondern auch auf Taiwan eine Art Heimatrecht, vor allem zur Zeit der japanischen Kolonialherrschaft (1895–1945). Die Japaner erließen dort 1897 eine Opiumverordnung, in der sie, ohne mit der Wimper zu zucken, Japanern aus Gesundheitsgründen den Konsum von Opium verboten, den Taiwanesen aber aus „Humanitätsgründen" eben diesen Genuß großzügig erlaubten. Mehr noch:

Taiwanesen, die Opium an die Japaner weitergaben, mußten mit Todesstrafe rechnen, sahen sich gleichzeitig aber höflich dazu aufgefordert, sich doch bitte selbst aus den üppigen Vorräten des Opiummonopols so lange zu bedienen, wie es der Geldbeutel zuließ. Operativ wurde das Opiumgeschäft hauptsächlich von der Firma Mitsui betrieben. Heutzutage, d. h. seit Übernahme der Insel durch die Guomindang, kann der Verkauf von Opium mit dem Tode bestraft werden.

Die Briten, die sich 1841 auf der Insel Hongkong niedergelassen hatten, waren inzwischen von den Qualitäten des taifunsicheren Hafens begeistert, mußten jedoch andererseits enttäuscht zur Kenntnis nehmen, daß für eine umfangreichere Besiedlung nicht genügend Areal vorhanden war. Was lag deshalb näher, als auf eine Gelegenheit zu lauern, um sich auf der Hongkong gegenüberliegenden „Neun Drachen"-Halbinsel (Jiulong oder „Kowloon") zusätzliche Bodenanteile zu sichern. Einen günstigen Anlaß dafür bot 15 Jahre später die Durchsuchung der als Piratenschiff verdächtigten britischen Lorcha „Arrow" durch chinesische Marineeinheiten – ein Akt, der von den Briten als Casus belli betrachtet und mit dem sog. „Zweiten Opiumkrieg" (1856–1858) beantwortet wurde. Aufgrund des Vertrags von Tianjin (1858) sowie der sog. „Konvention von Peking" (24. 10. 1860) mußte das erneut besiegte Chinesische Reich die Halbinsel Kowloon bis zur heutigen Boundary Street abtreten und außerdem den Opiumhandel genehmigen, weitere Küstenstädte öffnen, das Landesinnere für die Christliche Mission freigeben und westliche Diplomaten in Beijing zulassen.

Obwohl die Qing-Dynastie mit diesen Zugeständnissen bis an die Grenzen ihrer Möglichkeiten gegangen war und damit die junge nationalistische Bewegung Chinas gegen sich aufgebracht hatte, war der Appetit der Briten immer noch nicht gezügelt. Als Frankreich 1898 von der durch die Niederlage gegen Japan (1894/95) vollends mürbe gewordenen Qing-Regierung eine Konzession über die Bucht von Guangzhou zugesprochen erhielt, behauptete London, daß damit die Sicherheit Hongkongs bedroht sei, und zwang seinerseits Beijing am 9. 6. 1898 zur Unterzeichnung eines Vertrags, aufgrund dessen auch noch die an

Kowloon landeinwärts anschließenden „New Territories" (bis hin zum Shenzhen-Fluß) samt 235 Inseln an Großbritannien übergingen.

Während Hongkong und Kowloon *auf ewig* an Großbritannien „verpachtet" worden waren, sollte das Leasingabkommen über die New Territories auf 99 Jahre, d.h. also bis 1997, begrenzt bleiben.

Für das britische Commonwealth wurde das inzwischen auf 1.043 qkm erweiterte Hongkong neben dem südostasiatischen Singapur zu einer zweiten strategischen Drehscheibe in Fernost, die auch wirtschaftlich, nämlich als Eingangspforte nach China, schnell an Bedeutung gewann und deren rasches Wachstum sich vor allem auf Kosten Guangzhous und Portugiesisch-Macaus vollzog.

Innerhalb von 80 Jahren (1851–1931) nahm die Bevölkerung der Kronkolonie von 33.000 auf 879.000 Einwohner zu. Da sich weit über 95 % schon damals aus Chinesen rekrutierten, standen Handel und Wandel während dieser Zeit – trotz der formal britischen Verwaltung – ganz im Zeichen Chinas, sei es, daß die Mehrheit der Schiffe Handelsdschunken waren, sei es, daß chinesische Geschäftssitten vorherrschten, sei es, daß der chinesische Silberdollar (seit 1862) zum allgemein gebräuchlichen Zahlungsmittel wurde. Hongkong entwickelte sich in diesen Jahrzehnten außerdem zur Fluchtburg für Überlebende der Taiping-Revolution (1850–1864), für antimonarchistische Republikaner und, nach Gründung der Republik (1912), für Monarchisten sowie, nach 1927, für Kommunisten aus aller Herren Länder. Kein Geringerer als Ho Chi Minh hielt hier, in einem städtischen Fußballstadion, im Januar 1930 den Kongreß für die Gründung der KP Indochina ab, die am 3. Februar proklamiert wurde und bis 1945 die Revolution in Vietnam, Kambodscha und Laos steuerte.

Schicksalhaft für Hongkong wurden vor allem die 30er Jahre des 20. Jh., als nämlich Japan die Mandschurei überrannte (1931 ff.) und nach 1937 das gesamte östliche China aufrollte. Im Gefolge der damaligen Panik retteten sich 1937 100.000, 1938 500.000 und 1939 150.000 Flüchtlinge in die Kronkolonie. Hongkong wurde gleichsam über Nacht zu einer Stadt mit rd.

1,6 Millionen Einwohnern, in der unübersehbare Menschenmengen nachts auf den Straßen kampierten und überall Seuchen auszubrechen drohten. Doch war die Stadt längst kein sicheres Pflaster mehr: Bereits einen Tag nach dem japanischen Angriff auf Pearl Harbor (7. 12. 1941) nämlich griffen japanische Verbände vom Festland her die so hoffnungslos mit Flüchtlingen überfüllte Kronkolonie an, hungerten sie aus und konnten am Weihnachtstag des Jahres 1941 die britische Kapitulation entgegennehmen und damit, wie es hieß, die Stadt „vom europäischen Kolonialismus befreien". Zwar blieben die Japaner – bis zu ihrer Kapitulation am 14. 8. 1945 – nur drei Jahre und acht Monate in der Stadt, doch diese Zeit genügte, um dem einst blühenden Hongkong den Rest zu geben.

Als die britische Pazifikflotte am 30. August 1945 vor Hongkong aufkreuzte, fand sie einen Trümmerhaufen und ein von den Japanern verlassenes Armenhaus vor. Zwar war die Bevölkerung aufgrund japanischer Deportationsmaßnahmen inzwischen auf rd. 600.000 zusammengeschmolzen; doch kaum hatten die Briten wieder das Ruder übernommen (formell geschah dies am 1. Mai 1946), kehrten die früheren Einwohner in monatlichen Schüben von manchmal bis zu 100.000 Menschen zurück. Bis Ende 1947 war die Bevölkerung auf 1,8 Millionen Menschen angeschwollen und drohte bereits jetzt zur alles überschwemmenden Flut zu werden. Als dann auch noch der chinesische Bürgerkrieg in ein Fiasko ausartete und die Niederlage der Guomindang zur Gewißheit wurde, schwoll der Zuwandererstrom abermals an und ließ die Stadt Mitte 1950 mit ihren bis dahin 2,2 Millionen Einwohnern aus allen Nähten platzen. Das Elend schien vorprogrammiert. Daß Hongkong gleichwohl nicht unterging, sondern sich im Gegenteil schon bald wieder an den eigenen Haaren aus dem Sumpf ziehen konnte, kam einem Wunder gleich und war Einwirkungen zu verdanken, die weiter unten noch im einzelnen zu schildern sind.

An keiner anderen Stelle ließen sich die Jahresringe der Entwicklungsgeschichte Hongkongs so deutlich ablesen, wie an der berühmt-berüchtigten „Walled City". Dort befanden sich bis 1987 auf einer Fläche von kaum 6 ha rd. 60.000 Menschen wie in einer Wabe zusammengepfercht. Das Unikum ging bis auf die Mitte des vorigen Jahrhunderts zurück: Als die Briten 1860 daran gingen, sich die Halbinsel Kowloon einzuverleiben, stießen sie dort auf eine kleine chinesisch-mandschurische Restgarnison, die den Eindringlingen im Schutze ihrer rd. 5 m hohen Mauern kaltblütig Widerstand leistete und die weiße Fahne erst hißte, als sie die Zusicherung erhalten hatte, daß die „Ummauerte Stadt" nicht besetzt würde, sondern eine nischenhafte Unabhängigkeit behalten dürfe. Erst die Japaner, die 1941 Hongkong überfielen und bezeichnenderweise in der Walled City ebenfalls auf Widerstand stießen, ließen die Mauern schleifen und das ganze Viertel evakuieren. Kaum hatte Japan 1945 kapituliert, füllte sich die – inzwischen mauerlose – Enklave mit ihren verschachtelten zehnstöckigen und innen zumeist ganz lichtlosen Häusern erneut mit Menschen und fand zu ihrem alten, für Behörden und Polizei verblüffenden Lebensrhythmus zurück. Abermals wurde der „exterritoriale" Wabenbau zur Fluchtburg illegaler Einwanderer und zu einem Zentrum des Rauschgifthandels, der Prostitution und des organisierten Verbrechens. Die Triaden genossen hier mehr Autorität als das britische Recht. Nirgends auch kam das für China so typische System der Selbstverwaltung durch Nachbarschaftsvereinigungen wirksamer zur Entfaltung als hier im rechtlichen Niemandsland, das übrigens noch nie einen Pfennig der in Hongkong sonst so großzügig vergebenen Wohnbausubventionen erhalten hatte. Erst 1987/90 fiel die „Kowloon Walled City" der „City Clearance" zum Opfer, wurde geschleift und in einen öffentlichen Park verwandelt. Bis zu diesem Zeitpunkt galt Walled City nicht zu Unrecht als konzentrierter Ausdruck der Geschichte und der sozialen Narben Hongkongs.

3. Die geschichtliche Bestimmung Taiwans und Hongkongs

Dreieinhalb Jahrhunderte taiwanesischer und eineinhalb Jahrhunderte Hongkonger Gratwanderung lassen den Schluß zu, daß die Sonderexistenz beider Gebilde nur dann – und nur so lange – gerechtfertigt ist, als sie *anders* sind, und zwar *anders* im Sinne kosmopolitischer Aufgeschlossenheit. Wenn es dafür noch eines Beweises bedurft hätte, so wäre er vom „Vater der Republik", Sun Yixian (Sun Yat-sen), erbracht worden, der schon zu Beginn des 20. Jh. versuchte, dem Reich der Mitte den Atem der Blauen Kultur einzuhauchen. 1866 im äußersten Süden des Landes – unweit von Hongkong – geboren, war Sun bereits mit 13 Jahren ins Ausland gegangen, hatte in Honolulu ein Gymnasium der Kirche von England besucht, war anschließend Medizinstudent in Guangzhou und Hongkong gewesen und hatte schließlich 1892 (erfolglos) versucht, sich in der portugiesischen Kolonie Macau als Arzt niederzulassen.

Auch seine Anhängerschaft trug die Signatur typischer Randgruppen sowohl im sozialen als auch im geographischen Sinn: sozial stammte sie aus dem Reservoir potentieller Rebellen, geographisch aus dem schmalen, modernisierten Küstenraum Chinas sowie aus den Emigrantensiedlungen rund um den Indischen und den Pazifischen Ozean.

Als auslandsorientierter Chinese am Rand der Gesellschaft stehend, als Bürger mit dem herrschenden System unzufrieden und als Arzt gescheitert, hatte Sun schließlich eine Laufbahn eingeschlagen, die im damaligen Asien einzigartig war, indem er nämlich der erste Berufsrevolutionär wurde, zehn antimandschurische Aufstände anzettelte und im übrigen fast die ganze Welt bereiste: typischer Vertreter eines kosmopolitisch eingestellten Chinesentums, das nach der Niederlage der Guomindang (1949) vor allem auf Taiwan, aber auch in Hongkong, eine zweite Bleibe fand.

Suns Leben und Werk ist aufs engste mit Hongkong und mit Taiwan verbunden, insofern er hier – d. h. im Vorfeld Hongkongs – seine Erfahrungen sammelte, dort – in Taiwan – aber mit seiner Lehre weiterleben konnte. Sun und seine Anhänger repräsentieren in geradezu klassischer Weise das *andere*, das Blaue China, das den Kräften des Beharrens entgegenwirkte und das in einer Anpassung Chinas an die moderne Welt den einzigen Ausweg sah.

II. Politik

1. Die Ausgangssituation in der Nachkriegszeit

Am Ende des Zweiten Weltkriegs, und zwar im August 1945, sahen sich die beiden „chinesischen Inseln" zu ihrer eigenen Verblüffung mit einem Schlag von der japanischen Gängelung befreit – Taiwan nach fünfzigjähriger Kolonialherrschaft, Hongkong nach dreieinhalbjähriger Militärbesatzung. Ihre Selbständigkeit währte freilich nur einen Wimpernschlag der Geschichte lang. Ehe sie sich versahen, waren Taiwan „heim ins Reich" und Hongkong zurück unter die Fittiche britischer Vorherrschaft geholt worden. Ihr weiteres Schicksal nahm dann zunächst einen recht unterschiedlichen Verlauf: Während Taiwan, das unter der Guomindang-Regie von der „Republik China" (fortan RCh) übernommen wurde, eine fünfjährige politische Krise (1945/50) zu durchlaufen hatte und erst nach jahrelangen Reformen (1950 ff.) für einen wirtschaftlichen Aufschwung reif war, erwies sich Hongkong unter der wiedererrichteten britischen Herrschaft als erstaunlich stabil und konnte dank üppiger Kapital- und Know-how-Zuflüsse aus Festlandschina, vor allem aus Shanghai, wirtschaftlich schnell gesunden und technologisch eine Zeitlang sogar die Vorreiterrolle in Asien übernehmen.

Ganz anders, wie gesagt, auf Taiwan. Die dortige Großwetterlage war das Resultat einer Zwangssituation, die sich aus zwei Entwicklungen ergeben hatte, nämlich der Niederlage des GMD-Regimes im Bürgerkrieg, die zur Flucht der Reste des Regierungs-, Partei- und Militärapparats der RCh auf die vermeintlich sichere Insel Formosa zwang, und des Zusammenpralls zwischen Festländern und Taiwanesen, der zu einem rapiden innenpolitischen Klimasturz führte. Es war also gleich ein Doppelfiasko, unter dessen düsterem Vorzeichen die Herrschaft der GMD auf Taiwan begann.

Was den Konflikt mit der Inselbevölkerung anbelangt, so war er wegen der so rigid antikommunistischen Ideologie und wegen des auf Hochrüstung und „Rückeroberung des Festlands" ausgerichteten Grundkurses der neuen Herren von vornherein kaum vermeidbar. Die Insel sollte ja nur als Mittel zum Zweck dienen: 1945 ff. als Nachschublieferant für den festländischen Bürgerkrieg und 1949 ff. als Sprungbrett zurück aufs Festland. Niemand in der GMD dachte damals ernsthaft an einen Verbleib auf Taiwan. Wie schon zwischen 1937 und 1945 unter japanischer, so sollten auch jetzt unter GMD-Ägide „alle Räder für den Sieg" rollen. Den Luxus freundlicher Beziehungen zur Bevölkerung von Taiwan glaubte man sich im Interesse der Rückeroberung des Festlandes nicht leisten zu können.

Den unmittelbaren Auslöser für die Zusammenstöße mit der Bevölkerung freilich lieferte das skandalöse Verhalten des ersten von der GMD eingesetzten Gouverneurs, Chen Yi, der einerseits als eine Art Generalquartiersmeister auftrat und 1945/46 alles an japanischer Hinterlassenschaft aufs Festland schaffen ließ, was der dortigen Kriegsführung weiterhelfen konnte, der aber darüber hinaus sein Amt, wie sich bald herausstellte, auch als veritable Pfründe betrachtete und überdies alle durch den Abzug der Japaner freigewordenen Posten mit Personal aus der eigenen Seilschaft besetzte. Nicht zuletzt aber unterstellte er die meisten Waren des täglichen Gebrauchs einem staatlichen Monopol, um so aus der Bevölkerung zusätzliche Einnahmen herauszupressen.

Diese Willkürpolitik empörte die taiwanesische Bevölkerung, die ursprünglich über die „glanzvolle Rückkehr zum Festland" (guangfu dalu) begeistert gewesen war, die nun aber erleben mußte, daß anstelle der japanischen Kolonialherren berechnende „Landsleute" vom Festland getreten waren. Es kam zu Abwehrhandlungen, zu Demonstrationen und schließlich zu den berüchtigten „Februar- und Märzereignissen" von 1947, die unter dem Stichwort „Ererba" (Zwei-Zwei-Acht, d. h. 28. Februar 1947) ins kollektive Gedächtnis eingegangen sind und dafür gesorgt haben, daß das Verhältnis zwischen „Taiwanesen" und „Festländern" jahrzehntelang gespannt blieb. An jenem 28. Februar kam es in Taibei zu Großdemonstrationen vor dem Gebäude der Monopolbehörde und zum Zusammenstoß zwischen der erregten Bevölkerung und Polizisten, in deren Verlauf zwei Beamte und ein Demonstrant getötet wurden. Chen Yi ließ den Ausnahmezustand verhängen, forderte vom Festland Verstärkung an und befahl am 10. und 11. März Massenerschießungen. Genaueres ist nie bekanntgegeben worden, doch dürfte sich die Zahl der Getöteten auf mehrere Hundert belaufen haben.

Als Rechtfertigung für das Massaker wurde sowohl in Taibei als auch in Nanjing das antikommunistische Motiv ins Spiel gebracht, das im Zeichen des damals gerade auf dem Festland tobenden Bürgerkriegs (1946–49) sozusagen in der Luft lag, das allerdings mit den wahren Zuständen auf Taiwan nur sehr am Rande zu tun hatte. Chen Yi wurde in der nachfolgenden Zeit zwar abgesetzt und schließlich wegen seiner „Verbrechen am Volk von Taiwan" hingerichtet, doch wirkte der von ihm angerichtete Schaden psychologisch noch Jahrzehnte nach.

Die Konfrontation der GMD mit der taiwanesischen Bevölkerung endete also in einem Blutbad, die Niederlage im Bürgerkrieg dagegen mit der Flucht von rd. 1,2 Millionen Festlandschinesen nach Taiwan. Innenpolitisch von der Inselbevölkerung verabscheut, außenpolitisch vom desillusionierten Hauptverbündeten, den USA, so gut wie fallengelassen und militärisch von den Truppen Mao Zedongs bedrängt, hing das Schicksal der GMD damals nur noch an einem seidenen Faden. Wenn die Insel am Ende von den Kommunisten dann doch nicht „befreit" wurde, sondern sich politisch erholen und wirtschaftlich sogar verhältnismäßig rasch konsolidieren konnte, so lag dies an einer Katastrophe, die zum Meilenstein in der asiatischen Geschichte – und zur Rettung für Taiwan – wurde, nämlich am Ausbruch des Koreakriegs im Juni 1950. Mit einem Male war das von Washington so gut wie abgeschriebene Taiwan zu einem „unversenkbaren Flugzeugträger" der USA im pazifischen Vorfeld geworden, erhielt in der Folgezeit umfangreiche amerikanische Hilfe und wurde nicht zuletzt auch dem Schutz der 7. US-Flotte unterstellt.

Drei Aufgaben galt es nach dieser an ein Wunder grenzenden Errettung zu lösen, nämlich die militärische Abwehr zu organisieren, ein Reformprogramm durchzuziehen und die Wirtschaft wiederzubeleben.

In den Anfangsjahren war vor allem das Militär gefragt; kam es doch zwischen 1950 und 1962 beinahe „pünktlich" alle vier Jahre zu militärischen Zusammenstößen zwischen GMD-Truppen und der „Volksbefreiungsarmee", die sich auf der dem Festland vorgelagerten Inselgirlande ereigneten und sich vor allem auf die von der GMD gehaltenen maritimen Zitadellen Jinmen („Quemoy", wörtl.: „Goldtor") und Mazu konzentrierten, wobei es u.a. 1958 zu einem Dauerbombardement gegen die „Frühwarnstation" Jinmen kam, in dessen Verlauf 44 Tage lang täglich rd. 10 000 Granaten auf dieses Miniatur-Taiwan niedergingen. Dauerauseinandersetzungen solchen Kalibers zehrten an der wirtschaftlichen Substanz Taiwans, das all die Prüfungen offensichtlich nur mit amerikanischer Hilfe durchstehen konnte, und dessen Führung sich dafür im Gegenzug den amerikanischen Demokratisierungs- und Reformvorstellungen beugen mußte.

Die GMD geriet damals in eine Zwickmühle: Auf der einen Seite führte sie, dem Drängen Washingtons nachgebend, seit 1950 eine Bodenreform durch, ließ 1951 die ersten Kommunalwahlen über die Bühne gehen und konnte eine (1947 noch in Nanjing erlassene) Verfassung präsentieren, die alle Elemente einer westlichen Demokratie aufwies. Auf der anderen Seite aber sah sie sich mit dem Haß der von den „Ereignissen des 28. Februar" (1947) geschockten Bevölkerung konfrontiert und befürchtete „kommunistische" Einflüsse. In diesem Dilemma sorgte sie am 18. April 1948 – und zwar ebenfalls noch in Nanjing – für den Erlaß jener „Einstweiligen Mobilmachungsregelungen für die Zeit der Niederwerfung" (der kommunistischen Aufständischen), die ihrem ganzen Inhalt nach auf eine Art Ermächtigungsgesetz für den Staatspräsidenten hinausliefen und diesem u.a. ein so gut wie uneingeschränktes Notverordnungsrecht einräumten. Als eigentliche Verfassung diente von nun an nicht mehr das liberale Grundgesetz von 1947, sondern eben diese „Interimsregelung" von 1948 (die im übrigen erst am 30. April 1991 aufgehoben wurde!). Kein Wunder, daß die Führung ständig den Spagat zwischen Verfassungsform und Verfassungswirklichkeit vollziehen und dabei merkwürdige Verrenkungen anstellen mußte. In gewissem Sinne waren ihr dabei die aus dem Erbe Sun Yixians (Sun Yat-sens) übernommenen „Drei Volkslehren" (Sanminzhuyi) behilflich, hatte doch der Guofu, d. h. der „Landesvater", seine Lehre im bewußten Gegensatz zu den marxistischen Anschauungen formuliert. In den berühmten 16 Vorlesungen, die er gegen Ende seines Lebens 1924 in Guangzhou hielt, war er immer wieder leidenschaftlich gegen den Klassenkampf eingetreten, der nicht etwa die treibende Kraft der gesellschaftlichen Entwicklung, sondern ganz im Gegenteil deren Krankheit sei. Hauptaufgabe jeder chinesischen Regierung müsse es sein, in erster Linie die „Vier Grundbedürfnisse des Volkes", d. h. die Wünsche nach Nahrung, Kleidung, Unterkunft sowie nach Infrastruktur und Erziehung zu erfüllen. Gleichzeitig forderte Sun freilich auch – insoweit parallel zu den Marxisten – eine Zügelung des Kapitalismus, und zwar durch die Übernahme von Banken, Eisenbahnen, Reedereien und Großbetrieben in die öffentliche Hand. Zuviel Verstaatlichung allerdings sei auch wieder nicht wünschenswert: daher die Forderung nach Vergenossenschaftlichung und Vergabe des Bodens an die Pflüger, wobei die Umverteilung nicht durch Enteignung, sondern mit Besteuerungs- und Aufkaufinstrumenten zu bewerkstelligen sei. Leitmotiv aller Modernisierungsüberlegungen Suns war m. a. W. die Verknüpfung von technologischer Innovation und sozialer Abfederung, Ziel die systemüberwindende Reform.

Was die GMD in den ersten Jahren aus diesem Vorrat an Empfehlungen hauptsächlich übernahm, waren die antikommunistischen Elemente und der Ruf nach einer Bodenreform.

Ganz im Gegensatz zu Taiwan mußte sich *Hongkong* kaum mit Bodenreformproblemen herumschlagen und sah sich außerdem von Anfang an gezwungen, mit der VR China sowie mit dem Maoismus in eine Art friedlicher Koexistenz einzutreten. In der Tat hätte der Kontrast zu Taiwan hier kaum größer sein können: Während die GMD auf Taiwan einen strikt antikommunistischen Kurs einschlug und gegen jede gesellschaftliche Organisation oder gegen jede Zeitung, die auch nur Spuren prokommunistischer Sympathie erkennen ließ, mit aller Härte vorging, entfaltete sich in Hongkong ein Klima der Kontraste, das besonders im Oktober jeden Jahres seine Zuspitzung erfuhr, wenn nämlich die Anhänger der KPCh ihren 1. Oktober und die Anhänger der GMD ihren 10. Oktober feierten. Der 1. Oktober erinnert bekanntlich an die Gründung der Volksrepublik China i. J. 1949, der „Doppelzehnte" (shuangshi) dagegen an die Revolution von 1911, die zum Sturz der Qing-Dynastie führte und an der Wiege der Republik China stand. In den ersten zehn Oktobertagen pflegte sich jedesmal ein regelrechter Flaggenkrieg zu entwickeln. Wenn dann allerdings einige Tage später das geliebte Mittherbstfest stattfand, schienen die Kontrahenten wie ausgewechselt und plötzlich wieder ein Herz und eine Seele zu sein.

Gerade im Zusammenhang mit solchen Klimaschwankungen zeigte es sich, wie gut die Hongkonger Regierung daran tat, auf Überparteilichkeit, Stabilität und Distanz zu achten und zu versuchen, Konflikte soweit wie möglich zu „entpolitisieren".

Angesichts dieses Credos der Nichtparteilichkeit des „Government", d. h. der britischen Behörden, erhielt selbst die Volksrepublik jahrzehntelang keine Privilegien eingeräumt, obwohl sie sich mit kräftigen Ellbogenstößen Platz zu schaffen versuchte und aufgrund ihrer übermächtigen Nachbarschaft in der Tat auch nie ganz ferngehalten werden konnte.

Als klassische Relaisstation der KPCh nach Hongkong hinein diente das bereits 1947 gegründete „Hongkonger Komitee der Arbeit" (Xianggang gongzuo weiyuanhui), das, nachdem ihm die Briten eine offizielle Niederlassung verwehrt hatten, im weitläufigen Labyrinth des Hongkong-Ablegers der Xinhua-Nachrichtenagentur Unterschlupf fand und dort bis heute geblieben ist. Mit einem Personal von über 1000 Mann (!) decouvrierte sich die „Agentur" von allem Anfang an als heimliche Botschaft der Volksrepublik, manchmal auch als Schattenregierung und ihr Direktor als eine Art zweiter Gouverneur. Kein Wunder, daß das „Komitee der Arbeit" zum zentralen Koordinator für alle volksrepublikanischen Angelegenheiten in der Kronkolonie und umgekehrt zu einer Art „administrativem Eingangstor" für Hongkong nach China wurde.

Informell war und ist Beijing auch sonst noch üppig vertreten, sei es nun durch die staatliche Reisegesellschaft Lüxingshe, durch den „Peace Bookshop", durch eine Reihe von prokommunistischen Zeitungen, ganz besonders aber durch die „Bank of China", die mit ihrem an Höhe alles übertrumpfenden und auch architektonisch provozierenden Wolkenkratzer nicht nur einen neuen Akzent in die Hongkonger Skyline gesetzt hat, sondern mit ihrer herrischen Silhouette obendrein auf unübersehbare Weise demonstrieren möchte, wer letztlich Herr am Platze ist.

Soweit es über diese informellen, aber höchst aggressiv zutage tretenden Repräsentanzen hinaus gelegentlich doch noch *offizieller* Kontakte bedurfte, pflegte sie Hongkong seit Jahrzehnten durch Gespräche mit der Provinzregierung des benachbarten Guangdong herzustellen, so z. B. bei der Repatriierung von Festlandsflüchtlingen. Abweichend davon jedoch wurden die Verhandlungen über die Zukunft Hongkongs, die schließlich zur „Gemeinsamen Erklärung von 1984" geführt haben, auf Botschafterebene zwischen Beijing und London betrieben.

Nicht zuletzt aber hat sich die Volksrepublik mit zahlreichen Investitionen frühzeitig in die Hongkonger Geschäftswelt eingekauft und war bereits Anfang der 90er Jahre zum wichtigsten Investor in der Kronkolonie geworden: Sie besitzt dort zahlreiche Kaufhäuser, Hotels und Zeitungen, unter ihnen vor allem die *Wenhuibao* („Wenwei Po"), die *Dagongbao* („Ta Kung Po"), die *Jingbao* („Ching Po"), die *Xinwanbao* („Hsin Wan Po") und die *Hongkong Commercial Daily*. Die „China International Trust and Investment Corporation" (CITIC) hatte bereits 1986 95 % der Hongkonger Ka Waha Bank, im Februar 1987 12,5 % der lokalen „Cathay Pacific Airways" und 1988 Anteile an einem Konsortium erworben, das den Bau des zweiten Hafentunnels betreiben soll. Hinzu kommen noch Beteiligungen an Bau-, Hafen- und Containerfirmen. Bei all ihren Erwerbungen und Transaktionen pflegten sich die volksrepublikanischen Partner fast chamäleonhaft den „kapitalistischen" Bräuchen anzupassen; fehlte nur noch, daß sie sich mit ihrem Kapital auch am Betrieb antikommunistischer Zeitungen beteiligten, die es ja ebenfalls in Hongkong gibt!

Es waren aber nicht nur Institutionen und Investitionen, die Beijings Präsenz festigten, sondern auch freundlich gesonnene Kaufleute und Millionäre unter der Einwohnerschaft Hongkongs, die von der VRCh immer dann eingeschaltet zu werden pflegten, wenn es wieder einmal galt, das „Government" in einer bestimmten Richtung zu beeinflussen. Namhafte Interessenvertreter Beijings in den 60er Jahren waren, um hier nur einige Beispiele zu nennen, Fei Yimin, ein Immobilienmillionär, der gleichzeitig die bereits erwähnte kommunistische Tageszeitung *Dagongbao* herausgab, ferner Gao Zhuxiong, seines Zeichens Vorsitzender der Allgemeinen Handelskammer, Besitzer einer Drogeriekette und zahlreicher Restaurants sowie Nachtclubs, und Wang Huancheng, Stellvertretender Vorsitzender der Allgemeinen Handelskammer, Eigentümer zweier Großkaufhäuser und ebenfalls Immobilienmagnat.

Ausgerechnet diese schwerreichen Honoratioren mußten in den kritischen „kulturrevolutionären" Tagen des Jahres 1967 mit den Wölfen heulen und als Vertreter jenes 17köpfigen „Ausschusses für den Kampf gegen Verfolgungen" auftreten, der damals den Gouverneur und seine Regierung mit Petitionen geradezu überschüttete: eine peinliche Affäre für beide Seiten, zumal für Gao, der erst kurze Zeit vorher wegen seiner Wohltätigkeit mit der Medaille des British Empire ausgezeichnet worden war und dem kulturrevolutionäre Ziele mehr als fremd waren!

Auch im benachbarten Macau diente als Verbindungsmann Beijings zur portugiesischen Kolonialregierung keineswegs das von der KPCh-Propaganda so wortreich beschworene lokale „Proletariat", sondern ganz im Gegenteil der wohlhabendste aller ortsansässigen Millionäre, He Ying, der übrigens auch im Beijinger Nationalen Volkskongreß Sitz und Stimme hatte!

Die Überpräsenz der VRCh in Hongkong ließ die Guomindang nicht ruhen und veranlaßte sie, eine Reihe – ebenfalls informeller – Interessenvertretungen einzurichten, sei es nun bei der Handelskammer auf der Kowloonseite, bei zahlreichen Gewerkschaften und bei den verschiedensten gesellschaftlichen Gliederungen, nicht zuletzt auch bei der Presse. Unter den 68 Tageszeitungen der Kronkolonie (Stand 1990), die täglich mit einer Auflage von 1,5 Mio. Stück herauskommen, befinden sich nicht nur fünf prokommunistische und vier englisch geschriebene sowie westlich orientierte Zeitungen, sondern auch Organe, die der Politik Taiwans das Wort reden, allen voran die *Xingdao* („Sing Tao", „Sterneninsel").

Solange sich die Kontrahenten gegenseitig auf die Füße traten, ohne die Stabilität und das liberale Wirtschaftsklima zu gefährden, und solange sie sich der kommerziellen und infrastrukturellen Möglichkeiten der Kronkolonie bedienten, konnte es dem Government nur recht sein. Die Reizschwelle wurde dort überschritten, wo Ruhe und Ordnung, die in Hongkong ja „oberste Bürgerpflicht" sind, in Gefahr geraten konnten. Hier ließ sich die Regierung auf keinen Schlingerkurs ein, hier gab sie keinen Pardon und hier fanden auch ihre Gegenmaßnahmen den ungeteilten Beifall der Bevölkerung.

Die überparteilichen Regelungsmechanismen, wie sie sich in der Kronkolonie seit nunmehr eineinhalb Jahrhunderten eingependelt haben, bewährten sich sogar während der kritischen Mai- und Augusttage des Jahres 1967, als Rotgardisten aus Guangdong und örtliche „Linke" das angeblich „imperialistisch beherrschte" Hongkong in die Kulturrevolution miteinzubeziehen suchten. Zwar reagierten die Massenkommunikationsmittel der Volksrepublik eine kurze Zeit lang mit Empörung auf die „faschistischen Grausamkeiten" der Hongkonger Polizei, die gegen Unruhestifter mit Tränengas und Knüppeln vorgegangen war, doch kam es dann diesseits und jenseits der Hongkonger Grenzen schnell wieder zur Beruhigung der Gemüter: Das Government konnte befriedigt feststellen, daß die Unruhen keineswegs von Beijing aus gesteuert, sondern dem Übereifer einiger lokaler Hitzköpfe zuzuschreiben waren, und umgekehrt zeigte sich die Beijinger Führung auch weiterhin an der Stabilität Hongkongs interessiert, sei es nun, daß die Kronkolonie der Volksrepublik als Fenster nach außen diente, sei es, daß hier das – über China seit 1950 verhängte – Embargo durchbrochen werden konnte, sei es, daß China auch damals schon weit über ein Drittel seiner Außenhandelseinkünfte via Hongkong erzielte und diesen Vorteil auch weiterhin behalten wollte.

2. Zwischen Paternalismus und Demokratisierung

a) Taiwan: Krisen, Reformen und Bürgerinitiativen

Innenpolitische Krisen: In den 60er und 70er Jahren ließ die militärische Bedrohung von seiten des Festlands zwar merklich nach, doch glaubte die Führung auf Taiwan, auch jetzt noch mit harter Hand regieren zu müssen, ohne allerdings gleichzeitig nach außen hin auf ihren Anspruch verzichten zu wollen, Vertreter des „Freien China" und chinesischer Hauptverfechter der Demokratie zu sein. Aus dieser Gesinnungslage heraus ergaben sich merkwürdige Widersprüche:

– Einerseits konnte die Republik auf ihre in jeder Hinsicht demokratische Verfassung von 1947 verweisen, auf der anderen Seite jedoch wurde dieses Grundgesetz durch ein gutes Dutzend Notstands- und Ermächtigungsbestimmungen wie ein Schweizer Käse durchlöchert und ausgehöhlt.

– Auf der einen Seite wußte sie mit einer Wirtschaftspolitik aufzuwarten, die an Pragmatismus und Flexibilität ihresgleichen in Asien suchte, auf der anderen Seite aber blieb sie apologetisch starr bei ihrem Alleinvertretungs- und Rückkehrbekenntnis.

– Auf der einen Seite wurde eine fünffache Gewaltenteilung (Gesetzgebungs-, Exekutiv-, Justiz-, Prüfungs- und Kontrollgewalt) postuliert, auf der anderen Seite jedoch beherrschte ein damit kaum zu vereinbarendes Machtdreieck die politische Szene, nämlich der Staatspräsident (Jiang Jieshi: „Tschiang Kai-shek"), der „Nationale Sicherheitsrat" und die „Sonderpolizei" (tewu), das – nach dem Prinzip der doppelten Absicherung – seinerseits vom Parteiapparat der GMD gestützt wurde, durch eine Organisation also, die 1923 mit Kominternhilfe nach leninistischen Prinzipien aufgebaut worden war und deshalb auch in sämtlichen regierungsoffiziellen und gesellschaftlichen Gliederungen in Form von „Zellen" präsent zu sein pflegte.

Ganz im Gegensatz zur demokratischen Selbstdarstellung war Taiwan also in den 60er und 70er Jahren ganz gewiß noch ein „Ein-Parteien-Staat", in dem alle Macht von der GMD und ihrem Vorsitzenden, Jiang Jieshi, ausging. (Bis zur Geburtsstunde eines echten Mehrparteiensystems und wirklicher Oppositionsparteien sollten noch zwei Jahrzehnte vergehen müssen. Lediglich in den Dorf- und Marktgemeinden sowie in den Stadtbezirken gab es in den 50er und 60er Jahren bereits demokratische Nischen. Nach- bzw. Ergänzungswahlen zur Nationalversammlung fanden erst ab 1969 statt.)

Diese institutionelle Widersprüchlichkeit kam das Gemeinwesen politisch und finanziell teuer zu stehen: Sie forderte Opposition – und im Gegenzug Repression – heraus und zog, im Zeichen des „Rückkehr"-Ziels, gewaltige Rüstungslasten nach sich.

In den 70er Jahren wurde diese innenpolitisch schon kritische Lage noch durch katastrophale *außenpolitische Rückschläge* verschärft, als nämlich der damalige amerikanische Präsident Nixon im Herbst 1971 völlig überraschend für alle Welt ankündigte, er wolle demnächst die VR China besuchen. Der hier ausgelöste „Nixon-Schock" ließ Taibei aus allen Wolken fallen, zumal jetzt auch noch die Gefahr einer diplomatischen Talfahrt drohte. Befürchtungen dieser Art wurden bereits am 25. Oktober 1971 bestätigt, als nämlich die Vollversammlung der UNO die Aufnahme der Volksrepublik anstelle der RCh beschloß. Am 28. Februar 1972 unterzeichnete Nixon darüber hinaus das für Taiwan so verhängnisvolle „Shanghai-Kommuniqué, in dem es u. a. hieß, daß die Regierung in Beijing die einzige rechtmäßige Repräsentantin Chinas, Taiwan aber nur eine Provinz, und die „Befreiung" Taiwans eine innere Angelegenheit des chinesischen Volkes sei.

Dem „Nixon-Schock" folgte am 1. Januar 1979 der „Carter-Coup", und zwar in Form der Aufnahme diplomatischer Beziehungen zwischen Washington und Beijing. Bei diesem zweiten Tiefschlag wäre Taibei wohl endgültig in die Knie gegangen, hätte es nicht von der dazwischenliegenden Atempause Gebrauch gemacht und seine gesamten Außenbeziehungen auf Außenwirtschaftspolitik umgestellt.

Schon vor dem Carter-Coup hatten die USA damit begonnen, sich auf leisen Sohlen aus Taiwan davonzumachen: Noch zu Beginn der 70er Jahre waren sie auf Taiwan militärisch gleich dreifach präsent gewesen, nämlich in Form der „Military Assistance Advisory Group" (MAAG), ferner mit ihrem aufgrund des bilateralen Verteidigungsvertrags von 1954 eingerichteten „Taiwan Defence Command" (TDC) und, drittens, mit mehreren tausend Soldaten der 327. Division der U.S. Air Force, die auf zwei Basen stationiert und jahrzehntelang hauptsächlich damit beschäftigt waren, Nachschub für die Kriegsführung in Vietnam zu organisieren.

Zuerst wurden, und zwar bis 1977, die Truppenverbände abgezogen, die auf dem Höhepunkt des Vietnamkriegs, 1968, noch rd. 10 000 Mann stark gewesen, die jetzt aber, nach dem Sieg der Kommunisten in Indochina, überflüssig geworden waren und bis 1977 die Insel verließen. Die MAAG sowie das TDC folgten ihnen bis April 1979. Auch die US-Botschaft war zu dieser Zeit nur noch dünn besetzt.

Wenn seit dem Nixon-Besuch in Beijing gleichwohl mehr als sechs Jahre ins Land gingen, ehe die „Verbindungsbüros" in Washington und Beijing in „Botschaften" umgewandelt wurden, so lag dies an einer Reihe dramatischer Entwicklungen, die niemand hatte vorhersehen können – man denke an den Sturz Nixons im Gefolge des Watergate-Skandals, an das amerikanische Debakel in Vietnam, an die Machtkämpfe in China gegen Ende der Kulturrevolution, an den Tod Mao Zedongs, an den Sturz der „Viererbande" und an den Beginn der Reformen in der VR China (Dezember 1978 ff.), nicht zuletzt aber auch an den hinhaltenden Widerstand der Taiwan-Lobby in den USA.

Als der neue Präsident Carter die Umpolung der amerikanischen Beziehungen von Taibei auf Beijing bekanntgab, zog dies Beifall und Proteststürme, aber auch Trostgeschenke an Taibei nach sich.

Der Beifall überwog, da die Mehrheit der Amerikaner es für „normaler" hielt, mit einem Milliarden- statt mit einem 17-Millionen-Staat in diplomatischen Beziehungen zu stehen. Man war froh, daß sich die Taiwan-Frage endlich „entamerikanisiert" hatte, also zu einem innerchinesischen Problem geworden, und daß mit dieser „derecognition" ein Stück ostasiatischer Nachkriegsproblematik verschwunden war.

Auf der anderen Seite hagelte es Proteste sowohl aus Taiwan als auch von seiten des konservativen Flügels der Republikaner. Dem publikumswirksamen Protest einiger Politiker um Senator Goldwater war es vor allem zuzuschreiben, daß der US-Kongreß Eile an den Tag legte und bereits am 13. März 1979 den „Taiwan Relations Act" erließ, der wie Balsam auf die Wunden der RCh wirkte. Das aus 18 Paragraphen bestehende Gesetz stellte die Beziehungen zwischen beiden Seiten auf eine neue legale Basis, derzufolge Taiwan in jeder Hinsicht wie ein Quasi-Staat behandelt werden sollte. Dieses „Als-ob", also eine juristische Fiktion, zog sich wie ein roter Faden durch den gesamten „TRA". Beide „Völker" sollten weiterhin freundschaftliche, geschäftliche, kulturelle und andere Beziehungen beibehalten und sicherstellen, daß Taiwan auch auf „nicht-friedliche" Herausforderungen angemessen antworten könne. Das neudefinierte Verhältnis sollte durch zwei Institutionen verfestigt werden, die auch der Goldwater-Fraktion gefallen konnten, nämlich erstens eine „US-Sicherheitsgarantie", die anstelle des alten Verteidigungsvertrags von 1954 trat, und, zweitens, durch Einrichtung beiderseitiger „Büros", die den im Verhältnis zwischen Washington und Beijing sieben Jahre lang bewährten „Liaison Offices" aus dem Gesicht geschnitten waren. Auf diese Weise entstand das „American Institute of Taiwan" (AIT) in Taibei sowie der „Coordination Council for North American Affairs" (CCNAA) in Washington, die beide – bis auf den Namen – vollen diplomatischen Rang hatten, mit Karrierebeamten der Auswärtigen Ämter besetzt wurden und schon bald auch völkerrechtliche Verträge abzuschließen begannen. Außerdem nahmen die USA bereits am 3. Januar 1980 wieder die Praxis ihrer FMS (Foreign Military Sales) auf, um, wie es hieß, den „Bedürfnissen der Verteidigung Taiwans" Rechnung zu tragen.

Beijing, das den TRA mit Achselzucken hingenommen hatte, da damals – im Anschluß an einen Besuch Deng Xiaopings in den USA (Januar 1979) – noch eine Art Flitterwochenstimmung zwischen beiden Seiten vorherrschte, reagierte auf den Wiederbeginn amerikanischer Waffenlieferungen an Taiwan zuerst verblüfft, dann gereizt und schließlich mit Drohungen: Die Waffenlieferung stehe im Widerspruch zum Shanghaier Kommuniqué von 1972 und zum diplomatischen Aufnahmekommuniqué von 1979!

Da sich die USA dieser Interpretation nicht ganz verschließen konnten, setzten sie sich Ende 1981 mit der VR China an den Verhandlungstisch und einigten sich nach einem nervenden zehnmonatigen Gesprächsmarathon auf ein „Gemeinsames Kommuniqué", das am 17. August 1982 unterzeichnet wurde. Darin sagten die USA zu, schrittweise ihre FMS zu reduzieren und sie schließlich nach einer gewissen Zeit ganz einzustellen.

In der Nach-Kommuniqué-Periode gingen die offiziellen FMS in der Tat auch zurück, doch nahmen dafür die „kommerziellen" Waffenlieferungen zu.

Obwohl das Jahr 1982 nach alledem noch keine wirklich einschneidenden Belieferungsengpässe mit sich brachte, hielt es Taiwan doch für ratsam, sich zunehmend mit Waffen eigener Produktion einzudecken, wobei es insgeheim die – teuer zu bezahlende – Hilfe zahlreicher ausländischer Rüstungsbetriebe in Anspruch nahm. Vertreter von Waffenfirmen aus aller Herren Länder gaben sich seit Beginn der 80er Jahre in Taibei die Klinke in die Hand. Nur mit ihrer Hilfe war es möglich, Kriegsschiffe und Flugzeuge modernster Bauart zu entwickeln. Im Dezember 1988 rollte der erste „Indigenous Defence Fighter" (IDF), also der erste angeblich vollständig in Taiwan entwickelte Jagdbomber, von den Bändern und wurde unter der Bezeichnung „Jingguo" – zu Ehren des gerade verstorbenen Staatspräsidenten – der Inselluftwaffe übergeben.

Noch lange bevor Washington sich zur Aufnahme diplomatischer Beziehungen mit Beijing hatte durchringen können, waren die meisten anderen Staaten von Taibei zur VR China übergeschwenkt. Bereits 1972 hatten nicht weniger als 16 Staaten mit Beijing diplomatische Beziehungen aufgenommen, unter ihnen die Bundesrepublik Deutschland (die übrigens mit Taibei niemals offizielle Beziehungen unterhalten hatte), Australien und Argentinien. Dies alles war schon schlimm genug. Als wirklich verheerend aber wurde von Taibei die „Fahnenflucht" Japans empfunden, das am 29. September 1972 mit Beijing diplomatische Beziehungen aufgenommen, gleichzeitig das offizielle Verhältnis zu Taibei abgebrochen und auch den mit der RCh 1952 geschlossenen Friedensvertrag aufgekündigt hatte. Am Ende aber war die „Umpolung" schmerzloser verlaufen als ursprünglich befürchtet: Kaum nämlich hatten die Botschaften beider Länder ihre Pforten geschlossen, errichteten sie auch schon diplomatische Ersatzorganisationen, die auch für das Verhältnis der RCh zu anderen Ländern, vor allem aber zu den USA (TRA!), vorbildhaft wurden.

Die Doppelstrategie der taiwanesischen Gegenmaßnahmen:
Wie bereits 1949 konnte auch nach dem Nixon-Schock sowie dem Carter-Coup das Schlimmste verhindert werden, da die Regierung in Taibei mit einem wohlkalkulierten Doppelkurs gegenzusteuern wußte: Außenpolitisch wurde die offizielle Diplomatie weitgehend durch einen Kurs gestraffter Außenwirtschaftspolitik ersetzt, und innenpolitisch begannen subtile Reformen. (Die *Umpolung von Außen- auf Außenwirtschaftspolitik* ist in Kap. III zu schildern.)

Was die *politischen Reformen* anbelangt, so setzten sie mit der Ernennung des ältesten Sohns Jiang Jieshis, des damals 63jährigen Jiang Jingguo, zum Ministerpräsidenten im Mai 1972 ein. Kaum im Amt, kurbelte der „junge Jiang" drei aufsehenerregende Programme an, nämlich eine Antikorruptionskampagne innerhalb der Staatsverwaltung, ein zweijähriges Agrarinvestitionsprogramm und, als Quintessenz der neuen Ära, die Freigabe politischer Spitzenämter auch für Taiwanesen. Drei der dreizehn neuernannten Minister waren jetzt beispielsweise gebürtige Taiwanesen, übrigens ebenso wie der neue Gouverneur von Taiwan und der Bürgermeister von Taibei. Innerhalb kurzer Zeit hatte es m. a. W. einen Erdrutsch zu Ungunsten der „Festländer" gegeben, die bisher die Macht so gut wie monopolisiert hatten.

Als Jiang Jieshi am 5. April 1975 das Zeitliche segnete, war sein Haus längst bestellt. In der Tat wurden während der späten 70er und der 80er Jahre, wie sich immer deutlicher zeigte, jene Grundlagen gelegt, die den späteren Übergang zu einem Mehrparteiensystem und zu einer umfassenden Demokratisierung der Gesellschaft ermöglichten, wenngleich sich auch jetzt noch Verfolgungen gegen politisch Andersdenkende ereigneten, wie z. B. der *„Meilidao-Zwischenfall"* von 1979, in dessen Gefolge die Polizei fast die gesamte intellektuelle Opposition hinter Schloß und Riegel brachte. *Meilidao* („Formosa") war eine Zeitschrift, die zu aller Erstaunen innerhalb von nur drei Monaten nach ihrer Gründung bereits eine Auflage von 100 000 Stück erreicht hatte, weil in ihr Forderungen nach Demokratisierung und Taiwanisierung („Unabhängigkeit vom Festland") erhoben wurden, die den Lesern offensichtlich aus dem Herzen gesprochen waren. Unterderhand hatte sich hier eine Zeitschrift zum veritablen Sammelbecken der Opposition entwickelt. Als sich Redaktionsmitglieder am 10. Dezember 1979 anläßlich des „Tags der Menschenrechte" zu Demonstrationen in der südtaiwanesischen Stadt Gaoxiong aufmachten, kam es zu Zusammenstößen mit Sicherheitskräften und zu einer Verhaftungswelle, von der 152 Oppositionelle erfaßt wurden.

Rückblickend erscheinen die Maßnahmen gegen *Meilidao* und gegen eine Reihe weiterer Oppositionskräfte eher wie ein letztes Aufbäumen der Staatsmacht vor der immer ungeduldiger hervorbrechenden Demokratiebewegung, deren Forderungen vor allem nach dem „Nixon-Schock" zum Bestandteil des Zeitgeistes geworden waren, und denen sich die Führung, wie schon bald deutlich werden sollte, auf die Dauer nicht länger verschließen konnte.

Trotz der Probleme mit der Opposition im eigenen Lande hatte der Nixon-Schock Bevölkerung und Regierung näher zusammenrücken lassen. Diese Solidarisierung, die zunächst aus einer Notlage erwuchs, wurde später dadurch untermauert, daß sich Jiang Jingguo, allen anfänglichen Befürchtungen zum Trotz, zu einem ausgesprochen populären Präsidenten entwickelte, der, anders als sein Vater, nicht majestätisch und unendlich fern über dem Volk stand, sondern der sich ungezwungen unter Arbeitern, Bauern und städtischen Angestellten bewegte und sich ihrer Sorgen annahm.

Zu Beginn der 80er Jahre setzte ein stürmischer Demokratisierungsprozeß ein, der nicht nur von Jiang Jingguo geduldet,

Abb. 2: Der protestierende Parlamentarier. Gehversuche einer jungen Demokratie: Erst in den achtziger Jahren hat die paternalistische Guomindang-Alleinherrschaft, die in Taiwan bis auf das Jahr 1945 zurückreichte, einem echten Mehrparteiensystem weichen müssen. Träger der wichtigsten Oppositionsgruppe, nämlich der „Demokratischen Fortschrittspartei" (Minjindang), sind mittelständische Unternehmer, Angestellte und Intellektuelle, während Großindustrie, Bürokratie und ein Teil der Bauernschaft nach wie vor auf die GMD setzen. Die MJD fordert eine umfassendere Sozialpolitik,

sondern überdies von Bürgerinitiativen, „sozialen Bewegungen" und „Selbsthilfe"-Gruppierungen getragen wurde und Anregungen nicht zuletzt auch aus der philippinischen „People's Power"-Bewegung gegen den Diktator Ferdinand Marcos erhielt.

Bis in die späten 70er Jahre hinein waren Reformen fast ausschließlich von oben gekommen; selbst „Bürgerinitiativen" hatten sich noch allemal als verkleidete GMD-Bewegungen entpuppt. Kein Wunder, daß bestimmte Problembereiche wie Umweltschutz, Wohnungsbau und Sozialversicherung, die von der „Regierungspartei" verdrängt worden waren und daher jahrzehntelang ein Schattendasein gefristet hatten, nunmehr zum Gegenstand immer ungeduldigerer Forderungen von unten her wurden. Zwei Begriffe kamen damals in Mode, nämlich „zili jiuji" (wörtl.: „Selbsthilfe") und „shehui yundong" (wörtl.: „soziale Bewegungen").

Zur „Selbsthilfe" griffen nun beispielsweise Verbraucherorganisationen, Kriegsveteranen, Frauen und die polynesischen Ureinwohner (shandiren) der Insel. Zusätzlich machten sich „soziale Bewegungen" in Großdemonstrationen Luft: So etwa protestierten Bürgerrechtler am 19. Mai 1986 gegen den inzwischen auf den Tag genau 38 Jahre alten „Ausnahmezustand". Am 20. Mai 1988 lenkten die von Preisverfall und Auslandskonkurrenz bedrängten Bauern mit gewalttätigen Umzügen die Aufmerksamkeit auf sich, und im August 1989 fanden „Sleep out"-Aktionen statt, an denen sich 20000 Wohnungssuchende in Taibei und Taizhong beteiligten, um so gegen die exorbitanten Mieten sowie gegen die grassierende Wohnungsspekulation zu protestieren.

---

die Privatisierung der Staatsbetriebe, mehr Umweltschutz und die Verselbständigung Taiwans gegenüber Festlandchina. Eine zornige junge Generation, die das Gefühl hat, allzulange beiseite geschoben worden zu sein, versucht ihre Vorstellungen nun im Eiltempo durchzudrücken und hält sich dabei nicht immer an die demokratischen Spielregeln – wie hier ein MJD-Abgeordneter, der seine Empörung über das Abstimmungsverhalten der GMD-Kontrahenten auf eigenwillige und verblüffende Weise demonstriert.

Die Regierung, die Insubordinationen dieser Art bis dahin noch allemal als Störungen der öffentlichen Ordnung angesehen und mit polizeilichen Mitteln bekämpft hatte, hielt sich jetzt zu jedermanns Erstaunen im Hintergrund. Diese Selbstzügelung hing nicht zuletzt damit zusammen, daß die GMD, die jahrelang frei hatte schalten und walten können, sich inzwischen mit Oppositionsgruppierungen herumzuschlagen hatte, die, wie beispielsweise der am 28. September 1986 gegründete Neuling Minjindang (MJD: „Demokratische Fortschrittspartei") der „Regierungspartei" immer mehr Wählerstimmen abjagten, so daß der von den alarmierenden Wahlergebnissen überraschte Apparat gezwungen war, sich demokratisch neu zu definieren und überdies auch immer mehr „Benshengren" (d. h. auf der Insel geborene Personen) in Spitzenpositionen aufzunehmen.

Am 14. Juli 1987 wurden nach sage und schreibe 38 Jahren der im Mai 1949 über Taiwan verhängte Ausnahmezustand und am 30. April 1991 auch die Interimsbestimmung von 1948 (also das „Ermächtigungsgesetz" für den Staatspräsidenten) aufgehoben. Ein weiterer Meilenstein auf dem Weg zur Demokratisierung war die Beseitigung der Maulkorbparagraphen. Nachdem auf der Insel die Gründung neuer Zeitungen im Zeichen des Ausnahmerechts 38 Jahre lang verboten gewesen war, explodierte die Szene nach Freigabe am 1. Januar 1988 von 31 auf 124 Zeitungen.

Von dem neuen Schwung wurden auch die drei Fernsehanstalten erfaßt, die zwar jeweils von einer staatstragenden Instanz betrieben werden, nämlich von der Provinz, vom Militär und von der Guomindang, die sich jetzt aber dem basisnahen Zeitgeist anzupassen und sich sogar an bisherige Tabus heranzuwagen begannen. Lange vorher schon hatte der TV-Konsum übrigens dafür gesorgt, daß die mandarinäre Hochsprache, das Guoyu („Staatssprache"), endgültig zur Lingua franca, ja zum Standard der Beurteilung von Sprachverhalten wurde. (Der chinesischen Gemeinde von Hongkong, die dem cantonesischen Dialekt noch weitgehend treu geblieben ist, steht diese Umschaltung auf das Mandarin erst noch bevor!)

Neue Impulse erhielten nun auch die Rundfunkanstalten, von denen sich in jedem der 16 Kreise Taiwans mindestens *eine* niedergelassen hat, so daß die Insel über eine Senderdichte verfügt, mit der sich nur wenige Länder auf der Welt messen können. Unmöglich, all ihre Programme zu überwachen und die dort hervortretenden Querdenker zum Schweigen zu bringen.

Im Gegensatz zu den meisten asiatischen Staaten auch, wo sich, wie beispielsweise in Indonesiens Hauptstadt Jakarta, nur wenige – und dünn bestückte – Buchläden antreffen lassen, platzen in Taiwan – ebenso übrigens wie in Hongkong – die Buchhandlungen aus allen Nähten. Hier wirkt die alte Schreib- und Lesetradition Chinas noch ungebrochen weiter, die sich inzwischen mit einem neuen staatsbürgerlichen Selbstbewußtsein verschwistert hat.

All diese Entwicklungen haben dazu geführt, daß es auf Taiwan nach Jahren des „Paternalismus" zu einer soliden Demokratisierung gekommen ist, die auf Mitbestimmung, Machtkontrolle und freie Wahlen, Schutz der Menschenrechte und Garantie des Rechtswegs hinausläuft, die freilich angesichts der überproportionalen Zunahme von Taiwanesen in Partei und Regierung auch den Zündstoff für wachsende Auseinandersetzungen mit der auf Wiedervereinigung drängenden VR China in sich birgt.

b) Hongkong: Der mandarinäre Führungsstil der Regierung

Nicht nur in Taiwan, sondern auch in Hongkong wird auf sehr chinesische Weise regiert. Bei Taiwan ist dies allerdings nicht weiter verwunderlich, da in den Jahren nach 1945 fast die gesamte Verwaltungselite der RCh auf der Flucht vor den Kommunisten sich dort niedergelassen und ihre bürokratischen Traditionen mitgebracht hat.

Doch auch in Hongkong, das ja seit eineinhalb Jahrhunderten formell von Ausländern verwaltet wird, finden sich zahlreiche Parallelen zur „mandarinären" Regierungsweise, ohne die es dem Durchschnittsbewohner der Kronkolonie ja in der Tat schwergefallen wäre, die „Fremdherrschaft" zu akzeptieren.

Auch in Hongkong läßt sich, wie lange Zeit auf Taiwan, eine gehörige Portion Paternalismus feststellen: Die traditionelle chinesische Regierungskunst bestand ja darin, den Untertanen das Gefühl zu vermitteln, daß sie nicht viel mitzureden brauchten, da sie, wie in einer Familie, „väterlich" behütet seien. Ob „trittbrettfahrerisch" oder nicht – das Government in Hongkong war einfühlsam genug, seine Signale seit Anbeginn der britischen Herrschaft genau auf dieser Wellenlänge auszusenden und wurde in der Tat, da es obendrein mit Würde aufzutreten verstand, von der Bevölkerung schon früh als eine Art Übervater akzeptiert. Dies ging so weit, daß sich sogar die gesellschaftliche Elite Hongkongs mit eher beratenden Funktionen begnügte.

Höchst „mandarinär" nehmen sich auch die „Abgehobenheit", das Stabilitätsbestreben und der „Zentralismus" des Government aus:

– *Abgehobenheit*: Die Hongkonger Gesellschaft gilt als „minimal integriert" und ist als solche vor allem durch drei Eigenschaften gekennzeichnet, nämlich durch eine hoch über den Köpfen der Bevölkerung angesiedelte bürokratische Klasse, durch eine „atomisierte" Einwohnerschaft und durch schwache Verbindungen zwischen diesen beiden. „Freiheit" in Hongkong bedeutet Freiheit von politischen Übergriffen, nicht jedoch Freiheit zur Teilnahme an politischen Entscheidungen. Dieser Tatbestand einer stillschweigenden gegenseitigen Duldung und eines ehrfurchtgebietenden Abstands zwischen Obrigkeit und Bevölkerung deckt sich mit überkommenen Mustern, zumal Führung und Volk sich auch über die beiden Hauptziele, nämlich politische Stabilität und ökonomische Prosperität, einig sind. Dieser in eineinhalb Jahrhunderten verinnerlichte Konsens ist ein machtvoller Stabilisierungsfaktor, der die Sechs-Millionen-Gemeinde trotz aller Anfechtungen und Herausforderungen souverän hat überleben lassen. Hinzu kommt, daß das Government sich lange Zeit auf bloße Rahmengesetzgebung beschränkte und damit grünes Licht für die Entfaltung all jener Fähigkeiten gab, die nun wiederum ganz chinesischer Herkunft waren und deren metakonfuzianische Elemente in Kap. IV näher zu beschreiben sind.

– Die Regierung ließ, zweitens, nichts unversucht, aus *Stabilitäts*überlegungen heraus das Hongkonger Milieu soweit wie möglich zu *entpolitisieren* und gehorchte damit einem Imperativ, der sich aus einer langen Überlebensgeschichte ableitete; war die Kronkolonie im Laufe der Zeit doch immer wieder von Asylantenwellen gegensätzlichster Provenienz überschwemmt worden, sei es nun von Anti-Manzhou-Revolutionären zu Beginn des Jahrhunderts, von GMD-feindlichen Kommunisten in den 20er und 30er Jahren oder aber von antikommunistischen GMD-Nationalisten nach 1949. Ohne die vom Government beharrlich betriebene Entpolitisierung hätte Hongkong in der Tat kaum jene Stabilität gewinnen können, die sich als unerläßliche Vorbedingung des Wirtschaftswunders der Kronkolonie erwiesen hat.

Die für Hongkong lange Zeit so charakteristische „politische Apathie" endete allerdings jäh mit der „Anschluß"-Erklärung von 1984 und mit dem Beijinger Massaker von 1989. „Direkte Wahlen noch vor 1997" lautete von jetzt an die Parole jener 98 Hongkonger Bürgerorganisationen, die sich schon kurz nach Bekanntgabe der „Erklärung" gebildet hatten. Was allerdings 150 Jahre lang nicht zur Diskussion stand, konnte auch jetzt nicht über Nacht Wirklichkeit werden, zumal Beijing der Hongkonger Regierung mit allem Nachdruck zu verstehen gab, daß es nicht gewillt sei, plebiszitäre Forderungen hinzunehmen, sondern daß es die britische Obrigkeitstradition ungeschmälert erben wolle.

– Dieser „*Zentralismus*" – ein weiteres Merkmal – ist dadurch gekennzeichnet, daß alle Fäden der politischen Macht in der Hand des Gouverneurs zusammenlaufen – zumindest gilt dies in der Theorie: Er vertritt in der Kronkolonie die Queen, hat das Oberkommando über die britischen Streitkräfte, steht an der Spitze einer aus dem „Executive Council", dem „Legislative Council" und mehreren „Committees" zusammengesetzten „Zentralregierung" und fungiert als oberster Dienstherr des „Civil Service". Die Traditionen dieser Bürokratie kommen nicht unmittelbar aus Europa, sondern haben sich hauptsächlich im indischen Kolonialdienst entwickelt. Zentralistisches Denken, positivistische Handhabung von Recht und Gesetz, Vorherrschen von Generalisten, „second rule", d.h. Einschaltung möglichst vieler einheimischer Institutionen und deren Mithilfe beim Bewältigen der Verwaltungsaufgaben, und nicht zuletzt auch strikte Formalisierung des Verhältnisses zwischen Verwaltung und Bevölkerung, die jeglicher Willkür des Beamtentums einen Riegel vorschieben soll, sind Hauptkennzeichen dieses Systems, dem aus eben diesen Gründen nicht zu Unrecht beträchtliche „Abgehobenheit" („seclusive posture") nachgesagt wird.

In der Praxis freilich halten Gouverneur und Bürokratie das Heft keineswegs allein in der Hand, sondern haben auf zahlreiche informelle Kräfte Rücksicht zu nehmen und mit einem typischen Küchenkabinett zu regieren, bei dem noch in den 60er Jahren der „Jockey Club", Jardine & Matheson und die Hongkong (and Shanghai) Bank – in dieser Reihenfolge! – mitrührten. Spätestens seit 1984 hat sich hier mit kräftigem Ellenbogeneinsatz die VR China noch weit vor den „Jockey Club" geschoben, indem sie vor allem über die Xinhua-„Nachrichtenagentur" und über die Bank of China Einfluß ausübt und bei allzu einsamen Entscheidungen des Government bisweilen zornig ihre Stimme erhebt, so z. B. gegenüber dem Beschluß vom Oktober 1989, einen neuen Mammutflughafen anzulegen.

Darüber hinaus sorgt ein feingesponnenes Netz von Institutionen dafür, daß auch die Bevölkerung nicht ganz ausgeschlossen bleibt, vor allem nicht die Hongkonger Elite. Andernfalls bliebe das so oft beschworene „Government by Consent" auf dem Papier stehen.

Als Brückenorgane dienen hier die unten noch näher zu beschreibenden „Hui" sowie die „Kaifong" (m.: jiefang, „Straßennachbarschaften"), des weiteren der „Urban Council" für die 3,6 Millionen Einwohner der Großstadtgebiete von Victoria und Kowloon, der „Regional Council" für die Einwohner der neugegründeten Trabantenstädte und nicht zuletzt die „District Boards" für die Bevölkerung in den 19 Kreisen der gesamten Kronkolonie.

Was andererseits politische Parteien und Gewerkschaften anbelangt, so spielen sie im Hongkonger Milieu kaum eine Rolle: Parteien sind zwar nicht offiziell verboten, doch begegnen sie als potentielle Unruhestifter einer Art institutionellem Mißtrauen und werden deshalb vom Government mit repressiver Toleranz behandelt. Hongkong hat im Laufe seiner Geschichte Politikern verschiedenster Couleur immer wieder als Zufluchtsort gedient, hat sich ihnen jedoch nicht als Plattform zur Verfügung gestellt.

Auch Gewerkschaften konnten hier, sieht man einmal von den wütenden Streikbewegungen der Jahre 1922/23 und 1925/26 ab, in denen der Hongkonger Hafen manchmal für Wochen lahmgelegt worden war, nie eine ausschlaggebende Rolle spielen. Ursächlich für dieses niedrige Profil waren nicht nur die bis heute im Mikrobereich fortdauernden „paternalistischen Beziehungen" zwischen Arbeitgebern und Beschäftigten, sondern auch gewisse Makrostrukturen, so z. B. die für das chinesische Denken charakteristische Abneigung gegen horizontale Organisationsmuster: Man organisiert sich in China vor allem vertikal (Vater/Sohn, Patron/Gefolgsmann), nicht so sehr horizontal („alle" Arbeiter oder „alle" Proletarier). Kein Wunder, daß die Gewerkschaften Hongkongs angesichts dieser Gegebenheiten nur einen bescheidenen Organisationsgrad und geringe Streikaktivität aufweisen. So war es denn allen Ernstes möglich, daß bei Konjunkturtiefs, vor allem in den Ölkrisenjahren 1974/75, die Löhne wieder nach unten gedrückt werden konnten!

Dies alles erinnert an Erscheinungen, wie sie auch auf Taiwan bis zum Beginn der 80er Jahre gang und gäbe waren. Nur in zwei Punkten ließen sich erhebliche Unterschiede feststellen, nämlich beim wirtschaftspolitischen Laisser-faire (zumindest galt dies in den Nachkriegsjahren) und bei der Prädominanz von Ausländern in Hongkong:

– Laisser-faire: „Freihandel nach außen, positiver Nichtinterventionismus nach innen" – dies war jahrelang der Entwicklungskurs Hongkongs, der dem Lehrbuch des klassischen Wirtschaftsliberalismus entnommen zu sein schien. Vor allem die bewußte administrative Askese gegenüber dem Wirtschaftsgeschehen war den meisten Chinesen zunächst nicht ganz verständlich; stammt doch die Ideologie des Laisser-faire aus der individualistischen Wertewelt des Westens, während es im traditionellen China nie die Idee einer „Trennung von Staat und

Wirtschaft" gegeben hatte. Im Interesse der „sozialen Harmonisierung" war es dort vielmehr ganz selbstverständlich gewesen, daß die Bürokratie steuernd in den Wirtschaftslauf einzugreifen pflegte. Es galt der Grundsatz des „Jing shi ji min" („die Welt regulieren, das Volk versorgen"); aus den beiden Begriffen „jing" und „ji" setzt sich übrigens auch der moderne Begriff für „Wirtschaft" zusammen. Bei dieser „Regulierungs"-Tätigkeit galt es nicht nur das „Volk zu ernähren" (yang min), sondern auch dafür zu sorgen, daß die Reichtümer möglichst gleichmäßig verteilt wurden. Dieser Zielsetzung entsprechend kümmerte sich die Bürokratie im allgemeinen sogar mehr um Verteilungs- als um Produktionsaufgaben.

Das Hongkonger Government hat den Kurs seines „positiven Nichtinterventionismus" in Reinkultur freilich nur während der 50er und 60er Jahre, nicht mehr jedoch in den 70er und 80er Jahren durchhalten können, als es galt, Hunderttausende von Menschen in öffentlich gefördertem Wohnraum unterzubringen, Megainfrastrukturen aufzubauen und für Umweltschutz zu sorgen. Hier näherte sich Hongkong sehr rasch der bis dahin auf Taiwan geübten Praxis.

– Zweitens dominieren in der Verwaltung Hongkongs die *Ausländer*. Ungeachtet des Vorherrschens einer britischen Bürokratie und trotz der Bezeichnung „Kronkolonie" läßt sich Hongkong kaum mit den klassischen Merkmalen des Kolonialismus erfassen. Nimmt man, wie es herkömmlicherweise zu geschehen pflegt, politische Vormundschaft, wirtschaftliche Ausbeutung und kulturelle Entmündigung als wesentliche Erscheinungsformen zwischen „Mutterland" und „Kolonie", die als solche politische Instabilität, wirtschaftliche Asymmetrien und kulturellen Identitätsverlust geradezu „gesetzmäßig" nach sich ziehen und daher bei der „unterdrückten Bevölkerung" unvermeidlich das Verlangen nach Selbstbefreiung aufkommen lassen, so trifft all dies für Hongkong nicht zu: Von *politischer Beherrschung* oder gar „*Unterdrückung*" kann in einem Stadtstaat, der sich durch ein weltweit unübertroffenes Laisser-faire und durch bewußte Nichteinmischung auszeichnet, wohl kaum gesprochen werden. Wo ausnahmsweise doch einmal Polizei durchgreift, geschieht dies in Verfolgung von Interessen, wie sie von der Bevölkerungsmehrheit fraglos bejaht werden, sei es nun zwecks Bekämpfung von Kriminalität, zur Internierung von Scheinasylanten oder ganz einfach zur Wahrung von Ruhe und Ordnung, wie sie fast jedem Bewohner der Kronkolonie heilig ist. Keine autochthone Regierung könnte hier wirksamer vorgehen – im Gegenteil.

Auch von *wirtschaftlicher Ausbeutung* durch einen „Kolonialherren" kann nicht die Rede sein: Abgesehen davon, daß die britische Wirtschaft niemals eine bevorzugte Rolle gegenüber Konkurrenten aus anderer Herren Ländern einnehmen konnte, sind es vor allem Hongkonger Bürger, die vom wirtschaftlichen Aufstieg des Stadtstaats besonders profitiert und es zu teilweise märchenhaftem Reichtum gebracht haben. Wieviele andere asiatische Bevölkerungen wären nicht begierig darauf, sich ähnlich „ausbeuten" zu lassen!

Selbst von *kultureller Entmündigung* kann schwerlich die Rede sein: In Hongkong besteht Schul- und Berufsfreiheit; die chinesische Sprache, allen voran aber das Cantonesische, ist neben Englisch als Lingua franca anerkannt, und außerdem herrscht in Hongkong ein Ausmaß an Rede-, Versammlungs- und Pressefreiheit, wie es sich die Bevölkerung der benachbarten Volksrepublik nur erträumen kann!

Auch von „Selbstbefreiungsbestrebungen", wie sie ja gemeinhin als Begleiterscheinungen „kolonialer" Unterdrückung gelten, kann keine Rede sein – im Gegenteil: Wie die Angst vor „1997" zeigt, zögen es die meisten Hongkong-Bewohner vor, weiterhin unter der bisherigen „Kolonialherrschaft" zu leben!

Ganz besonders aber fehlt es an der dem Imperialismus-Theorem begriffsnotwendigen „Instabilität" Hongkongs. Dies ist ein Rätsel, das nicht nur Leninisten und Trotzkisten Kopfzerbrechen bereitet; auch westlich eingestellte Beobachter haben sich über die bemerkenswerte politische Stabilität des Stadtstaats ihre Gedanken gemacht und immer neue Erklärungsmuster entwickelt, sei es nun, daß (1) der „China-Faktor", d. h. die gemeinsame Angst vor dem kommunistischen China, oder daß (2) die „politische Apathie der Bewohner", die „Entpolitisierung der Gesellschaft" und die „konspirative Zusammenarbeit" der Elite Hongkongs mit der britischen Kolonialbürokratie zur Erklärung herangezogen wurden. Andere Beobachter wiederum verweisen (3) auf die Effizienz der Regierung in der Wohnungsbau-, Wirtschaftsverwaltungs- und Erziehungspolitik, (4) auf das Fehlen aufmüpfiger politischer Parteien, (5) auf die Ähnlichkeiten zwischen britischem und chinesischem Paternalismus oder aber (6) ganz einfach auf die an Phlegmatismus grenzende „Großzügigkeit" der Kolonialregierung gegenüber dem Hongkonger Leben. All diese „Theorien" liefern freilich nur eine Beschreibung, nicht jedoch eine Erklärung! Als wesentlich hilfreicher erweist sich in diesem Zusammenhang der chinesische „Ordnungs"-Begriff, der in Kap. IV im Zusammenhang mit dem Metakonfuzianismus vorgestellt werden soll.

3. Die Rolle von „ Vater Staat" im Entwicklungsprozeß

a) Verschiedene Ausgangsbedingungen

Die Befreiung aus japanischer Kolonialherrschaft war eine der wenigen Gemeinsamkeiten, in die sich Taiwan und Hongkong unmittelbar nach 1945 teilten. Im übrigen aber gingen die Wege der beiden „Inseln" weit auseinander – zumindest in den späten 40er sowie in den 50er Jahren:

Auf Taiwan hatten die Japaner eine solide frühindustrielle Basis hinterlassen, während Hongkong auch nach dreieinhalb Jahren Besatzungszeit immer noch eine Handelsstadt ohne nennenswerte Industrie geblieben war.

Zweitens hatten die beiden Inseln auch höchst unterschiedliche Zuwanderungsbewegungen zu verkraften: Zwar wurden beide von mehr als einer Million Flüchtlingen überschwemmt, doch rekrutierten sich die Neubürger Taiwans hauptsächlich aus Soldaten, aus wenigen Geschäftsleuten und aus der nahezu kompletten festländischen Verwaltungselite, während die Fluchtburg Hongkong überwiegend von Unternehmern und Facharbeitern aus Shanghai, Guangzhou sowie anderen südostchinesischen Küstenstädten bevorzugt wurde.

Drittens mußte Taiwan erst noch eine Bodenreform durchziehen und die früheren japanischen Industriebetriebe umorganisieren, während Hongkong u. a. aufgrund der personellen und technologischen „Bluttransfusion aus Shanghai" gleichsam aus dem Stand heraus auf Produktion gehen konnte; kein Staat Asiens verfügte in diesen frühen Jahren über einen so modernen Industriepark wie die von den Ereignissen des chinesischen Bürgerkriegs und vom Koreakrieg „beschenkte" Kronkolonie.

Während ferner die jungen Industrien Taiwans (und übrigens auch Singapurs) erst einmal hinter hochgezogenen Schutzzollmauern „Trockenübungen" durchführen mußten, ehe sie es gegen Ende der 50er Jahre wagen konnten, sich dem Weltmarkt auszusetzen, schaffte Hongkong den Sprung vom industriellen Niemand zum industriellen Vorreiter der Region bereits Mitte der 50er Jahre. Hongkong hatte es m. a. W. nicht nötig, erst einmal die Phase der „Importsubstitution" zu durchlaufen, sondern konnte sogleich auf „Exportorientierung" schalten und so einen weiten Vorsprung vor potentiellen Mitkonkurrenten gewinnen.

Ein fünfter für die Entwicklung bedeutsamer Unterschied bestand darin, daß Hongkong aufgrund seiner so schnell zurückgewonnenen Wachstumsdynamik in der Lage war, sich ganz auf die Kräfte des Marktes zu verlassen und, Hand in Hand damit, lange Zeit auf Regierungsinterventionen zu verzichten.

b) Taiwan: Der Staat als Prometheus

Anders als im Hongkong der Nachkriegszeit leistete der Staat auf Taiwan für die Wirtschaft zunächst einmal kräftige Hebammenarbeit.

In den 50er Jahren sorgte er z. B. für die Durchführung der Bodenreform, für Wirtschaftspläne (Vierjahresplanung seit 1953) und für die Verwirklichung einer arbeitsintensiven Importsubstitutionsstrategie. In den 60er Jahren organisierte er die Rahmenbedingungen für ein besseres Investitionsklima und für erhöhtes Sparen, förderte den Aufbau exportorientierter Industrien und unterstützte die Entwicklung neuer Wirtschaftszweige sowie die Ausfuhr von Landwirtschaftsgütern. In den 70er Jahren subventionierte er den Ausbau infrastruktureller Großprojekte und half die Grundlagen für die Entwicklung einer Schwerindustrie zu legen. In den 80er Jahren kümmerte er sich um die Modernisierung (Automatisierung) von Industrieunternehmen, sorgte für die so häufig beschworene „Technologie- und Kapitalintensivierung", gab für Wissenschaft und Forschung Milliardenbeträge aus und nestelte an jener Überlebenspolitik weiter, die durch die nationalen Existenzkrisen von 1971/72 und 1979 ausgelöst worden waren und die sich auf die Dreierformel „außenwirtschaftliche Liberalisierung – technologische Innovation – Infrastrukturausbau" bringen ließ. Im einzelnen:

Seit dem Nixon-Schock war Taiwans Außenpolitik immer mehr zur Außenwirtschaftspolitik geworden, wobei die staatliche Bürokratie vor allem darauf abzielte, der heimischen Wirtschaft möglichst viele auswärtige Partner zu sichern, das Investitionsklima zu verbessern, die Handelsrouten offenzuhalten und neueste Technologien sowie ausländisches Kapital einzuwerben. Die Regierung verhielt sich bei der Verfolgung dieser Ziele zweckbewußt wie eine Privatfirma: Nirgends im wirtschaftspolitischen Bereich gab es Scheuklappen, und es blieb nichts ungetan, was immer der Außenwirtschaft dienen konnte. Dadurch wurde die „Taiwan-GmbH" noch stärker als bisher zu einem wahren Magneten, um den herum sich ökonomische und technologische Kräftefelder bündelten. Bereits 1979 bestritt Taiwan 1,1 % des Weltexportvolumens.

Gründe für diesen Erfolg waren Flexibilität und unbürokratisches Verhalten im allgemeinen sowie Exportverarbeitungszonen, organisatorisch-steuerlich-finanzielle Förderungsmaßnahmen und Diversifizierungsbemühungen im besonderen. Die Einzelheiten dazu sind in Kap. III.3.a darzulegen.

Außerdem legte die Regierung 1973, mitten in einem Konjunkturtal, ein Großinfrastrukturprogramm auf, das unter der Bezeichnung „Zehn Grundlagenprojekte" (shige jiben jianshe) lief, und mit dessen Hilfe nicht nur kurzfristige konjunkturelle (Wiederbelebung der Wirtschaft), sondern auch langfristige strukturelle Ziele (Modernisierung vor allem des Verkehrs- und Energiewesens) angepeilt wurden (Einzelheiten dazu ebenfalls in Kap. III).

Je effizienter der Staat freilich seine Ziele – Wachstum, Wohlhabenheit, soziale Gerechtigkeit etc. – durchsetzen konnte, um so mehr machte er sich als prometheische Institution überflüssig, und um so mehr hatte die „Revolution von oben" einer wachsenden Mitbestimmung von unten zu weichen – ein veritabler Bumerang, wie so manches konservative GMD-Mitglied meinte!

Die Entwicklung auf Taiwan verlief beinahe spiegelbildlich zu der in Hongkong: Während die Wirtschaft der Kronkolonie die Hand der Bürokratie in den 50er Jahren kaum zu spüren bekommen hatte und ihre frühesten Erfahrungen mit dem Interventionismus erst in den 70er und 80er Jahren sammeln mußte, verlief der Kurs in Taiwan gerade umgekehrt.

c) Die „unsichtbare" Hand des Staates in Hongkong

Von ihrem bisweilen fast schon missionarisch propagierten Grundkurs des „positiven Nichtinterventionismus" mußte die Regierung Hongkongs spätestens seit den sozialen Unruhen im Jahre 1967 und seit der Ölkrise Mitte der 70er Jahre erste Abstriche machen. Ähnlich wie bei Taiwan waren nun auch in Hongkong vornehmlich drei Aufgaben in Angriff zu nehmen, die sich mit den Stichworten Boden- und Sozialpolitik, Förderung technischer Neuerungen und Infrastrukturausbau umreißen lassen. Zunehmend auch galt es, das Flüchtlings- und Asylantenproblem in den Griff zu bekommen:
– 1972 erging der „Colony Outline Plan", der zum ersten Mal in der Geschichte Hongkongs ein langfristiges Profil der Stadtentwicklung vorzeichnete und der vor allem Hinweise für den Umgang mit dem wohl kostbarsten „Rohstoff", nämlich dem knapp bemessenen Boden, lieferte. War Siedlungs- und Industrieland bis dahin auf öffentlichen Auktionen an den jeweils Meistbietenden versteigert worden, so ging die Regierung nunmehr dazu über, die *Grundstücksvergabe* eng mit entwicklungs-

strategischen Zielsetzungen zu verknüpfen und dabei vor allem Anbietern von Zukunftstechnologien Vorrechte einzuräumen. Auf diese Weise erhielt z. B. Ende 1973 die US-Firma Dow Chemical Pacific Ltd. ein ca. 40000 qm großes Industriegrundstück auf der Tsingyi (m.: Qingyi)-Insel zu Vorzugsbedingungen zugewiesen.

Darüber hinaus wurden jetzt größere Areale in den New Territories als neue Industriegebiete ausgewiesen, z. B. Quan Wan („Tsuen Wan": „Bucht der wohlriechenden Pflanzen"), Tunmen („Tuen Mun": „Siedlungstor") oder Shatian („Sha Tin": „Sandfeld"); u. a. Ehe sich das Government zu diesem Hinausgehen über die engeren Gebiete von Hongkong und Kowloon entschließen konnte, hatte es allerdings über seinen eigenen Schatten springen müssen; waren doch die New Territories, im Gegensatz zu den beiden anderen Gebieten, lediglich auf 99 Jahre (beginnend von 1898) an Großbritannien verpachtet worden, so daß langfristige Investitionen hier als verschwendet galten. Wenn Bedenken solcher Art am Ende dann doch noch in den Wind geschlagen wurden, so geschah dies aus der Erkenntnis heraus, daß ohne den Rückgriff auf die Bodenreserven der New Territories „nichts mehr lief". Praktische Bedürfnisse hatten also politische Zukunftsängste in den Hintergrund treten lassen.

Hand in Hand mit der Hinwendung zu den New Territories begann auch der behördlich verordnete Umzug der Heim- und Squatterbetriebe, die bisher aufs engste mit den innerstädtischen Wohnvierteln vernestelt gewesen waren, hinaus in die neuen Industrieansiedlungen. Dieser Exodus der Kleinindustrie aus dem Weichbild Hongkongs schuf wiederum Raum für den Bau von 10–20stöckigen Wohnkomplexen, in denen Zehntausende von Hongkonger Bürgern eine würdigere Unterkunft finden konnten.

– *Sozialpolitik:* Bis 1968 war Hongkong sozialpolitisches Niemandsland gewesen. Bezeichnenderweise setzte eine Neubesinnung hier erst ein, nachdem die Behörden durch blutig verlaufene Demonstrationen unsanft aus dem Schlaf gerissen worden waren. Bei den Zusammenstößen von Arbeitern und Jugendlichen mit Polizei und Militär in der Zeit zwischen Mai 1967 und Januar 1968 platzte nicht nur eine soziale „Eiterbeule", sondern es kam zu Zwischenfällen, bei denen es dem Government vollends unbehaglich zumute wurde, nämlich zu Übergriffen der Rotgardisten, die im Zeichen der damaligen maoistischen Kulturrevolution 1966 bereits Macau unter ihre Kontrolle gebracht hatten und die sich nun offensichtlich auch auf Hongkong einzuschießen begannen. Zum Glück für die Kronkolonie wurden sie zwar Mitte Januar 1968 zurückgepfiffen, doch der Schock in Hongkong saß tief. Kein Wunder, daß ausgerechnet die Ereignisse von 1967/68 zum Ausgangspunkt sozialer Reformen wurden, und zwar vor allem im Bereich der Arbeits-, Wohnungs- und Ausbildungspolitik. Der Gesetzgeber war den Ereignissen also keineswegs weise vorausgeeilt, sondern ihnen im Gegenteil hinterhergelaufen. Jetzt erst begann sich die Einsicht durchzusetzen, daß nicht alles und jedes den spontanen Kräften des Marktes überlassen werden dürfe, sondern daß obrigkeitliche Mitwirkung und langfristige Perspektiven unerläßlich waren. Ganz in diesem Sinne wurde erstmals 1973 auch eine offizielle Sozialprodukteinschätzung bekanntgegeben und überdies Zahlenmaterial veröffentlicht, an dem sich die Betriebe besser orientieren konnten.

Vor allem aber galt es nun, die wilden Auswüchse Hongkongs, die bisweilen noch an Manchester-Kapitalismus erinnerten, zu beschneiden und moderne *Arbeitsgesetze* zu erlassen. Erstmals gab es nun die 48-(statt der bisherigen 60-)Stunden-Woche. Außerdem wurden sieben bezahlte Urlaubstage als jährliches Minimum eingeführt, Entschädigungen bei Arbeitsunfällen und Berufskrankheiten sowie bei vorzeitiger Entlassung festgelegt, und Mindeststandards über die Sicherheit am Arbeitsplatz, über den Kündigungsschutz und über den Schwangerschaftsurlaub vorgeschrieben. Auch die Gewerkschaften, die seit 1948 wieder agieren durften, nachdem sie im Gefolge hektischer Generalstreiks während der 20er Jahre verboten worden waren, erhielten nun gesetzlichen Flankenschutz. Zwar sollten ihnen auch jetzt keine allzu langen Zügel belassen werden, und deshalb politische Streiks sowie Fabrikbesetzungen nach wie vor verboten bleiben. Doch gleichzeitig wollte sich der Gesetzgeber nicht mehr damit abfinden, daß die Betriebe jede, aber auch jede gewerkschaftliche Tätigkeit von vornherein lahmlegten; gab es doch 1975 in der Kronkolonie nicht weniger als 302 einschlägige Organisationen, die wegen ihrer Zersplitterung von den Unternehmern fast systematisch kaltgestellt und deren Mitglieder meist bedenkenlos diskriminiert wurden.

Auch im Bereich der *Wohnungspolitik* konnte der Gesetzgeber die Zügel nicht länger schleifen lassen, sollten nicht noch mehr Shanty Towns und Squatter-Siedlungen entstehen. 1972 erging deshalb ein Zehnjahresprogramm, das den Neubau von Wohnungen für 1,8 Millionen Menschen vorsah, und das sich schon bald als eines der weltweit ehrgeizigsten Siedlungsprogramme erweisen sollte (Näheres IV. 1. b).

Drittens glaubte die Regierung nun auch eine energischere industriebezogene *Ausbildungspolitik* betreiben, also Fachschulen errichten und mit Hilfe von steuerlichen Maßnahmen dafür sorgen zu müssen, daß die Betriebe Lehrlinge ausbildeten und verstärkt für die Qualifizierung ihrer Mitarbeiter aufkämen. Zwar gab es bis dahin zwei allgemeine Hochschulen, nämlich die 1911 gegründete „University of Hongkong" und die seit 1963 bestehende „Chinese University of Hongkong"; doch fehlte es an einer Fachhochschule. Diese Lücke wurde nun 1972 mit der Begründung des „Hongkong Polytechnic" ausgefüllt. Darüber hinaus errichtete der „Vocational Training Council" 16 Ausbildungszentren für den Industrie- und Handwerksnachwuchs. Auch die Lehrer- und Erwachsenenausbildung wurde nun umfassend erweitert.

So beeindruckend die Erfolge Hongkongs im Tertiärbereich waren, so sehr fielen andererseits die Defizite auf dem Sekundärsektor ins Auge. Bei der industriellen Diversifizierungs- und Innovationspolitik nämlich zeigte sich Hongkong weitaus weniger wandlungsfähig als Taiwan. So blieben z. B. die Export- und Beschäftigungsanteile bei den wichtigsten Industriezweigen während der 70er und 80er Jahre fast die gleichen wie in den 60ern, nämlich – in dieser Reihenfolge – bei Bekleidung, Maschinenbau, Textilien, Plastikverarbeitung, Metallwaren, Perükken sowie Nahrungs- und Genußmitteln. Die ersten vier genannten Sektoren erwirtschafteten noch in den 70er Jahren nicht weniger als drei Viertel des industriellen Exportwerts und beschäftigten etwa 70 % der Arbeitskräfte. Nach der großen Krise von 1974/75 hatte die Regierung zwar versucht, mit Hilfe steuerlicher Vorzugsbehandlung die Leichtindustrie stärker zu diversifizieren und die kapitalintensive Investitionsgüterindustrie zu fördern. Vor allem Maschinenbau, Elektronik und Feinmechanik hatten hier neue Anstöße erfahren, die allerdings nicht kräftig genug ausfielen, um eine drohende „Rückindustrialisierung" zu verhindern.

– Besonders laut wurde der Ruf nach dem Staat im Zusammenhang mit den *Flüchtlings- und Asylantenströmen*, die während der chinesischen Kulturrevolution (1966 ff.) und vor allem im Zuge der vietnamesischen Boat-people-Fluchtbewegung (1979 ff.) über der Kronkolonie zusammenschlugen.

Während Taiwan in den Jahren zwischen 1945 und 1949 rd. 1,2 Millionen Festlandsflüchtlinge hatte aufnehmen müssen, dann aber von weiteren Zuwandererwellen verschont geblieben war, ist Hongkong noch in den 90er Jahren ein Ort ständigen Kommens und Gehens geblieben, und wirkt vor allem auf Flüchtlinge aus dem benachbarten Guangdong wie ein Magnet: Niemand, der nicht glaubte, daß in Hongkong der „Mond runder" sei als in der alten Heimat!

Bis in die späten 70er Jahre hinein hatte Hongkong die Zuwanderer zwar seufzend, aber immer noch willig aufgenommen, da sie, wie man glaubte, die „industrielle Reservearmee" stärkten und damit für eine Stabilisierung des niedrigen Lohnniveaus sorgten. Seit Anfang der 80er Jahre jedoch konnte niemand mehr das Gefühl loswerden, daß das Boot voll sei. In der Tat gehörte das nur 1043 qkm große Territorium Hongkongs mit rd. 5000 Menschen pro qkm zu den mittlerweile am dichtesten besiedelten Regionen der Welt. Ungeachtet dessen aber ging der Zustrom weiter: Allein 1989 beispielsweise waren über 20000 „Illegale" vom chinesischen Festland aufgegriffen worden – und dies, obwohl sich Hongkong seit Jahren durch eine Art „antisozialistischen Schutzwall" zum Festland hin abgeschottet hatte, d. h. mit einem 5 m hohen, alle Berührungen elektronisch weitermeldenden Sperrzaun, der zusätzlich von Polizei

Abb. 3: Flüchtlingskontrolle. Seit ihren Anfängen wirkt die Kronkolonie Hongkong wie ein Magnet auf Flüchtlinge aus ganz Asien, vor allem aber aus Südchina. Schon in den ersten hundert Jahren seiner Geschichte (1841–1941) verwandelte sich das einstmals malariaverseuchte und dünnbesiedelte Felseneiland in eine 1,6-Millionen-Metropole. Während der japanischen Besatzung (1941–1945) ging die Einwohnerzahl zwar auf 600 000 zurück, um dann allerdings 1950 auf bereits 2,2 Millionen und bis 1990 sogar auf 5,8 Millionen hochzuschnellen. In den siebziger und achtziger Jahren kamen vor allem Boat people aus Vietnam und – wie hier auf dem Bilde – abermals

und Gurkha-Soldaten bewacht wird. Doch fanden die „Snakeheads", d. h. die „Schlangenköpfe" genannten berufsmäßigen Schlepper, immer wieder Schlupflöcher, um ihre zahlende Kundschaft bei Nacht und Nebel durch das Bootsgewirr des Hongkonger Hafens zu schleusen, so daß die Hongkonger Polizei eine hohe Dunkelziffer vermutet und wohl nicht zu Unrecht davon ausgeht, daß auf zwei gefaßte Flüchtlinge einer trifft, der in Hongkong unbemerkt untertauchen konnte. Die Behörden im benachbarten Guangdong, die es als peinlich empfanden, daß auch nach Beginn der Reformen (1979 ff.) immer noch Zehntausende „mit den Füßen" in Richtung Hongkong abstimmten, ließen sich mit dem Government der Kronkolonie auf ein geräuschloses Rückführungsverfahren ein, aufgrund dessen die VR-Flüchtlinge täglich nachmittags um 3 Uhr am Grenzübergang Luowu in die Sonderwirtschaftszone Shenzhen abgeschoben werden. Legal durften 1991 nur 75 Festländer täglich die Kronkolonie betreten. Auch nach 1997 soll übrigens die Zahl der Zuwanderer vom Festland fest im Griff der Behörden bleiben: In § 22 des Hongkonger Grundgesetzes vom April 1990 heißt es, daß die „Sonderverwaltungszone" auch nach Übergang der Souveränität an die VR China die Zahl der Zuwanderer genau dosieren dürfe – im Grunde genommen ist dies eine Fortsetzung der bisherigen britischen Politik!

Lediglich „politische Flüchtlinge" werden, sehr zum Ärger Beijings, von Hongkong nach wie vor nicht abgeschoben. Dazu gehörten vor allem die Dissidenten, denen es nach dem Tiananmen-Massaker vom 4. Juni 1989 gelungen war, in die Kronkolonie zu entkommen.

Armutsflüchtlinge aus Südchina. Zwar haben die Behörden engmaschige Grenzkontrollen eingerichtet und auch Methoden der Zwangsrepatriierung nicht verschmäht, um mit dem offensichtlich niemals versiegenden Zustrom fertigzuwerden. Erreicht haben sie damit freilich nur eine Erhöhung der Dunkelziffer; denn von zehn illegalen Zuwanderern werden in aller Regel kaum mehr als fünf gefaßt. Mit 5412 Einwohnern pro Quadratkilometer gehörte Hongkong 1990 zu den dichtestbesiedelten Gebieten der Welt. Die alte Bundesrepublik Deutschland hatte im Vergleich dazu nur 254 E/qkm.

Nicht nur gegenüber den Landsleuten aus China, sondern auch gegenüber den (oft chinesischstämmigen) Vietnam-Flüchtlingen schlug die Stimmung schon bald nach 1979 um: Seit 1982 wurden neuankommende „Boat-people" aus Vietnam in sog. „closed camps" oder „human deterrence camps" („Abschreckungslager") untergebracht, wo sie sich vor die „Wahl zwischen zwei Unmenschlichkeiten" gestellt sahen, nämlich einer unwürdigen Unterkunft in heruntergekommenen Fabrikhallen und ausrangierten Schiffen oder aber einer freiwilligen Rückkehr nach Vietnam. Doch die Abschreckungspolitik verfehlte ihre Wirkung, da die Zahl der Boat-people keineswegs abnahm, sondern sich bis Ende 1989 im Gegenteil auf den neuen Rekord von 57 000 hochgeschraubt hatte. Bereits 1988 war Hongkong deshalb zum „Screening" übergegangen, d. h., es unterzog Neuankömmlinge einer Prüfung, ob sie echte Asylanten („bona fide refugees") oder aber Wirtschaftsemigranten seien. Am 9. November 1991 wurden die ersten „Wirtschaftsflüchtlinge" unter Zwang nach Vietnam repatriiert. Hier etablierte sich ein Hongkonger Modell, das trotz scharfer internationaler Kritik auch in anderen südostasiatischen Ländern Schule machte.

Bei all diesen „Abschreckungs"-Maßnahmen schien übrigens in Vergessenheit geraten zu sein, daß ja für die meisten Einwohner Hongkongs die Kronkolonie noch wenige Jahre vorher ebenfalls die letzte Hoffnung und Zuflucht gewesen war.

Wie man all diese hoheitlichen Maßnahmen auch immer beurteilt: Tatsache jedenfalls war, daß von einer Politik des „positiven Nichtinterventionismus" längst nicht mehr die Rede sein konnte!

III. Die Wirtschaft als A und O

1. Entwicklungspolitisches „Anderssein": Taiwan und Hongkong als Vertreter einer wirtschaftlichen Extraklasse

Taiwan und Hongkong haben die ihnen durch die Geschichte zugewiesene Sonderrolle als „Druckausgleichskammern" und als Schwingtüren gegenüber China nicht nur politisch, sondern auch wirtschaftlich durch phantasiereiche Alternativprogramme immer wieder neu zu beleben gewußt und vermitteln mit ihrem ungestümen Draufgängertum bisweilen den Eindruck, als befänden sie sich in permanenter Aufbruchsstimmung. Sie unterscheiden sich ihrem ganzen Habitus nach aber nicht nur von China, sondern auch vom großen Durchschnitt der asiatischen Volkswirtschaften. Neben Südkorea und Singapur gehören sie zu jener Extraklasse von Schwellenländern („Newly Industrializing Countries": NIC), die inzwischen unter der Bezeichnung „Vier kleine asiatische Tiger" zu beneideten Vorbildern vieler Staaten der Dritten Welt werden konnten. (Zur Terminologie sei hier am Rande bemerkt, daß der Ausdruck „Tiger" eher mit erschreckt-beeindruckenden, der Begriff „Drache" aber mit machtvoll-beruhigenden Assoziationen besetzt ist. Da nachfolgend aber auch der Begriff „Fünf Drachen" mehrere Male auftaucht, sei aus Gründen bloßer Unterscheidbarkeit das zumeist von Nichtchinesen und Nichtkoreanern verwendete Tiger-Bild hier beibehalten.) Sie brillierten durch bemerkenswerte innere Stabilität, durch eine komplexe Verbindung von quasiautoritärer Politik und freier Marktwirtschaft, durch üppige Wachstumsraten, durch eine im gesamtasiatischen Vergleich bemerkenswerte Ausgeglichenheit bei der Einkommensverteilung, durch kühne Infrastrukturvorgaben und durch einen soliden Ausbildungsstand der Bevölkerung. (Als gemeinsame Merkmale der „Vier Tiger" werden manchmal auch genannt: (1) wirtschaftlich: Exportorientierung, (2) politisch: autoritäre politische Systeme, (3) kulturell: konfuzianische Denkart.)

Merkwürdigerweise waren sie in der entwicklungspolitischen Diskussion der 50er, 60er und 70er Jahre noch kaum zur Kenntnis genommen worden. In die Netzhautbilder der meisten Entwicklungstheoretiker paßten damals nur lateinamerikanische (Argentinien, Mexico) und südasiatische Volkswirtschaften, allen voran Indien und Pakistan, die als Vorbilder einer sog. „autozentrierten" Entwicklung angepriesen wurden. Länder wie Taiwan, Südkorea, Singapur oder Hongkong verkörperten für die Modetheorie dieser Zeit nahezu alles, was als verabscheuenswert galt, sei es nun, daß sie sich antikommunistisch orientiert oder aber daß sie sich Hals über Kopf dem „kapitalistischen" Weltwirtschaftssystem verschrieben hatten, statt sich von dieser durch den „US-Imperialismus" beherrschten Gesamtordnung zu „dissoziieren".

Diese von Theorieverliebtheit und klischeehaften Vorstellungen bestimmte Blindheit gegenüber Taiwan und Hongkong war um so merkwürdiger, als die beiden Volkswirtschaften ja schon die ganzen 60er Jahre hindurch einen jährlichen BSP-Zuwachs von rd. 9 % zu verzeichnen hatten, während das Wachstum sämtlicher Entwicklungsländer zu dieser Zeit im Durchschnitt kaum an die 5,5 %-Marke heranreichte.

In einem Standardwerk wie dem „Asian Drama" von Gunnar Myrdal, das 1968 erschien, tauchten auf den 2284 Seiten zwar pausenlos Indien, Pakistan oder Ceylon, mit keinem Wort aber Hongkong oder Taiwan auf. Erst 1979 erschien dann aus der Feder von Edward K. Y. Chen eine Darstellung mit dem Titel „Hyper-Growth in Asian Economies: A Comparative Study of Hongkong, Japan, Korea, Singapore and Taiwan", in dem die fünf metakonfuzianischen Erfolgswirtschaften Asiens zum ersten Mal als Entwicklungsvorbilder eigenständiger Art gewürdigt wurden.

1981 schloß sich dann eine von Khan edierte Studie der ILO (International Labour Organization) mit dem Titel „Exportled Industrialization and Development" an, in der die „vier" Länder Taiwan, Hongkong, Singapur und Südkorea erstmals als geschlossene Gruppe zusammengefaßt wurden. Damit war, wie jedermann sogleich spürte, eine Goldader angestoßen, die nun vor allem von der Journalistik aufs gründlichste ausgebeutet wurde, wobei die zugkräftigen Bezeichnungen wie „Vier kleine Tiger" oder „Vier kleine Drachen" in Mode kamen. „Arbeitsintensive und exportorientierte Politik" galt von jetzt an neben einer spezifischen und irgendwie „konfuzianisch" beeinflußten Wertehaltung als Markenzeichen dieser „kleinen Gruppe von vier Ländern", die sich durch ihr „Superwachstum" weit von der Schar ihrer Konkurrenten abgesetzt hatten.

Eine Zeitlang fanden wissenschaftliche Auseinandersetzungen darüber statt, ob eher die „richtige" Politik oder aber das „richtige" (d. h. wirtschaftsgerechte) Wertesystem ursächlich für den Durchbruch der „Vier" gewesen sei. Der Streit versandete jedoch schon bald und endete mit einem Sowohl-Als-auch. Versteift man sich nämlich allzu einseitig auf das *Wertesystem*, so erhebt sich sofort die Frage, warum drei der insgesamt acht metakonfuzianischen Staaten, nämlich die VR China, Nordkorea und Vietnam, wirtschaftlich so wenig schmeichelhaft abgeschnitten haben, während die anderen fünf, nämlich Japan und die Vier Drachen sich zur asiatischen Spitzengruppe formieren konnten. (Auch mißgünstige westliche Unternehmer, die der japanischen Konkurrenz die Krätze an den Hals wünschen, stellen bisweilen die halbwegs ironisch gemeinte Frage, warum denn um Himmels Willen nicht auch Japan „sozialistisch" geworden sei!) Erklärt man andererseits allein die *richtige Politik* zum A und O, so muß man sich die Gegenfrage gefallen lassen, warum nicht auch andere asiatische Staaten, die einen ähnlich „richtigen" Kurs zu steuern versuchten, so z. B. Malaysia, Thailand oder die Philippinen, am Ende weitaus weniger günstig abgeschnitten haben als die Vier! Wenig dienlich in diesem Zusammenhang wäre der Gegeneinwand, daß mittlerweile ja auch Thailand und Malaysia wirtschaftlich mächtig in Fahrt gekommen sind; ist doch auch das dortige Wirtschaftswunder maßgeblich von Auslandschinesen angekurbelt worden!

Ganz im Gegensatz zu den Vier Tigern sind all die anderen Länder, die in den vergangenen Jahren und Jahrzehnten ihr Heil in „revolutionären" Strategien gesucht haben (man denke hier vor allem an die Volksrepubliken in Nordkorea, Vietnam, Kambodscha oder Laos), heutzutage in eine Schieflage, ja z.T. in Existenznöte geraten, während umgekehrt ausgerechnet Taiwan und Hongkong, die sich Hals über Kopf in den vermeintlich so gefährlichen Strudel der „Konterrevolution" hineinstürzten, nicht nur zweistellige Zuwachsraten, sondern auch eine bemerkenswerte soziale Symmetrie für sich verbuchen können – allen voran Taiwan.

„Richtiges" Wertesystem *plus* entwicklungsgerechte Wirtschaftspolitik sind es also, die in ihrer Quersumme die sozioökonomischen Erfolge der beiden Tiger ermöglicht haben, und die umgekehrt auch die Deutungsmuster für ihren Sonderweg liefern. Im Zusammenhang mit dem Wertesystem fragen neuerdings nicht wenige Kritiker, wie es denn möglich sei, daß der Konfuzianismus, der doch die Wirtschaft angeblich jahrhundertelang blockiert habe, nun plötzlich umgekehrt gerade zur Triebfeder wirtschaftlichen Handelns habe werden können. Zu erwidern ist hierauf, daß bereits die Frage falsch gestellt ist, da es ja keineswegs nur *einen* Konfuzianismus, sondern mindestens *zwei verschiedene* Spielarten gibt: Während der von der Großen Tradition überlieferte mandarinäre Konfuzianismus (der übrigens seinerseits im Laufe der Geschichte zahlreiche Varianten hervorbrachte) bremsend gewirkt hat, weil ja das kaiserliche Beamtentum im Interesse der Erhaltung eigener Macht und eigener Privilegien jeder unternehmerischen Konkurrenz mißtraute, hat sich der von Repressionen befreite Metakonfuzianismus der *Kleinen Tradition* als außerordentlich befruchtend erwiesen. (Näheres über den *Metakonfuzianismus* ist in Kap.IV auszuführen.)

2. Der Aufstieg aus der Talsohle von 1945

a) Taiwan: Vom Hinterhof Japans zum Schaufenster des neuen Asien

Trotz aller Kriegszerstörungen und trotz des Abzugs der japanischen Fachleute und des japanischen Kapitals mußte Taiwan 1945 keineswegs bei Null anfangen. Immerhin hatten die Japaner langfristige Aufbaupolitik geleistet und die Insel in fast jeder Hinsicht erschlossen. So waren beispielsweise 17 Häfen und ein Eisenbahnrückgrat entstanden, das den Norden (Jilong) mit dem Süden (Gaoxiong) über eine Strecke von 380 km hinweg verband und von dem zahlreiche Nebenbahnen abzweigten, die dem Zucker- und Holztransport dienten. Ferner waren rd. 3700 km Straßen gebaut oder befestigt und vor allem das gewaltigste Bewässerungssystem Taiwans zwischen Jiayi und Tainan, das sog. „Jia'nan", angelegt worden, das 60 % der gesamten ebenen Fläche Taiwans zu einer gesicherten und geschlossenen Reiskammer werden ließ. Außerdem waren neue Reissorten und, aus Hawaii, ertragreichere Zuckerrohrsorten eingeführt und Plantagen für Bananen und Ananas angelegt worden. Darüber hinaus hatten die Japaner zuverlässige Statistiken, vor allem über die Bevölkerungsstruktur, hinterlassen, für präzise Landvermessungen gesorgt, standardisierte Maße, Gewichte und Währungen eingeführt und ganze Wirtschaftszweige, wie z.B. die Produktion von Salz, Kupfer, Opium, Tabak und Alkoholika, monopolisiert. Überdies hatten sie riesige Ländereien und rd. 90 % der Wälder „aufgekauft" und zumeist der öffentlichen Hand zugewiesen, so daß hier ein Potential vorhanden war, aus dem sich, wenn man politisch nur wollte, großzügige Bodenzuteilungen vornehmen ließen.

Insgesamt war der Vorsprung, den Taiwan bis 1945 gegenüber dem chinesischen Festland gewonnen hatte, beträchtlich. In den letzten 40 Jahren der japanischen Herrschaft war beispielsweise die Wertschöpfung der Industrieproduktion um das 1.600fache gestiegen, hatte sich der Produktionswert der Landwirtschaft um das 12fache erhöht, war der Außenhandel um das 33fache nach oben gegangen und hatte das Gesundheitswesen mit den höchsten Standard in Asien erreicht: So hatte sich etwa die Lebenserwartung von 28 Jahren (im Jahr 1906) auf 43 Jahre (im Jahr 1941) erhöht.

Gleichwohl waren die Anfänge im Jahr 1945 bescheiden genug: So hatten die Japaner beispielsweise ihre Fachleute und alles an Kapital abgezogen, was nicht niet- und nagelfest war. Damit war auf einen Schlag auch das bisherige Verwaltungs- und Betriebsleiterwissen verschwunden. Jetzt erst bekamen die Taiwanesen in vollem Ausmaß zu spüren, was es heißt, ein halbes Jahrhundert lang von höheren Schulen, vom höheren Dienst und leitenden Positionen in der Wirtschaft verbannt gewesen zu sein. Zur Einführung der allgemeinen Schulpflicht für Taiwanesen war es ja überhaupt erst 1941 gekommen; außerdem waren taiwanesische Kinder nach Lehrplan B, Kinder von Ureinwohnern nach Lehrplan C, die japanischen Kinder aber nach einem weitaus effizienteren Lehrplan A unterrichtet worden. Grundsätzlich waren auch die Mittelschulen japanischen Kindern vorbehalten worden. Soweit der taiwanesische Nachwuchs über Volksschulniveau hinauskommen wollte, hatte er sich entweder nach Festlandschina oder aber nach Japan begeben müssen.

Letztlich waren die Bewohner Taiwans damit nach 1945 auf Gedeih und Verderb dem guten Willen ihrer Landsleute vom Festland ausgeliefert. Schön, wenn von dort lautere Administratoren und engagierte Fachleute kamen; doch wehe, die Neuankömmlinge erwiesen sich als korrupt und unfähig!

Wie in Kap. II geschildert, trat beides ein, und zwar in einer besonders verhängnisvollen Reihenfolge, da das auf Korruption und Schlendrian aufgebaute Regime Chen Yis den Auftakt bildete. Doch hatte dieses Fiasko das Maß offensichtlich noch nicht vollgemacht: vielmehr bedurfte es erst noch des Schockerlebnisses vom „28. Februar" und der nationalen Existenzkrise im Zeichen der Niederlage gegen die Kommunisten (1949), vor allem aber des Ausbruchs der kriegerischen Ereignisse in Korea, ehe sich die GMD mit dem Gedanken an grundlegende Reformen befreunden konnte. Unter all diesen Faktoren dürfte der am 25. Juni 1950 über Korea hereingebrochene Krieg den Reformentschluß am stärksten beeinflußt haben.

Aus der Sicht des nach 1948/49 gegenüber dem Kommunismus so überempfindlich gewordenen Washington hatte sich Taiwan über Nacht zum strategischen Vorposten der „freien Welt" und zum „unversenkbaren Flugzeugträger" der USA am Rande des „roten Kontinents" Asien gewandelt. Mußte jetzt nicht alles getan werden, um den wiederentdeckten Verbündeten militärisch aufzurüsten, Taiwan wirtschaftlich zu sanieren und den Demokratisierungsprozeß auf dem „Flugzeugträger" zu fördern!? Der alte – und neue – Verbündete zeigte sich gegenüber Vorstellungen dieser Art höchst aufgeschlossen. Obwohl die politische Klasse seit der Niederlage im Bürgerkrieg praktisch dieselbe geblieben war, begann sie nun – in diesem historisch einzigartigen Augenblick – einen für alle Welt erstaunlichen Selbsterneuerungswillen an den Tag zu legen und gab damit einen Beweis für die Reformfähigkeit des Systems ab. Ursächlich für diese Katharsis war ganz gewiß nicht nur das amerikanische Drängen auf Reformen, sondern vor allem der traumatische Schock der Niederlage im Bürgerkrieg, der Überlebenswille und nicht zuletzt die immer mehr als schlechtes Gewissen zutage tretende Melancholie, die dann hochkam, wenn sich die Führung wieder einmal eingestehen mußte, daß sie den sozialen Auftrag der Sanminzhuyi so lange sträflich vernachlässigt hatte, und daß sie, wäre hier nicht eine Jahrhundertpflicht versäumt worden, wohl auch den Zweikampf mit den Kommunisten kaum verloren hätte.

Dank des Schutzschildes, den die USA zwischenzeitlich in Form ihrer 7. Flotte vor der Insel aufgebaut hatte, trat – paradoxerweise ausgerechnet im Zeichen des Koreakriegs – jene innenpolitische Beruhigung und Stabilisierung ein, die es der Führung ermöglichte, die Wirtschaft von den Fundamenten her neu aufzubauen. 1950 begann denn auch eine Entwicklung, die in vier deutlich voneinander getrennten Zeitabschnitten verlief, wobei die Zäsuren auf die Jahre 1958, 1971 und 1980 fielen. Phase 1 war geprägt durch Bodenreformen im landwirtschaftlichen sowie durch Importsubstitution im industriellen Bereich, Phase 2 durch Exportförderung, Phase 3 durch die Entwicklung von Industrie und Großinfrastrukturen und Phase 4 durch die Hinwendung zu kapitalintensiven sowie hochtechnologischen Entwicklungen.

In den 50er Jahren freilich hätte kaum jemand eine solche Aufwärtsentwicklung für möglich halten können. Damals standen vielmehr vier schlichte Bedürfnisse im Vordergrund, nämlich die Sicherung der Ernährungsgrundlage für die Bevölkerung, die infolge des Zustroms von 1,2 Millionen Festländern sprunghaft auf 7,6 Millionen angestiegen war, zweitens die Neuorganisation der von den Japanern hinterlassenen Wirtschaftsstrukturen, drittens der Schutz der jungen einheimischen Industrie vor der übermächtigen Auslandskonkurrenz und viertens die Bekämpfung der vom Festland eingeführten Inflation.

Auf alle vier Herausforderungen fand die Führung energische und, wie sich später herausstellte, auch höchst patente Antworten, die sich mit den Stichworten Landreform, Gründung öffentlicher Unternehmen, Importsubstitution und Währungsreform charakterisieren lassen. Diese vier Themen wurden denn auch zu Leitmotiven des ersten, bis 1957 andauernden Entwicklungsabschnitts. Den Cantus firmus gab hierbei die Bodenreform ab: Auf das Vermächtnis Sun Yixians zurückgehend und auf dem Festland allzulange als Stiefkind behandelt, sollte sie jetzt, da die äußeren Bedingungen auf Taiwan günstig und die Zeit überreif schien, ohne Wenn und Aber durchgezogen werden. In der Tat dauerte es nicht einmal vier Jahre (1950 bis Januar 1954), bis dieses Jahrhundertwerk vollendet war, wobei die kritische Ernährungssituation und der programmatische Auftrag, dem Übergreifen des Kommunismus einen Riegel vorzuschieben, als mächtige Doppeltriebkraft wirkten.

Am Vorabend der „tudi gaige" (Bodenreform) waren lediglich 36 % der taiwanesischen Bauern Voll- und weitere 25 % Teileigentümer des von ihnen bebauten Bodens gewesen. Die anderen Landwirte hatten unter einem Pachtwesen zu leiden, das z. T. parasitäre Züge trug, und bei dem häufig bis zu 50 % der Erträge abgeschöpft wurden. Außerdem mußten die Pachtbauern Dünger und Werkzeuge selber stellen und ihre Pachtverträge bisweilen jedes Jahr neu abschließen.

Die Regierung suchte mit der Bodenreform drei Fliegen auf einen Streich zu schlagen, nämlich erstens dem so lange vernachlässigten Programm Sun Yixians zum Durchbruch zu verhelfen, zweitens bäuerlichen Unmut, wie er der GMD auf dem Festland zum Verhängnis geworden war, zu dämpfen, und drittens solide Grundlagen für eine Intensivwirtschaft herzustellen.

Drei Stufen durchlief die Bodenreform:

– Erster Schritt war eine Bodenpachtermäßigung auf 37,5 % des (in seinen Einzelheiten näher definierten) „Normalertrags". Außerdem mußten Pachtverträge jetzt auf mindestens sechs Jahre abgeschlossen, schriftlich fixiert und bei den Behörden registriert werden. Zum ersten Mal in der taiwanesischen Geschichte befand sich der Bauer damit in einer juristisch wohlabgesicherten Position und konnte in aller Ruhe Gewinne anpeilen – ein ungeheurer Leistungsanreiz, der sich schon bald in immer neuen Rekordergebnissen niederschlug.

– Die zweite Stufe begann 1951 mit dem Verkauf staatseigenen Bodens, der aus japanischer Erbschaft übernommen worden war. Hierbei wurden die Abzahlungsraten so kalkuliert, daß die Belastung des bäuerlichen Haushalts am Ende nicht höher lag als es bei der Pacht einer Parzelle von gleicher Größe der Fall gewesen wäre.

– 1953 begannen dann – mit der dritten Stufe – die härtesten chirurgischen Eingriffe; galt es doch nun, den Grundbesitzern allen Boden abzunehmen, der 3 ha pro Kopf überschritt, und ihn an die Pflüger weiterzuübereignen. Hier entwickelte die Regierung Aufkaufprogramme, deren Zahlungsmodalitäten ebenso genial wie zukunftsweisend waren: Sie entschädigte nämlich die bisherigen Eigentümer zu 70 % mit Reis- und Süßkartoffel-Gutschriften und vergab für die restlichen 30 % Aktien der Staatsindustrie. Damit sparte sie nicht nur Kaufgeld, sondern pumpte der damals noch in den Kinderschuhen steckenden Leichtindustrie gleichzeitig Investitionskapital zu.

Die Ergebnisse der so chirurgisch präzise durchgeführten Bodenreformoperationen machten sich schon bald überall wohltuend bemerkbar:

Da war einmal der soziale Effekt: Nur noch 10 % des Ackerbodens wurden jetzt von Pächtern, 90 % dagegen von Eigentümern bebaut. Damit war eine seit 250 Jahren existierende ungerechte Pachtordnung beseitigt, die Arbeitsmoral beträchtlich angefacht und die Neigung zu „sozialistischen" Experimenten à la VR China weitgehend neutralisiert!

Auch die Ernteergebnisse stiegen nun viele Jahre lang steil nach oben: Setzt man das Jahr 1952 mit dem Produktionsindex 100 an, so lagen sie 1957 bei 118, 1970 bei 245 und 1980 bei 300. Ab 1953 konnten sogar, wie schon in japanischer Zeit, wieder Nahrungsmittel exportiert werden. Diese Entwicklung führte zu einer raschen Zunahme des bäuerlichen Einkommens, die sich ihrerseits wieder in einem höheren Konsumniveau niederschlug.

Auch die *Industrie* profitierte vom Aufwärtsdrall der Landwirtschaft; stammten doch rd. 60 % der damaligen Devisenerlöse aus dem Zucker- und 40 % aus dem Reisexport. Die junge Industrie wurde also auf weite Strecken hin vom Zucker finanziert. Aus dieser Erfahrung heraus entwickelte die Regierung eine typisch chinesisch formulierte Aufbaudevise, derzufolge „der Landwirtschaftssektor die Industrie und die Industrie (sodann wieder) die Landwirtschaft fördern" sollte („yi nongye peiyang gongye, yi gongye fachan nongye").

Noch drei zusätzliche Maßnahmen waren es, die der Industriepolitik Taiwans in den Jahren zwischen 1946 und 1957 den Stempel aufdrückten, nämlich die Neuorganisation der von den Japanern übernommenen Betriebe, die Wirtschaftsplanung und nicht zuletzt die Politik der Importsubstitution. Im einzelnen:

– Zur Zeit der Kapitulation Tokyos im August 1945 hatten nicht weniger als 80 % des Industrievermögens auf Taiwan Japanern gehört, d.h. entweder der öffentlichen Hand (i.e. dem Gouvernement in Taihoku = Taibei) oder japanischen Großkonzernen (vor allem den Firmen Mitsubishi Zaibatsu und Mitsui Zaibatsu) oder aber Klein- und Mittelunternehmern, während sich die Taiwanesen mit dem Rest von nur rd. 20 % hatten zufriedengeben müssen. Trotz hastiger Demontage und Rückführung zahlreicher Industriemobilien nach Japan war der auf Taiwan verbliebene Bestand immer noch eindrucksvoll genug. Kein Wunder, daß sich die ersten GMD-Emissäre, die im Oktober 1945 auf die Insel kamen, vor Verwunderung die Augen rieben und begeisterte Berichte an die Zentralregierung in Nanjing schrieben.

Als die neue Provinzregierung kurz darauf Bilanz zog, kam sie auf 593 Einrichtungen der öffentlichen Hand (angefangen von Schulen, Universitäten und Krankenhäusern bis hin zum Post- und Eisenbahnwesen) und auf 775 kommerzielle Betriebe. Aus diesem Bestand verkaufte sie rund die Hälfte an Privatunternehmer und faßte den Rest, in einer veritablen Elefantenhochzeit, zu 22 Kombinaten zusammen, die der Regierung unterstellt wurden. 4 dieser 22 Großbetriebe, nämlich die Taiwan Power Co., die Taiwan Fertilizer Corp., die Taiwan Sugar Corp. und die China Petroleum Corp. erhielten sogar Monopolbefugnisse eingeräumt. Dies war die Geburtsstunde der für Taiwans Wirtschaft auch heute noch so typischen *„öffentlichen Unternehmen"* („gongying qiye"), deren Schaffung mit Sun Yixians Forderung nach Gründung eines soliden staatlichen Wirtschaftssektors gerechtfertigt wurde.

– Wirtschaftsplanung: Ähnlich wie im Japan der Meiji-Reform (1868 ff.) nahm sich auch auf Taiwan die Bürokratie der wirtschaftlichen Globalsteuerung an und führte über Jahre hin ein strenges Regime, ohne allerdings je in den Fehler zu verfallen, sich direkt in das Alltagsgeschehen einzumischen. Demgemäß beschränkte sie sich auf Weichenstellungen und begann 1953, also im gleichen Jahr wie die VR China, mit dem Erlaß von langfristigen *Wirtschaftsplänen*, die im Gegensatz zum Festland allerdings nicht auf 5, sondern auf 4 Jahre angelegt waren. Während Beijings Pläne sich schon bald zum Prokrustesbett entwickelten, blieben Taibeis Pläne nicht sehr viel mehr als Empfehlungen, die notfalls auch flexibel nachkorrigiert werden konnten. Planung, Währungsreform (1949 wurde ein „Neuer Taiwan-Dollar" eingeführt) und Außenwirtschaftspolitik oblagen der Regie einer handverlesenen politischen Elite, die ursprünglich eigentlich dafür ausersehen war, die Wirtschaftspolitik eines ganzen Subkontinents, nämlich des chinesischen Festlands, zu steuern, die sich jetzt allerdings auf den engen Rahmen der taiwanesischen Inselwirtschaft eingeschränkt sah und hier ganz „in die vollen" gehen konnte. Neben der japanischen Hinterlassenschaft war dieses expertokratische Festlanderbe ein zweites charakteristisches Element der taiwanesischen Wirtschaftsentwicklung.

Als dritte Besonderheit kam noch großzügige amerikanische Entwicklungshilfe hinzu, die sich bis zu ihrer Beendigung 1965 auf rd. 1,5 Mrd.US$ anhäufte.

– Importsubstitution: Als kluge Weichenstellung erwies sich auch der Beschluß Taibeis, der in den frühen 50er Jahren noch höchst anfälligen Inselwirtschaft eine Art Atempause zu verschaffen. Statt also die erdrückende Konkurrenz amerikanischer Fertigprodukte zuzulassen, wurden Protektionsmauern hochgezogen, und die damals noch ungeübten taiwanesischen Unternehmer aufgefordert, Eigeninitiative zu entwickeln und all jene Güter selbst herzustellen, die im Augenblick gefragt waren. Die Betriebe ließen sich dies nicht zweimal sagen: Vor allem bei der Produktion von Fahrrädern, Glühlampen, Zahnpasta, Seife und anderen technisch weniger anspruchsvollen Gütern stellten sich im Nu Zuwachserfolge ein. Der Leichtindustriebereich diente außerdem als Saatbeet für die Ausbildung der ersten einheimischen Facharbeiter.

Diese Entwicklung vollzog sich trotz der militärischen Belastungen, unter denen Taiwan, wie oben beschrieben, gerade zwischen 1950 und 1962 besonders zu leiden hatte und die im Durchschnitt etwa 15 % des jährlichen BSP ausmachten. Die ständige Bedrohung von außen wurde nicht nur wirtschaftlich zum Milliardengrab, sondern darüber hinaus auch politisch zur Reformbremse: Starrheit im Politischen – Flexibilität im Wirtschaftlichen: Dies etwa war der Doppelkurs, wie er auch die ganzen 60er Jahre über vorherrschend blieb.

Wirtschaftlich andererseits blieb Taiwan, wie gesagt, gelenkig und vollzog bereits 1958 einen Strategiewechsel, der eine neue

Entwicklungsphase einleitete und der dem Wachstum schon bald gewaltigen Auftrieb verleihen sollte, nämlich die Überleitung von der Importsubstitution zur Exportförderung.

Taiwan war damals an einem neuralgischen Punkt seiner Entwicklung angelangt, wie ihn früher oder später jedes Entwicklungsland zu verspüren bekommt, d. h., es war vor die kritische Entscheidung gestellt, ob es seine Protektionismusmauern beibehalten oder aber die Wälle niederlegen und die immer noch empfindliche Wirtschaft den mitreißenden, gleichzeitig aber auch zerstörerischen Stürmen des Weltmarkts aussetzen sollte. Hier zeigte sich Taibei von seiner besten, weil optimistischsten Seite, indem es eine neue risikobereite Generallinie verkündete, die unter dem Motto stand: „Mit Hilfe des Handels das Wachstum fördern, und mit dem Wachstum wiederum den Handel vorantreiben" („yi maoyi cujin chengzhang, yi chengzhang tuochan maoyi"). Damit begann jenes *„exportinduzierte Wachstum",* das auch für Hongkong, Singapur und Südkorea charakteristisch wurde und später als Markenzeichen der „Vier kleinen Tiger Asiens" weltweit Aufmerksamkeit erregte. „Exportförderung" konnte freilich nicht darauf beschränkt sein, lediglich mehr Waren zu verkaufen; Hand in Hand damit galt es vielmehr, auch ausländisches Kapital ins eigene Land zu locken und zu diesem Zweck das Investitionsklima zu verbessern. Bemerkenswert, mit welcher Konsequenz Taiwan sich sogleich diesem Doppelziel widmete: So gewährte es beispielsweise weiche Kredite für Ausfuhrgeschäfte, förderte Ausfuhrkartelle, erleichterte den Devisenbezug und vereinfachte das Wechselkurssystem. Vor allem aber förderte es ein mildes Investitionsklima und bediente sich hierbei einer fünffach instrumentierten Politik: Es erließ (1) attraktive Investitionsschutzbestimmungen, die später von zahlreichen anderen Staaten, nicht zuletzt auch von der VR China nachgeahmt wurden, es lichtete (2) den Paragraphen- und Bürokratiedschungel, in dem sich bisher allzuviele Investoren verfangen hatten, es ließ (3) ausländische Banken zu (zwischen 1959 und 1970 öffneten auf Taiwan gleich 16 ausländische Geldinstitute ihre Pforten), es schuf (4) einen organisierten Kapitalmarkt in Form der „Taiwan-Börse AG" (Februar 1982), und es gründete nicht zuletzt (5) eine Reihe von Exportverarbeitungs- und Industriezonen, wie sie zwei Jahrzehnte später auch von der VR China nachgeahmt wurden.

Hauptresultat dieses neuen Kurses war die Verzehnfachung des Außenhandelswerts zwischen 1958 und 1970.

Noch allerdings standen bei all dieser Politik im wesentlichen *wirtschaftliche* Erwägungen im Vordergrund. Erst im Anschluß an den „Nixon-Schock" von 1971 begann Außenwirtschafts- mit Außenpolitik nahezu deckungsgleich zu werden und ent- wickelte sich zu einer Art nationalem Rettungsboot.

b) Hongkong: Von der Pfortenstadt zum Industriestandort

Der ursprüngliche Hongkonger Dreiklang: In den hundert Jahren zwischen 1841 und 1941 war der „Duftende Hafen" in eine gleich dreifache Rolle hineingewachsen und diente erstens als „Entrepôt", d. h. als Pforte für den europäisch-chinesischen Zwischenhandel, wobei hauptsächlich Tee, Seide und Porzellan aus China gegen britische Industriewaren und Opiate ausge- tauscht wurden, war zweitens mit seinem taifunsicheren Hafen zu einer beliebten Anlaufstelle geworden und hatte sich, drit- tens, als Drehscheibe für die Huaren (Auslandschinesen) be- währt, sei es nun, daß sich von hier aus chinesische Emigranten nach Übersee einschifften, sei es, daß sie von dort in die Heimat zurückkehrten, oder sei es, daß via Hongkong zahlreiche Särge reisten, mit denen so mancher Emigrant nach Jahren der Abwe- senheit am Ende doch noch zu den Gräbern seiner Ahnen zu- rückkehrte.

Industrie war damals in Hongkong fast ein Fremdwort: Es gab zwar ein paar Schiffdocks, einige Betriebe für Nahrungsmit- telverarbeitung und für Textilherstellung sowie eine Reihe von Unternehmen, die sich an den Entrepôthandel angedockt hat- ten, indem sie z. B. Güter sortierten, mischten oder umpackten. Im übrigen aber stand die fernöstliche Werkbank der Briten nicht in Hongkong, sondern in Shanghai. Zwar erlebte der Duf- tende Hafen mit dem Ausbruch des chinesisch-japanischen Kriegs (1937 ff.) eine kurzzeitige industrielle Blutzufuhr aus

Shanghai, die nicht nur Kapital, Fachleute und Fertigungs-Know-how, sondern auch eine Fülle von Aufträgen für Kriegs-artikel mit sich brachte, z. B. für Stahlhelme, Feldtelefone, Funk-geräte und Gasmasken. Als jedoch die Japaner Ende 1941 auch Hongkong besetzten, war es nicht nur mit den drei klassischen Funktionen der Kronkolonie, sondern auch mit ihrer blutjun-gen Industrie zu Ende. Durch Demontage seitens der Japaner, durch Bombenangriffe der Alliierten und durch den Rückgang der Bevölkerung von 1,6 Millionen auf 600 000 Einwohner war die Hafenstadt am Ende des Zweiten Weltkriegs nur noch ein Schatten ihrer selbst.

Nachdem die Briten im Gefolge der japanischen Kapitulation wieder in ihre alte Kolonie zurückgekehrt waren, sorgten sie zu-nächst einmal dafür, daß der Hafen wieder in Betrieb ging – dies war Mitte 1946 der Fall. Anders als Taiwan konnte sich Hong-kong von Anfang an auf den städtischen Wiederaufbau konzen-trieren und mußte sich nicht erst mit bäuerlichen Problemen ab-geben, hatte also z. B. auch keine Bodenreform nötig. Kein Wunder, daß die Kronkolonie wesentlich schneller „durchstar-tete" als Taiwan. Schon Ende 1946 hatte kaum noch jemand ei-nen Zweifel daran, daß Hongkong die Folgen des japanischen Zwischenspiels schnell wegstecken und in seine alten drei Funk-tionen schon bald wieder hineinwachsen könne. Von dieser Grundvorstellung ließ sich auch der sog. „Abercrombie Plan-ning Report" von 1948 leiten, der sich ganz an der einstigen En-trepôt- Funktion Hongkongs orientierte.

Doch es waren Schicksalsschläge von außen, die solche Er-wartungen Lügen straften: Auf dem Festland nämlich siegten überraschend die Kommunisten (1949), und außerdem wurde 1951 – im Zusammenhang mit dem Koreakrieg – gegen die junge Volksrepublik China ein westliches Handelsembargo verhängt. Für die Kronkolonie lief dieses als katastrophal empfundene Doppelfiasko darauf hinaus, daß sie mit einem Schlag ihre alte Funktion als Pforte nach China sowie ihre Stellung als Nadelöhr für den Verkehr mit den Überseegemeinden verlor. Übrig blieb nur noch der Hafen und die Monostruktur einer bescheidenen Industrie. Zu allem Unglück war das Embargo gegen die VR

China fast im gleichen Augenblick verhängt worden, als der Flüchtlingsstrom wieder einmal einem neuen Höhepunkt entgegensteuerte. Der Handel ging, die Flüchtlinge kamen – eine wahrhaft bedrückende Perspektive!

Und doch ging Hongkong, das schon so viele Krisen abgewettert hatte, auch diesmal heil aus den politischen Stürmen hervor: Zum ungläubigen Staunen der asiatischen Umwelt wurde es nicht nur mit den akuten Nöten fertig, sondern konnte auch langfristig Tritt fassen und am Ende zu neuen, bis dahin ungeahnten Höhen emporsteigen. Allein schon die Art und Weise, wie die Stadt innerhalb der nächsten vier Jahrzehnte, d. h. zwischen 1950 und 1990, ihr architektonisches Profil veränderte, vermittelt einen Eindruck von jener ungebrochenen Dynamik, die bereits Anfang der 50er Jahre zu wirken begonnen hatte. Vor allem aber gelang es der Kronkolonie, in eine völlig neue Rolle hineinzuschlüpfen und aus einer Pfortenstadt zu einem Industriestandort zu werden, neue Wirtschaftspartner zu finden und die immer noch nachströmenden Flüchtlinge so zu absorbieren, daß sie nicht zur Last, sondern zum Produktionsfaktor wurden.

Gleich drei Impulse waren es – Glück im Unglück! –, die den Veränderungsdruck bewirkten, nämlich die Bluttransfusion aus dem kommunistisch gewordenen China, ferner der von mehreren Kriegen ausgelöste Auftragsboom und nicht zuletzt das zeitweilige Verschwinden der noch am Vorabend des Zweiten Weltkriegs so aggressiven japanischen Konkurrenz.

Wohl am heilsamsten von all diesen Faktoren wirkte sich der Exodus des chinesischen Küstenbürgertums, vor allem der Shanghaier Industriellen, nach Hongkong aus, die diesmal nicht vor den Japanern, sondern vor den eigenen Landsleuten, nämlich den siegreichen Kommunisten, das Weite suchten. Dies war der zweite große Umzug von Shanghai nach Hongkong innerhalb von nur zwölf Jahren. Da die meisten Staaten Asiens damals noch selbst unter den Nachkriegsfolgen litten und daher nicht bereit waren, chinesische Flüchtlinge bei sich aufzunehmen, blieb diesen gar nichts übrig, als sich mit der Hongkonger Lage abzufinden und aus den dortigen Gegebenheiten das Beste zu machen.

Hand in Hand mit dem Umzug des Bürgertums aus dem kommunistisch gewordenen China in das liberal regierte Hongkong kamen aber auch moderne Maschinen und vor allem Fluchtkapital, das eine gewaltige Anschubfinanzierung ermöglichte. Zwischen 1951 und 1955, also in einem Zeitraum, der im wesentlichen mit der ersten Industrialisierungsphase Hongkongs zusammenfiel, stammten etwa zwei Drittel der Investitionsgelder nicht aus der Hongkonger Volkswirtschaft, sondern aus Südostchina.

Nicht zuletzt aber kamen im Zuge der immer neu anbrandenden Flüchtlingswellen auch Tausende von chinesischen Fachleuten nach Hongkong, die sich in den Dienst des dortigen Neuaufbaus der Industrie sowie der Modernisierung stellten. Man darf davon ausgehen, daß die „Blutzufuhr" aus Shanghai der Hongkonger Wirtschaft damals einen Vorsprung von 10 bis 15 Jahren vor den Konkurrenten verschafft hat.

Hatte Taiwan im wesentlichen den bürokratischen Sachverstand Chinas geerbt, so profitierte Hongkong hauptsächlich vom festländischen Unternehmertum. Dieser gleich doppelte Exodus ging auf Kosten der 1949 ausgerufenen Volksrepublik China, deren in Wirtschaftsangelegenheiten noch ganz und gar unerfahrene Elite allen Ernstes glaubte, den Verlust schnell verschmerzen zu können.

Die Kronkolonie wurde aber nicht nur mit Shanghai-Kapital geimpft, sondern profitierte darüber hinaus – zweitens – auch von den Kriegen ihrer Nachbarn: Wie erwähnt, hatte sie schon zwischen 1937 und 1941 aus dem Angriff Japans auf China Vorteile gezogen, weil damals nicht nur die festländische Konkurrenz ausgeschaltet wurde, sondern überdies zahlreiche Aufträge für die Herstellung kriegswichtiger Artikel hereingekommen waren. Als Kriegsgewinnler war Hongkong darüber hinaus auch aus dem chinesischen Bürgerkrieg (1946–49) hervorgegangen, als es nämlich nicht nur Aufträge beider Gegner, sondern auch den Zustrom mehrerer Milliarden Dollar Fluchtkapital auf Hongkonger Banken verbuchen konnte. Darüber hinaus profitierte es vom „Blockadeboom", der mit dem „Bürgerkriegsboom" unmittelbar zusammenhing, da die nationalchinesischen Marineeinheiten damals über das Festland eine Blockade verhängt und so nicht nur Shanghai abgeriegelt und den Perlfluß blockiert, sondern auch die traditionellen Hafenstädte von Xiamen und Wenzhou ausgeschaltet hatten. Der gesamte China-Handel war damit auf Hongkong eingeengt worden.

Vor allem aber war es der Koreakrieg, der im Juni 1950 ausbrach, und der sich, wie oben erwähnt, nicht nur als hilfreich für Taiwan erwies, sondern der einen weltweiten Nachfrageboom auslöste, in dessen Gefolge die in Hongkong produzierten Waren geradezu abgesaugt und überdies auch die Taipans (m.: Daiban, wörtl. „Geschäftsträger" oder „Chargés d'Affaires") der Kronkolonie mit Aufträgen überhäuft wurden. Schnell verwandelten sich Hinterhof- und Garagenfabriken damals in solide Produktionskombinate und Dschunkenbesitzer in Großreeder. Vor allem die Textil-, die Metallurgie-, die Nahrungsmittel-, Maschinenbau- und Chemieindustrie profitierten von der Nachfrageschwemme.

Drittens aber mußte sich Hongkong in diesen Jahren nicht mit der japanischen Konkurrenz auseinandersetzen, die ja noch in der Vorkriegszeit eine so erdrückende Rolle gespielt hatte. Das im Kriege besiegte und von den USA besetzte Japan hatte einstweilen andere Sorgen und war so sehr mit dem Wiederaufbau des eigenen Landes beschäftigt, daß für den Außenhandel kaum Kapazitäten übrigblieben. Freilich mochte man schon damals geahnt haben, daß sich Hongkong früher oder später auf einen neuen Ansturm einstellen müsse und sich daher nicht auf seinen Lorbeeren ausruhen dürfe.

Hinzu kam, viertens, noch ein „überzeitlicher", d. h. ganz gewiß nicht an die 50er Jahre gebundener Pluspunkt, nämlich die wirtschaftliche Mitgift, die dem Südchinesentum nun einmal in die Wiege gelegt zu sein scheint und über die in Kap. IV ausführlich zu sprechen ist.

All diese glücklichen Umstände – und z. T. auch strukturellen Ursachen – führten dazu, daß jenes „Hongkonger Industrialisierungswunder" zustande kommen konnte, welches seinem Wesen nach in der Umwandlung vom Entrepôt zum Produk-

Abb. 4: Elektronikfabrik. Die gewerbliche Flexibilität Hongkongs scheint keine Grenzen zu kennen. Einhundert Jahre lang, von 1841 bis 1950, bewährte sich die Kronkolonie als eine Art Nadelöhr zum Reich der Mitte und nahm während dieser Zeit fast nur Vermittlungs- und Handelsfunktionen wahr. Als dann 1950 angesichts des westlichen Embargos gegen das kommunistische China die „Pforten"(„Entrepôt")-Stellung Hongkongs verlorenging, vollzog die Kronkolonie eine Kehrtwendung um 180 Grad und entwickelte sich innerhalb weniger Jahre zu einem Produktionsstandort, der eine Zeitlang sogar an die Spitze Asiens vorrücken konnte und – hauptsächlich für den Export – zunächst Textilien und Plastikwaren, später zunehmend auch Uhren und Elektronik herstellte. Eine riesige „industrielle Reservearmee", die sich aus endlosen Zuwandererströmen speiste, gestattete es, ganz auf Arbeitsintensität zu setzen. Seit der Öffnung Chinas im Zuge der Reformen (1978ff.) jedoch wurden immer mehr Fertigungsaufträge ins benachbarte und noch weitaus billiger produzierende Guangdong vergeben. Damit aber beginnt Hongkong als Produktionsstandort an Attraktivität zu verlieren und sieht sich gezwungen, erneut jene Rolle zu übernehmen, die ihm bis 1950 zur zweiten Natur geworden war: die Funktion als Hauptdrehscheibe zwischen China und der Außenwelt.

tionsstandort bestand. Diese Metamorphose vom Transithandelsplatz zum exportorientierten Industrieland hatte sich bereits 1952 vollzogen. Von da an konnte Hongkong einen Kurs einschlagen, auf den sich Taiwan erst am Ende des Jahrzehnts wagen durfte – nämlich den der „Exportförderung".

Diese „Umpolung" leitete die zweite Phase (1952–1960) in der Wirtschaftsentwicklung der Kronkolonie ein: Zwei Eigenschaften waren für diesen Zeitraum charakteristisch, nämlich die überproportionale Entwicklung der Textil- und Bekleidungsausfuhren, mit denen Hongkong bereits 1960 rd. 3,7 % der einschlägigen Weltexporte bestritt, und zweitens die Hinwendung zu den „westlichen", d. h. den Commonwealth-, den US- und den europäischen Märkten.

Fast unbemerkt schob sich in diesen Jahren neben dem Textilsektor auch die Plastikindustrie auf die vorderen Plätze. Beide Zweige paßten nahtlos in die damalige Industrielandschaft Hongkongs, die sich quer durch das Gewirr der städtischen Seitengassen erstreckte und sogar Squattergebiete und „Flatted Factories" umfaßte, d. h. Stockwerkbetriebe, die wie in einem Sandwich zwischen Wohnungsetagen eingezwängt waren und hier nebenbei auch den Nachbarn Arbeitsplätze boten.

Trotz der allgemeinen Beengtheit und trotz des Zwangs, das für die Produktion benötigte Rohmaterial oft über Tausende von Seemeilen heranzuschaffen, blieben die Hongkonger Produkte einstweilen unschlagbar billig, da nach wie vor massenhaft Flüchtlinge in die Kronkolonie nachzogen. Dem Vorwurf der Ausbeutung von Arbeitskräften traten Klein- und Mittelunternehmer mit dem Argument entgegen, daß letztlich nicht etwa „niedrige oder hohe Löhne", sondern „niedrige Löhne oder massenhafte Arbeitslosigkeit" zur Wahl stünden.

Die Textil- und Plastikproduktion konnte angesichts der Laisser-faire-Politik der Regierung, des ständigen Kapitalzuflusses von außen und der so überaus billigen Arbeitskraft geradezu explodieren und stieß erst Ende der 50er Jahre auf Grenzen, als mehrere Länder Textileinfuhrbeschränkungen erließen. Besonders bremsend wirkte sich hier vor allem das 1958 mit Großbritannien vereinbarte Lancashire-Abkommen aus.

Hongkong steckte solche Rückschläge jedoch fast mühelos weg, da es in der zweiten Phase seiner Industrialisierung – genauso übrigens wie Taiwan – von der verschärften Diskriminierungspolitik zu profitieren begann, die damals in einigen Ländern Südostasiens, vor allem in Thailand, Malaya und Vietnam, gegen Überseechinesen verhängt wurde, so daß diese sich veranlaßt sahen, ihr Kapital aus den Gastländern abzuziehen und es in Hongkong sowie in Taiwan anzulegen. Nicht ganz zu Unrecht wird deshalb, vor allem von taiwanesischer Seite, die These vertreten, daß all diejenigen Länder, die „ihre" Überseechinesen in Frieden gelassen hätten, schnell zu wirtschaftlicher Blüte gelangt seien, während andererseits Regierungen, die sich an den Huaren vergriffen, letztlich ein Eigentor geschossen hätten.

War Hongkong in seiner ersten Industrialisierungsphase noch hauptsächlich mit Shanghaier Kapital alimentiert worden, so speiste sich der jetzige Zufluß also vor allem aus überseechinesischen Kanälen. Überhaupt sollte die Kronkolonie nun für Jahrzehnte zum Brennpunkt für Fluchtkapital aus ganz Asien werden, so daß die Stadt nicht zu Unrecht in den Ruf einer „Black Bank of Asia" geriet. Außerdem wurde Hongkong neben Macau eines der Weltzentren für den lukrativen Goldhandel, von dem am Rande auch die Volksrepublik mitprofitierte.

Spätestens 1952 war Hongkong, wie oben erwähnt, aus einer Pfortenstadt zu einem Produktionsstandort geworden. Die alten Entrepôtfunktionen waren damit freilich nicht völlig ausgestorben, spielten allerdings jetzt nur noch eine Nebenrolle: So wurde die Kronkolonie beispielsweise jahrzehntelang zum Hauptstandort des „China Watching", zum Sitz für China-Korrespondenten und zum Standort für ausländische „Ersatzbotschaften": Die Konsulate aus aller Herren Länder hatten damals in der Regel den Auftrag, nicht nur über die Kronkolonie, sondern auch über die Vorgänge in der Volksrepublik zu berichten.

Daneben gab es auf Hongkonger Boden zahlreiche „Emporien", d.h. Großkaufhäuser, in denen vor allem Kunsthandwerksartikel aus der VR China zu kaufen waren und die zu einem Touristenmekka sowie zu einer Art Chinareise-Ersatzziel wurden.

Nicht zuletzt aber blieb Hongkong der Durchgangsort für Besucher der zweimal pro Jahr in Guangzhou stattfindenden Canton-Messe.

3. Reinigungskrisen und ihre Bewältigung

a) Taiwan seit den 70er Jahren: Außenwirtschaft als Außenpolitik-Ersatz und als Überlebenshilfe

Mögen die Ausgangsbedingungen und Entwicklungspfade Taiwans und Hongkongs in den ersten Nachkriegsjahren noch Welten auseinandergelegen haben, so begannen sie sich doch spätestens Ende der 50er Jahre einander wieder anzunähern und dann sogar parallel zu verlaufen, vor allem nachdem Taiwan, das ja diplomatisch zwei Jahrzehnte lang als ernsthafter Konkurrent zur VR China aufgetreten war, eine außenpolitische Niederlage erlitten hatte, die so verheerend war, daß der Weiterbestand der RCh wohl zweifelhaft gewesen wäre, hätte sie ihr Selbstverständnis und ihre Ziele in den vorangegangenen Jahren nicht von Grund auf neu definiert.

Es war das Doppelereignis des „Nixon-Schocks" und des „Carter-Coups", das Taiwans Führung zu einer wahrhaft kopernikanischen Wende, nämlich zur Einleitung politischer Reformen und zur Ersetzung der Außen- durch Außenwirtschaftspolitik veranlaßte. Die Folgen erschienen auf den ersten Blick paradox: Während nämlich der Politik die Erde unter den Füßen wegbröckelte, gewann die Wirtschaft ein um so solideres Fundament: rollte nun doch eine Investitionswelle an, in deren Verlauf ausländische Firmen bis 1975 nicht weniger als 1,2 Mrd. US$ auf die Insel transferierten. Hand in Hand damit steigerte sich die Industrieproduktion zu atemlosem Tempo und erzielte 1978 den höchsten Zuwachs in der Geschichte des Landes – mit einer Wertsteigerung gegenüber dem Vorjahr von sage und schreibe 25 %.

Politische Verluste wurden also durch wirtschaftliche Gewinne wieder wettgemacht, so daß auch das Vertrauen der Bevölkerung in die eigene Zukunft langsam zurückkehren konnte.

Wirtschaftspolitisch galt es Antworten auf drei Herausforderungen zu finden, nämlich auf die rasche Arbeitskräfteverknappung, auf die zunehmenden Engpässe im Energie- und Verkehrswesen und auf die Verdüsterung des Außenwirtschaftsklimas im Gefolge der Ölkrise von 1973.

Durch den Nixon-Schock nachdenklich geworden, entwikkelte die Führung damals Therapiemethoden, die so zweckmäßig ausfielen, daß sie heute noch stilbildend und bewußtseinsstrukturierend nachwirken.

Damals wurde beispielsweise das *Berufsausbildungssystem* so tatkräftig entwickelt, daß 1990 das Verhältnis der Schüler in allgemein- und berufsbildenden Schulen auf Gaozhong(Oberer Mittelschul)-Ebene (15.–18. Lebensjahr) bei 3:7 lag. Dieser hohe Anteil an Fachausbildung ist nicht zuletzt deshalb bemerkenswert, weil in der konfuzianischen Tradition, die ja auch heute noch nachwirkt, die Allgemeinbildung so sehr im Vordergrund zu stehen pflegte, daß jegliche frühzeitige Spezialisierung von den Schülern als Karrierebremse empfunden werden mußte, da ja Spitzenstellungen in Staat und Gesellschaft generell nur über die Allgemeinausbildung zu erreichen waren/sind. Wenn sich der Trend hier inzwischen umgekehrt hat und die traditionelle Lernkultur in neue, der Wirtschaft und Gesellschaft unmittelbar dienende Bahnen gelenkt wurde, so war dies dem Steuerungsgeschick und dem Kapitaleinsatz der Regierung zuzuschreiben.

Die zweite große Errungenschaft der 70er Jahre bestand in einem zügigen *Ausbau der Infrastruktur*, der vor allem aus vier Gründen großformatig ausfiel: Zum einen wollten die Wirtschaftsplaner aus legitimatorischen Gründen ihren Weitblick plakativ unter Beweis stellen, zweitens verlangte der industrielle Innovationsschub zusätzliche Energiereserven und dichtere Kommunikationsnetze, drittens lag es auf der Hand, daß der neue Außenwirtschaftskurs nur dann erfolgreich verlaufen konnte, wenn hochleistungsfähige internationale Flug- und Schiffsverbindungen verfügbar waren, und viertens hatte die Ölkrise zu einem plötzlichen Erlahmen des Investitionswillens geführt. In dieser Situation des allgemeinen Zauderns beschloß die Regierung, in die Bresche zu springen und durch Infrastrukturvorhaben in einer Größenordnung von 7,5 Mrd. US$ die Nachfrage anzukurbeln, sei es nun im Energie-, Verkehrs-, Gesundheits-, Schul- und Kommunikationsbereich oder aber im sozialen Wohnungsbau und in der Landwirtschaft.

Dies war die Geburtsstunde der bereits erwähnten „Zehn Grundlagenprojekte", von denen allein sechs dem Transportwesen zugute kamen, u. a. die neue Nord-Süd-Autobahn, die Elektrifizierung der Nord-Süd-Eisenbahn sowie die Modernisierung von Häfen und der Bau des neuen internationalen Jiang Zhongzheng-Flughafens nahe Taibei, eines veritablen Reichsflughafens mit pathetischer Marmorarchitektur (neben dem übrigens der alte Flughafen erhalten blieb, auf dem ein rundes Dutzend Privatfluglinien Verbindungen zu anderen Städten, zu den Pescadores, nach Jinmen, Mazu und weiteren Inseln herstellt). Überdies verstand es Taibei, der staatlichen China Airlines Einflugnischen in Amerika, Japan und in Westeuropa (Luxemburg und Amsterdam) sicherzustellen.

Drei weitere Projekte sollten der Schwer- und Chemieindustrie auf die Sprünge verhelfen: Zu diesem Zweck ging 1977 die Großwerft von Gaoxiong, die erste ihrer Art auf Taiwan, unter dem Namen „China Shipbuilding Corp." in Betrieb. Im gleichen Jahr nahm, ebenfalls in Gaoxiong, das vollautomatische Eisen- und Stahlwerk der „China Steel Corp." seine Arbeit auf. Wenige Wochen später öffnete die Erdölraffinerie der „Chinese Petroleum Corp." in Taoyuan ihre Pforten. Mit diesen drei Großprojekten, die von Anfang bis Ende von der Wirtschaftsbürokratie systematisch gefördert und begleitet wurden, begann das Zeitalter der *Schwerindustrie* auf Taiwan.

Hinzu kam schließlich noch ein Kernkraftwerk, das die drohende Energielücke schließen sollte. Schon 1979 waren die meisten dieser Projekte in Betrieb. Vor allem die Elektrizitätsversorgung war damit so sicher geworden, daß Mitte der 80er Jahre fast 100 % aller Haushalte und Geschäftsbetriebe Stromanschluß besaßen.

Besondere Beachtung schenkte Taiwan auch dem *Seeverkehr*. Die Insel liegt, ebenso wie Hongkong, im subtropischen Bereich und wird zwischen Mai und September häufig von Taifunen und tropischen Zyklonen heimgesucht. Hier galt es, für sichere Anlegeplätze zu sorgen. Nicht zuletzt in den 70er Jahren wurde eine Reihe taifungeschützter internationaler Häfen modernisiert und weiter ausgebaut, allen voran Gaoxiong (im Süden), Jilong (im Norden), Taizhong (mittleres Westtaiwan) und Su'ao (Nordosttaiwan). Einige dieser Außenpforten konnten mit Exportverarbeitungs- und Industriezonen kurzgeschlossen werden, so daß sich die Wege von und nach Übersee noch mehr verkürzten – eine weitere Maßnahme für Taiwans Einbindung in das Netzwerk der Weltwirtschaft. Ganz in diesem Sinne wurde im Haupthafen Gaoxiong während der 70er Jahre auch die erwähnte Großschiffswerft errichtet, die bereits 1977 den 445 000 t-Tanker „Burmah Endeavour", das damals drittgrößte Schiff der Welt, vom Stapel ließ.

Die „Zehn Projekte" führten nicht nur zu einer Rundumerneuerung der Infrastruktur, sondern brachten auch die von der Ölkrise angeschlagene Konjunktur wieder in Gang. So angetan war die Regierung von den Resultaten, daß sie immer neue Scheite nachschob und 1978 „Zwölf Entwicklungsprojekte" sowie 1986 gleich „Vierzehn Schlüsselprojekte" folgen ließ, die diesmal auch landwirtschaftliche Bewässerungsanlagen, Fluß- und Küstendeiche sowie den Bau von Wohnungen und Kulturzentren mitumfaßten.

Drittens aber wurde die Außenwirtschaft zur Paradedisziplin ausgebaut, so daß nun allen Ernstes *Außenwirtschafts- anstelle von Außenpolitik* treten konnte. Hinter diesem Rollenwechsel standen nicht nur wirtschaftliche, sondern vor allem politische Überlegungen; sollten doch möglichst viele Partner umworben und die kritischen Zufahrtswege nach Taiwan so gut wie möglich abgesichert werden. Taibei ließ sich hierbei von der Überlegung leiten, daß die Überlebenschance der Insel von ihrer Attraktivität abhänge. Wie konnte Taiwan also eine Anziehungskraft entfalten, die stark genug war, um bei den Partnerstaaten das Gefühl aufkommen zu lassen, als wäre die Ausschaltung der Inselwirtschaft ein Schnitt ins eigene Fleisch? Die Regierung glaubte sich diesem Ziel am ehesten dadurch annähern zu können, daß sie Exportverarbeitungs- und Industriezonen einrichtete, technologische Neuerungen durchführte und Großinfrastrukturprojekte bereitstellte:

– Schon Mitte der 70er Jahre waren beispielsweise die drei „*Exportverarbeitungszonen*" von Gaoxiong, Nanzi und Taizhong entstanden, die von ausländischen Firmen rasch angenommen und ausgebucht wurden; daneben hatte Taiwan mit zahlreichen „Industriezonen" aufzuwarten, angefangen von einer Petrochemie-IZ über eine Reihe spezialisierter „Industrieparks" bis hin zur „Stahlerzeugungs-IZ" im Südwesten.

Zu Beginn der 70er Jahre erblickten ferner zahlreiche Wirtschaftsförderungsagenturen das Licht der Welt, so z.B. der „China External Trade Development Council" (CETRA), der wie ein Ersatzaußenministerium zutage trat, ferner eine „Ex- and Import Bank of China" und ein breiter Fächer von „Trade Centers", die in den wichtigsten Partnerländern errichtet wurden.

– Darüber hinaus begann der Staat, mit steuerlichen Anreizen *technologische Neuerungen zu fördern*, vor allem dann, wenn sie der Rohmaterialien- und Energieersparnis dienten. Wie schnell diese Diversifizierungspolitik Resultate zeigte, läßt sich an einem Vergleich zwischen 1971 und 1979 ablesen: In diesem Zeitraum wuchs das verarbeitende Gewerbe durchschnittlich um 13,9 % p.a., wobei der Sektor „Präzisionsmaschinen" mit 59,1 % zum Spitzenreiter wurde, gefolgt von Chemie (21,4 %), Elektrik und Elektronik (21,1 %), Lederwaren (20,5 %), und Fahrzeugen (19 %). Besonders kräftig wurde in den 70er Jahren die *Schwerindustrie* gefördert, bei der das staatliche Programm so gut anschlug, daß sie 1979 an der warenproduzierenden Industrie bereits einen Wertanteil von 56 % hatte!

– Nicht zuletzt aber sollten die oben bereits erwähnten „Zehn Grundlagenprojekte" als Schrittmacher für eine weitere Annäherung an die damaligen Weltstandards – und damit auch an die potentiellen westlichen Handelspartner – dienen.

Daß all diese Ziele erreicht werden konnten, obwohl der damaligen Ölkrise eine längere Durststrecke folgte, hat wohl niemanden mehr überrascht als die Führung in Taibei selbst. Nie vorher und auch danach nie wieder konnten auch nur annähernd vergleichbare Zuwachsraten erzielt werden wie in diesen Jahren; lagen doch die jährlichen außenwirtschaftlichen Wertsteigerungen zwischen 1970 und 1980 zumeist bei rd. 30 %, von 1973 auf 1974 sogar bei 51,7 %! Zum Hauptschwungrad wurden hierbei die Exporte, die sich zwischen 1970 (59 Mrd. NT$) und 1980 (712 Mrd. NT$) verzwölffachten. Bereits 1979 bestritt Taiwan 1,1 % des Weltexportvolumens (Bundesrepublik damals 11,6 %, USA 12,1 %, Japan 7 %) und war damit auf Platz 24 der internationalen Bestenliste vorgerückt. Als Importland nahm Taiwan 1 % des gesamten Welteinfuhrvolumens auf (Bundesrepublik 10,5 %, USA 14,6 %, Japan 7,4 %).

Kehrseite dieses Erfolgs war freilich auch wachsende Abhängigkeit der taiwanesischen Volkswirtschaft vom Wohl und Wehe des Weltmarkts.

Die Resultate dieses neuen, auf *Exportinduzierung* abgestellten Wachstums konnten sich sehen lassen: Hatte sich das Handelsvolumen Taiwans 1958 noch bei bescheidenen 382 Mio. US$ bewegt, so war es bis 1970 auf 3 Mrd. angewachsen und hatte sich damit verachtfacht. Allerdings endete die Bilanz, sieht man einmal vom Jahr 1964 ab, bis 1970 fast immer mit einem leichten Minus. Erst von 1971 an konnten dann von Jahr zu Jahr wachsende Überschüsse verbucht werden.

Dieses Außenergebnis wiederum wirkte belebend auf die heimische Industrie und führte dort zu einem spektakulären Strukturwandel: Waren bei der Wertschöpfung zwischen 1953 und 1960 noch hauptsächlich Landwirtschaftserzeugnisse dominierend gewesen, so setzten sich seit 1960 Nichtagrarprodukte mit immer höherem Fertigungsgrad an die Spitze – angefangen von Textilien über Elektrogeräte und Plastikwaren bis hin zu Maschinen und Chemikalien. Diese Entwicklung schlug sich wiederum auf die Exporte nieder, bei denen in den 50er Jahren ebenfalls noch agrarische Erzeugnisse führend gewesen waren, deren Bedeutung nun aber schnell zurückging, bis sie 1980 am Gesamtausfuhrwert nur noch einen Anteil von 10 % hatten. Je anspruchsvoller freilich die Exportliste wurde, um so mehr verengte sich der Kreis der Abnehmer: Die drei Haupthandelspartner Taiwans waren inzwischen Japan, die USA und die Bundesrepublik. Mit insgesamt elf Volkswirtschaften wickelte Taiwan im Durchschnitt zwischen 80 und 90 % seines gesamten Außenhandels ab – und hier wiederum standen die USA und Japan mit rd. 50 % des gesamten taiwanesischen Umsatzes einsam im Vordergrund –, eine Entwicklung, die Taibei nachdenklich stimmte und den Wunsch weckte, sich künftig stärker den Ländern der EG zuzuwenden und damit außenwirtschaftliche Symmetrien herzustellen. Auch die osteuropäischen Länder, denen gegenüber Taiwan aus „antikommunistischen" Erwägungen so lange Zeit Schwellenangst empfunden hatte, verloren nun ihren Schrecken. Im November 1979 faßte Taibei den Grundsatzbeschluß, fortan auch dort wirtschaftlich präsent zu sein.

1970 hatte die Inselwirtschaft mit ihrem Erscheinungsbild von 1950 kaum noch etwas gemeinsam: Taiwan war in der Zwischenzeit beinahe schon zu einem Industrieland aufgestiegen, hatte hohe Wachstumsraten sowie Vollbeschäftigung aufzuweisen und konnte solide Auslandsinvestitionen verbuchen. Nicht zuletzt aber war es in jene „Take-off"-Phase eingetreten, die nach der bekannten Rostow'schen Definition durch drei Kriterien gekennzeichnet ist, nämlich durch den Anstieg der produktiven Investitionen auf über 10 % des Nettosozialprodukts, durch das Entstehen mehrerer industrieller Sektoren mit hohen Wachstumsraten und nicht zuletzt durch Bereitstellung eines politischen und sozialen Rahmenwerks, das dafür garantiert, daß diese beiden Erfolge nicht nur Eintagsfliegen bleiben, sondern Kontinuität annehmen.

Zum außenwirtschaftlichen Erfolgsbild gehört auch die Bilanz des *Tourismus*. Anfang der 90er Jahre hat sich die Zahl der Taiwan-Besucher auf rd. zwei Millionen eingependelt – ein Siebtel davon sind Auslandschinesen. Ein Besucherandrang dieser Größenordnung konnte nur entstehen, weil Taiwan in der Tat fast jedes der vollmundigen Versprechen einlöste, wie sie in Reisebroschüren üblicherweise aufzutauchen pflegen.

Die samt ihren 85 Nebeninseln rd. 36 000 qkm umfassende Hauptinsel (von der Größe Baden-Württembergs!) ist wie ein Tabakblatt geformt und mißt in der Nord-Süd-Ausdehnung 386 km, von Ost nach West aber nur 140 km. Gebirge bedecken zwei Drittel der Insel, auf der nicht weniger als 62 Gipfel die 3000-Meter-Marke überschreiten und einer, nämlich der Yushan („Jadeberg"), sogar an die 4000 m heranreicht. Nur ein bescheidenes Viertel des Territoriums ist echtes Flachland, das sich gürtelartig an der Westküste entlangzieht, wo sich auf engstem Raum Straßen, Schienennetze, Städte, Dörfer, Plantagen, Friedhöfe und Reisfelder zusammendrängen. Im Osten, also auf der pazifischen Seite, stürzt die Felsenküste dagegen zumeist steil zum Meer hinab, so daß hier nur wenige Kultur- und Siedlungsflächen freibleiben.

Es ist also zunächst einmal das gewaltige, innerhalb kurzer Strecken von Null auf über 3000 m hochschießende Landschaftspanorama, das zu jeder Besichtigung der Insel die majestätische Kulisse beisteuert. Taiwan erschöpft sich allerdings nicht nur in Landschaften, sondern hat trotz seiner erst verhältnismäßig kurzen chinesischen Besiedlungsgeschichte Weihestätten vorzuweisen, die sich an Würde und Numinosität auch vor Tempeln der Tang- oder Song-Zeit nicht zu verstecken brauchen.

Schwerpunkte des Tourismus sind Taibei (wörtl.: „Taiwan-Nord"), Taizhong („Taiwan-Mitte") und im Süden Gaoxiong („hoch und kraftvoll").

Taibei ist (provisorischer) Regierungssitz der Republik China (als eigentliche Hauptstadt gilt immer noch Nanjing) und als solcher politisches, aber auch kulturelles und wirtschaftliches Zentrum der Insel. Mit 272 qkm Ausdehnung und schon beinahe drei Millionen Einwohnern (Hamburg: 754 qkm bzw. 1,7 Mio.) ist es eine der am schnellsten gewachsenen und turbulentesten Städte Asiens. In den viereinhalb Jahrzehnten seit dem Ende der japanischen Kolonialherrschaft hat sich die Gemeinde aus einer beschaulichen, noch weitgehend von japanischen Regierungsgebäuden und japanischen Wohnvierteln geprägten Stadt mittlerer Größe zur Metropole entwickelt. Allein zwischen 1976 und 1980 konnte das Raumvolumen beim Büro-, Hotel- und Wohnungsbau verdoppelt werden. Diese Entwicklung vollzog sich unter teilweise chaotischen Begleitumständen: Zehnstöckige Häuser wuchsen oft direkt aus Wiesen heraus,

Abb. 5: Palastmuseum in Taibei. Das „Alte Palastmuseum" (Gugong bo-wuyuan) in einem nördlichen Vorort Taibeis gilt mit seinen 243 000 Exponaten, die 5000 Jahre chinesischer Geschichte dokumentieren, zu Recht als Mekka der chinesischen Kunst. Beinahe alles, was die chinesischen Kaiser seit der Ming-Zeit an Gemälden, Jaden, Bronzen, Kalligraphien oder Porzellanen gesammelt hatten, wurde im Zuge der Umsiedlung Guomindang-Chinas nach Taiwan 1948/49 auf die Insel verschifft und dort 1965, anläßlich des 100. Geburtstags des „Vaters der Republik", Sun Yixian (Sun Yat-sen), in einem neuerrichteten Museum der Öffentlichkeit präsentiert. Zwischen den beiden Treppenfluchten befindet sich ein Standbild des am 5. 4. 1975 verstorbenen Staatspräsidenten Jiang Jieshi (Tschiang Kai-schek), der in der GMD-Geschichtsschreibung als bedeutendster Schüler und Freund Sun Yixians gilt.

während die dazwischenliegenden Lücken von Wellblechhütten und Behelfsbauten ausgefüllt blieben, wie sie übrigens noch während der 60er Jahre für ganze Stadtteile charakteristisch waren. Nur wer dieses Schnellzugtempo im Auge behält, wird dem modernen Taibei Gerechtigkeit widerfahren lassen.

Der historisch interessierte Besucher wendet sich meist vier Zielen zu, nämlich dem weihrauchgeschwärzten, 1738 erbauten

„Drachenberg-Tempel" (Longshansi) in der Taibeier Altstadt Wanhua, der an religiöser Stimmung von keiner anderen Andachtsstätte Taiwans übertroffen wird, ferner dem Konfuzius-Tempel, der vor allem am 28. September, d. h. dem Geburtstag des Philosophen, im Mittelpunkt „mandarinärer" Feierlichkeiten steht, sodann dem „Zhinangong" („Schrein, der nach Süden deutet"), einer hoch über dem Vorort Mucha in den Bergen gelegenen daoistischen Pilgerstätte voller Liebreiz und Morbidität, die dem sanften Gott Lü Dongbin geweiht ist, nicht zuletzt aber dem Nationalen Palastmuseum, das auf der Welt weder quantitativ noch qualitativ seinesgleichen hat, und das deshalb zu Recht als Mekka der chinesischen Kunst gilt.

Aus zeitgeschichtlichen Gründen empfiehlt sich auch ein Besuch der unweit des Präsidentenpalasts (Zongtongfu) gelegenen Jiang-Jieshi-Gedächtnisstätte, die, ihrer Monumentalität nach zu urteilen, eher für einen „Himmelssohn" als für einen zeitgenössischen Staatsmann errichtet zu sein scheint. Das Areal umfaßt eine Fläche von 250 000 qm und wird von einer gewaltigen, 70 m hohen Gedenkhalle beherrscht, in deren Obergeschoß die stets von Ehrenwachen flankierte 9,8 m hohe Sitzstatue Jiangs sich erhebt, des langjährigen Staatspräsidenten, Generalissimus und GMD-Vorsitzenden, der von 1927 bis 1949 die Geschicke der Republik China auf dem Festland und bis zu seinem Tod 1975 auch den Kurs auf Taiwan bestimmt und in seiner Person lange Zeit eine einzigartige Machtfülle vereint hatte.

Beliebte Ausflugsziele in die nähere Umgebung sind das Gelände um den Yangming-Berg (benannt nach dem Lieblingsphilosophen Jiang Jieshis, Wang Yangming) und Yeliu. Der Yangmingshan-Park, der vor allem zur Kirschblütenzeit Scharen von Besuchern anzieht, ist Teil eines nördlich von Taibei sich hinziehenden Vulkangebirges, in dessen Bereich überall heiße Quellen aus dem Boden sprudeln und dessen Luft nach Schwefel riecht. Yeliu („Wilde Weiden") ist ein Platz phantastischer, vom Meer ausgespülter Felsformationen in der Nähe von Jilong, dem Haupthafen des Nordens, der trotz seiner beeindruckenden Felskulissen den – touristischen – Nachteil hat, die regenreichste Stadt Taiwans zu sein.

Und Mitteltaiwan? Taizhong ist eine laute und wenig einladende Stadt, die allerdings das Tor zur zentralen Hochgebirgswelt und zu drei der touristischen Kernlandschaften Taiwans öffnet, nämlich zum tempelgesäumten „Sonne-Mond-See" (riyuetan), zum Ausflugsberg Alishan, der mit einer noch in japanischer Zeit gebauten Gebirgsbahn zu erreichen ist, vor allem aber zur „Kreuz-und-quer-Straße" (hengguang gonglu), die sich über die Hochgebirgswelt Taiwans hinschlängelt und über eine Gesamtlänge von 346 km Ost- und Westküste miteinander verbindet. Es gibt nur wenige Gebirgsstraßen in der Welt, die sich an Kühnheit der Streckenführung und an Perspektivenreichtum mit dieser Anlage messen können, die Ende der 50er Jahre von rd. 10 000 abgemusterten GMD-Soldaten in einer Zeit von nur 46 Monaten aus dem Fels herausgehauen und 1960 dem Verkehr übergeben wurde. Höhepunkt der Strecke, die von öffentlichen Bussen an einem einzigen Tag bewältigt wird, ist der 19 km lange östliche Abschnitt durch die Taroko(Tailuke)-Schlucht, deren Marmorklippen teilweise bis zur majestätischen Höhe von 500 m aufschießen und an deren Basis sich die Straße entlangwindet: vorbei an reißenden Sturzbächen und durch ein Labyrinth von 38 Tunnels, die sich immer wieder zu eingekesselten Miniaturlandschaften hin öffnen, von deren Höhen Tempel oder rot-grün leuchtende Pavillons grüßen.

Die „Kreuz-und-quer-Straße" endet am Ostküstenhafen von Hualian, einer Stadt, die im Vergleich zu den großen Orten Westtaiwans noch ruhig und beschaulich wirkt. Hier in der Umgebung ist die Heimat der meisten polynesischen Ureinwohner, und von hier aus auch führt eine hoch über dem Pazifischen Meer in die Steilküste hineingefräste Straße zum nördlich gelegenen Su'ao und von dort wieder zurück nach Taibei.

Die älteste und wohl auch historisch interessanteste Stadt Taiwans ist Tainan, in dessen Mauern und näherer Umgebung nicht nur Reste der ehemaligen holländischen Kolonialherrschaft (1624–1662), nämlich der Grundmauern des Festungsbauwerks „Zeelandia", zu sehen, sondern auch mehrere Tempel und Andachtsstätten zu finden sind, allen voran der Schrein des taiwanesischen Nationalhelden Coxinga.

Die südlichste Großstadt Taiwans ist Gaoxiong, Haupthafen der Insel, Schwerindustriezentrum (Schiffbau, Stahl) und Standort der ersten und größten Exportverarbeitungszone Taiwans. Von Gaoxiong aus führt eine Küstenstraße hinunter zur Südspitze Taiwans, deren Gesamtareal von 32 000 ha (davon 17 000 ha Land- und 15 000 ha Seefläche) 1984 unter Naturschutz gestellt und zum „Kending(wörtl. „Bodenerschließer)-Nationalpark" erklärt wurde. Hoch über diesem „Naturmuseum" steht ein Aussichtsturm, von dem aus sich ein Blick auf „Vier Meere" (Pazifik, Bashi-Kanal, Südchinesisches Meer und Straße von Taiwan) eröffnet und von wo aus auch die Korallengärten, die phantastischen Felsformationen, die Botanischen Gärten und nicht zuletzt der südliche Leuchtturm von Eluanbi („Gänseschnabel") überblickt werden können. Jeden taiwanesischen Besucher überkommt hier ein Gefühl der Andacht, da er sich am südlichsten Punkt seiner Heimat weiß. Kending gehört mit zu den attraktivsten Landschaften Taiwans, auch wenn es unter ständigem Besucherandrang steht und wenn ferner das gleich in der Nähe liegende Kernkraftwerk in üblem Ruf steht, weil es mit seinen Abwässern u. a. zur Zerstörung der Korallenformationen des Parks beiträgt.

b) Hongkong: Rückkehr zum Entrepôt? Die Neuauffächerung der Funktionen

Eine Existenzkrise, wie sie über Taiwan bereits 1971/72 hereingebrochen war, ließ in Hongkong wesentlich länger auf sich warten, ging dann aber desto tiefer unter die Haut, da in der „Gemeinsamen chinesisch-britischen Erklärung" von 1984 nicht etwa nur eine Gefährdung angedeutet, sondern ein präzises Auslaufdatum, das Jahr 1997, angegeben war. Das Damoklesschwert einer „Aus"-Lösung hatte zwar schon lange Zeit über der Kronkolonie gehangen, doch niemand hätte es sich träumen lassen, daß das Ende schon so bald und mit einer so chirurgischen Präzision käme, zumal ja weder die Bevölkerung befragt worden war, noch aus wirtschaftlicher Sicht auch nur der geringste Anlaß für ein so rasches Ende der in ihrer wirtschaftlichen Substanz kerngesunden Kronkolonie bestanden hatte. Allgemein kam das Gefühl auf, daß einer blühenden Gemeinde vorzeitig der Lebensfaden abgeschnitten worden sei.

Doch Morbidität und Lähmung sind einer lebensfrohen und jungen Stadt wie Hongkong fremd. Auch nach der „Gemeinsamen Erklärung" ging das Leben weiter, vor allem im wirtschaftlichen Bereich. Ein neues Rollenverständnis hatte Hongkong ja nicht erst seit 1984, sondern bereits seit Dezember 1978 gewinnen müssen, als nämlich mit dem 3. Plenum des XI. ZK der Reformprozeß in der Volksrepublik China begann, der nicht nur eine innenpolitische „Perestroika", sondern auch ein „Öffnen der Türen" nach außen auf die Tagesordnung setzte. Schon wenige Monate nach diesem Beschluß hatte die Volksrepublik unmittelbar vor den Toren Hongkongs und Macaus zwei (der insgesamt vier) sog. „Wirtschaftssonderzonen" (jingji tequ) gegründet und damit die Hongkonger Unternehmerschaft auf konkreteste Weise zu Investitionen eingeladen. Die Wirtschaft der Kronkolonie ließ sich dies nicht zweimal sagen, sondern machte von dem Angebot so intensiv Gebrauch, daß Hongkong schon wenige Jahre später mit der Nachbarprovinz Guangdong sowohl wirtschaftlich (Lohnveredelungsaufträge und Investitionen!) als auch infrastrukturell (Autobahnen, gemeinsame Telekommunikationseinrichtungen) zusammengewachsen zu sein schien.

Damit aber war der Zeitpunkt für Hongkong gekommen, sich über eine Renaissance seiner traditionellen Entrepôtfunktion und über eine Neuauffächerung der Aufgaben Gedanken zu machen. Zweimal im Laufe der Geschichte hatte Hongkong seine Pfortenfunktion nach China verloren, nämlich bei der Besetzung durch japanische Truppen 1941 und beim Sieg der kommunistischen Truppen 1949, dem 1951 zu allem Unheil auch noch das antichinesische Embargo des Westens nachgefolgt war. Sollte es nicht möglich sein, ein drittes Mal zur Haupteingangspforte nach China zu werden? Freilich würde ein „geöffnetes" China in Zukunft nicht nur via Hongkong, sondern auch durch alternative „Türen" zugänglich sein; doch war die Hongkonger Unternehmerschaft optimistisch genug, daran zu glauben, daß der „Duftende Hafen" all seinen Konkurrenten mühelos den Rang abliefe!

In den Jahren zwischen 1951 und 1979 hatte es, wie gesagt, nur wenige Kontakte zwischen Hongkong und der VRCh gegeben. Bereits erwähnt wurden das „Hongkonger Komitee der Arbeit", die „Nachrichtenagentur" Xinhua, die Reisegesellschaft Lüxingshe, eine Reihe von sinokommunistischen Zeitungen und nicht zuletzt der Handel der VR China durch das Schlupfloch Hongkong, der das Embargo systematisch umgangen hatte und der über ein Drittel der gesamten Deviseneinnahmen Beijings erbrachte, wobei sich hauptsächlich zwei Quellen als besonders ergiebig erwiesen, nämlich der Handel im grenzüberschreitenden Verkehr und die Gewinne aus chinesischen Investitionen in der Kronkolonie, die nicht zuletzt durch die Bank of China plaziert wurden.

Eine weitere Verbindung von erheblicher Bedeutung für den Hongkonger Alltag war ein am 22. April 1964 unterzeichneter Vertrag, demzufolge China sich verpflichtete, die Kronkolonie mit Trinkwasser zu beliefern. Für Hongkong, das bis dahin seinen Wasserbedarf mit dem periodisch anfallenden Regen, mit Meerwasserentsalzungsanlagen und mit Tankertransporten hatte decken müssen, war dieses Abkommen ein Sprung nach vorn; gleichzeitig jedoch hatte sich die Stadt dadurch ein weiteres Mal vom guten Willen der Volksrepublik abhängig gemacht: hätte China doch von jetzt an die Kolonie einfach dadurch „erobern" können, daß es schlicht den Wasserhahn zudrehte.

Wenn Hongkong nun erneut zum Entrepôt wurde, so mußte dies auch Rückwirkungen auf seine anderen Funktionen als Verkehrsknotenpunkt, Touristenziel und Finanzzentrum haben. Vor allem aber stellte sich die Frage, wie es künftig um das Verhältnis zwischen Produktionsstandort und Pfortenfunktion bestellt sein sollte? Würde vor allem die Qualität des Industriestandorts nicht dadurch leiden, daß die meisten der bisher auf Hongkonger Gebiet gefertigten Güter sich künftig in der benachbarten Volksrepublik weitaus billiger herstellen ließen!? Wie also sollten die genannten fünf Funktionen künftig zueinander in Beziehung stehen?

Verkehrsknotenpunkt. Hongkong bliebe in jedem Fall eine See- und Flugdrehscheibe: daran sollen gem. § 128 des Grundgesetzes auch in Zukunft keine Zweifel aufkommen. Bereits in den 70er Jahren hatte sich die Kronkolonie, wie übrigens fast zur gleichen Zeit auch Taiwan, in kostspielige Infrastrukturbauten gestürzt: 1972 war beispielsweise der „Cross Harbour Tunnel" von Victoria nach Kowloon eröffnet worden, der allerdings zu 75 % nicht von der Regierung, sondern von Privatgesellschaften finanziert wurde, die dafür im Gegenzug das Anrecht bekamen, eine besondere Maut zu erheben. 1975 wurde ferner der Zentralbahnhof weg von der Kowlooner Uferpromenade verlegt und gleichzeitig die Verbindung nach Guangzhou ausgebaut; 1976 ging der neue Schiffscontainerhafen in Betrieb; ferner wurde der für Hongkonger Exporte bedeutsame Luftfrachtterminal sowie eine Brücke zur neuen Industriezoneninsel Tsing Yi (m.: Qingyi dao, „Grün bekleidete Insel") vollendet und 1979 das U-Bahn-Netz der MTR (Mass Transit Railway) seiner Bestimmung übergeben.

Gewaltige Investitionen verschlang vor allem der Hongkonger Hafen, der ursprünglich nichts anderes war als ein taifungeschütztes Naturbecken, das, anders als beispielsweise Amsterdam oder Hamburg, lange Zeit keine eigentlichen Hafenmolen besaß, so daß jahrzehntelang vier Fünftel aller Frachten mit Hilfe von Leichtern gelöscht werden mußten. Die Arbeiten gingen dabei Tag und Nacht vor sich, so daß die Meerenge zwischen Hongkong und Kowloon auch nach Einbruch der Dunkelheit stets von fernem Lärm erfüllt und die Nacht von unruhigen Lichtern durchzittert war. An herkömmlichen Vorstellungen gemessen war der „Victoria Harbour" also kein Hafen im klassischen Sinn, sondern eher eine Wasserstraße, die zwischen Kowloon-Halbinsel und Hongkong-Insel hindurchverlief, und in die sich der internationale Schiffsverkehr, durch Dutzende von Bojen geleitet, bei Tag und Nacht hineinzuzwängen hatte. Erst die Containeranlagen haben hier ein anderes Bild entstehen lassen. Ein altvertrauter Anblick ist jedoch erhalten geblieben, nämlich der sich überall durchlavierende Fährverkehr zwischen Kowloon und der Stadt Victoria, der vor allem von der „Star

Ferry Co." mit ihren für Hongkong so typischen grün-weißen Schiffen betrieben wird, die auch heute noch pro Tag etwa 700 Überquerungen durchführen und pro Jahr bis zu 60 Millionen Passagiere befördern.

Noch bis in die 70er Jahre hinein gehörten Dschunken aller Klassen zum Alltagsbild des bunten Treibens. Damals auch machte die Anlage in der Meerenge zwischen Insel und Kowloon ihrem Namen „Duftender Hafen" nicht immer alle Ehre: Es roch nach Gewürzen, aber auch nach toten Fischen, verrottendem Kohl, Teer und nach Auspuffgasen; zusätzlich war die Luft erfüllt vom Klang der Schiffssirenen, vom Glockengeläut der Fähren und – pünktlich um zwölf Uhr mittags – auch vom Widerhall eines Geschützdonners, der in Hongkong seit dem 19. Jh. das Mittagsläuten ersetzte.

In den 60er Jahren gab es auch noch Tausende von Bootsbewohnern, die nie in ihrem Leben festen Boden unter den Füßen gehabt hatten. Zwei der vier ursprünglichen Bevölkerungsgruppen Hongkongs, nämlich die Tanka und die Hoklo, waren solche traditionellen Dschunkenbewohner, die zumeist im Hafen von Aberdeen lebten, einem Fischerdorf auf der Insel-Südseite, das ursprünglich für sich allein jenen Namen „Hongkong" getragen hatte, der später auf das gesamte Gebiet überging.

Durch die Sanierung Aberdeens in den 70er und 80er Jahren verlor das ursprünglich so pittoreske und vor allem für ausländische Touristen faszinierende Bootsdorf seinen morbiden Charme. Auch sonst ist das einst so buntscheckige Chaos rings um die Insel mit dem Lineal begradigt und saniert worden, vor allem im Umfeld des Containerhafens, in dem seit Beginn der 90er Jahre die meisten Ein- und Ausfuhren Hongkongs umgeschlagen werden.

Ähnlich wie schon der Hafen, der seit dem 19. Jh. als Hauptdrehscheibe im Seeverkehr zwischen Indik und Pazifik, zwischen der Außenwelt und China sowie zwischen Ost- und Nordostasien diente, entwickelte sich auch der Hongkonger Airport zum asiatischen Drehkreuz schlechthin. Keine internationale Gesellschaft, die es sich hätte leisten können, hier nicht Landerechte zu erwerben. Da der Flughafen „Kai Tak" (m.: qide, „sich entfaltende Tugend") jedoch wegen seiner steilen Einflugschneise über Wäscheleinen und Fernsehantennen hinweg immer schon als höchst gefährlich galt (Piloten bedurften hierfür sogar eine Sonderausbildung) und überdies zu Beginn der 90er Jahre mit rd. 17 Millionen Reisenden p.a. aus allen Nähten zu platzen drohte, faßte die Hongkonger Regierung im Oktober 1989 den kühnen Entschluß, auf der Insel Chek Lap Kok (m.: jiao li chi, „auf der Ecke stehendes Zinnoberrot"), die der Gebirgsinsel Lantau vorgelagert ist, einen neuen Großflughafen mit Beförderungskapazitäten für jährlich 50 Millionen Menschen anzulegen. Zu dem neuen Knotenpunkt sollen hochleistungsfähige Verkehrsanbindungen führen, die den Passagier innerhalb von 30 Minuten ins Zentrum Hongkongs bringen. Die geplante Lantau Bridge, die auf zwei Ebenen für eine sechsspurige Autobahn und für eine Zug-Hochgeschwindigkeitstrasse ausgelegt ist, soll mit ihren 1370 m Länge selbst die Golden Gate Bridge von San Francisco in den Schatten stellen. Zusätzlich ist in Bauplatznähe ein Wohnviertel für 260 000 Menschen sowie ein weiterer Containerhafen geplant – alles zusammen in einer Größenordnung von 127 Mrd. HK$ (= rd. 25 Mrd. DM).

In der Sprache des Government soll dieses Projekt dafür sorgen, daß Hongkong „seine Rolle als einer der dynamischsten Wirtschaftsplätze der Welt, als Drehscheibe für Asien und als Tor nach China auch im 21. Jh. erfüllen kann".

Kaum waren die Pläne veröffentlicht, begann sich auch schon die VR China querzulegen, weil sie sich nicht mit Vollzugsmeldungen abspeisen lassen wollte und überdies befürchtete, die Projekte könnten zum Milliardengrab für den Hongkonger Haushalt nach 1997 werden. Es waren also sowohl Empfindlichkeiten als auch eiskalte Überlegungen, die den geplanten Flughafen zum Zankapfel werden ließen. Erst nachdem die Briten eingelenkt und sich auf längere, der Wiederherstellung des chinesischen Gesichts dienende Verhandlungen eingelassen hatten, kam es am 30. Juni 1991 zur Unterzeichnung eines Memorandums, demzufolge Beijing seine Einwendungen gegen das Großprojekt fallenließ, wohingegen die Regierung der Kronkolonie ein Garantieversprechen abgab, aufgrund dessen bei der

Übergabe Hongkongs am 1. Juli 1997 mindestens 25 Mrd. HK$ als eiserne Reserve hinterlassen werden sollen. Außerdem werde schon jetzt ein gemeinsamer Konsultativausschuß eingerichtet, durch den China über den Fortgang laufend Bericht erhalte.

Wenn die Volksrepublik Glück hat, erbt sie 1997 sogar drei Reservefonds, nämlich den „Exchangefonds", der der Stabilisierung des Hongkong-Dollars dient, den „Landfonds", der aus Pachtgebühren für Grundstücksüberlassungen gespeist wird, und den „Steuerfonds" – alles in allem rd. 40 Mrd. DM.

Zu den Infrastrukturleistungen besonderer Art, die das Government seit den 70er Jahren erbringt, gehört auch die Bereitstellung von Boden für Verkehrs-, Wohnungs- und Gewerbeanlagen: keine leichte Aufgabe, da der größte Teil der Insel Hongkong sowie der New Territories aus Bergen und steilabfallendem Hügelgelände besteht; Neuland läßt sich hier nur gewinnen, wenn Seen und Meeresbuchten zugeschüttet werden, wobei es gilt, ganze Berge als Füllmaterial abzutragen. Zuständig für die Schaffung von „Neuland" ist eine eigene Regierungsbehörde, die „Lands and Works Group" mit 7 Abteilungen.

Hongkong als internationales Finanzzentrum. Sowohl geographisch als auch zeitlich, d. h. von der Tag-Nacht-Gleiche her, liegt Hongkong fast ideal zwischen China und Asien einerseits sowie zwischen Nordamerika und Europa andererseits. So konnte es zu einem bedeutsamen internationalen Finanzzentrum werden und sich mit seinen vier Börsen, seinen 140 „lizenzierten" und 344 „registrierten" Geschäftsbanken gleich hinter Tokyo, New York und London auf den vierten Rang in der Welt vorschieben. An normalen Tagen setzt es fast die gleiche Menge an Geld, Wertpapieren und Edelmetallen um wie der gesamte EG-Raum (minus London). Neben den beiden führenden lokalen Geldinstituten, nämlich der Bank of China und der „Hongkong (and Shanghai) Bank", ist alles an Geldinstituten vertreten, was in der internationalen Finanzwelt Rang und Namen hat.

Die Hongkong Bank, die der Bank of China seit Jahrzehnten ein Kopf-an-Kopf-Rennen geliefert hatte und von ihr inzwischen klar überrundet wurde, ist in Hongkong nicht ein x-beliebiges Geldinstitut, sondern schon fast so etwas wie ein Regierungsorgan; übt sie doch zusammen mit der Chartered Bank im Auftrag des Government Zentralbankfunktionen aus und hat in dieser Eigenschaft auch Banknoten zu emittieren. Daneben aber mischt sie auch als Geschäftsbank kräftig mit und ist nicht zuletzt an zahlreichen Firmen beteiligt, so z. B. mit 22 % an der Hongkonger Fluggesellschaft Cathay Pacific oder aber an der weit über Asien hinaus bekannten *South China Morning Post.* Überdies unterhält die Bank zu Beginn der 90er Jahre in 55 Ländern der Welt rd. 1200 Niederlassungen und finanzierte zur gleichen Zeit auch rd. 200 Projekte in der VR China. 1988 nahm sie weltweit den 14. Platz ein. Weit vor ihr, nämlich auf Platz 2, lag allerdings zu dieser Zeit bereits die der VR China gehörende Bank of China, deren Macht in Hongkong auch architektonisch unzweideutig demonstriert wird, nämlich in Form des 315 m hohen neuen Hauptverwaltungsgebäudes, neben dem sich der ebenfalls nicht gerade bescheidene Wolkenkratzer der Hongkong Bank fast klein ausnimmt.

Zu einem internationalen Finanzzentrum hat sich die Kronkolonie erst in den 70er Jahren entwickeln können. Bis dahin hatte es im Gefolge hektischer Neugründungen zahlreiche Insolvenzen gegeben, die dem Ruf Hongkongs nicht gerade förderlich gewesen waren. Daraufhin hatte die Regierung das Anforderungsprofil für Geldinstitute verschärft und drei Klassifizierungen eingeführt, nämlich „lizenzierte Banken", „lizenzierte Sparkassen" und „registrierte Sparkassen", wobei „Lizenzen" unter wesentlich strengeren Bedingungen vergeben werden als „Registrierungen". Diese Verschärfung der Kriterien war nicht zuletzt auch deshalb nötig, weil chinesische Banken zu kühnen Spekulationsgeschäften neigen (dazu ausführlich IV . 2 f.) und dabei nicht selten Schiffbruch erleiden – so zuletzt geschehen beim „Schwarzen Oktober" von 1987, in dessen Gefolge die Hongkonger Banken mehr Geld verloren, als 1986 in der Kronkolonie an BSP erwirtschaftet worden war.

Nicht nur seinen Umsätzen, sondern auch seinem regionalen Aktionsradius nach nimmt Hongkong eine Spitzenposition ein: Kein Platz im asiatisch-pazifischen Raum, an dem die Hongkonger Bankenwelt nicht Finanzierungen durchführte. Beijing, das von dieser Dynamik beeindruckt zu sein scheint, hat in § 109 des Hongkonger Grundgesetzes zugesichert, daß „Hongkong als internationales Finanzzentrum aufrechterhalten werden soll".

Die Hongkonger Bankenwelt mag der taiwanesischen Konkurrenz zwar an Umsatz und Operationsweite überlegen sein, an der Fähigkeit zur Aufbaufinanzierung neuer Industrien ist sie es gewiß nicht: Theoretisch lassen sich drei Kategorien von Industriefinanzierungssystemen unterscheiden, nämlich das angelsächsische Instrumentarium, das die Banken nach Sonderfunktionen (d. h. nach Einlagen-, Kredit-, Diskont-, Effekten-, Depot- und Investmentgeschäften) auffächert und das langfristige Finanzierungen im wesentlichen dem Aktienmarkt überläßt, zweitens das zentraleuropäische Universalbankensystem, das sich weitaus besser für langfristige Investitionen eignet, weil die Finanzierung vom Börsengeschehen und von Interventionen der Aktionäre weitgehend losgelöst ist, und, drittens, das japanische System, in dem einzelne Unternehmensgruppen über ihre jeweils eigenen Hausbanken verfügen, die für jede Industriefinanzierung einen Maßanzug schneidern können und dabei auf Aktionäre kaum Rücksicht nehmen müssen.

Innerhalb dieser Bandbreiten orientiert sich Hongkong überwiegend am angelsächsischen System, während Taiwan in einigen Kernbereichen zum japanischen Schema tendiert – mit positiven Konsequenzen für Forschung und Industrialisierung, wie sie sich in der Kronkolonie nicht verbuchen lassen.

Im Dienstleistungsbereich gehört Hongkong alles in allem zur internationalen Spitze. Als *Produktionsstandort* dagegen beginnt es seit Mitte der 80er Jahre Anzeichen von Schwäche zu zeigen. Manche Autoren sprechen sogar von „Rückindustrialisierung": In der Tat ist der Wertschöpfungsanteil der Industrie zwischen 1965 und 1988 von 40 auf 29 % zurückgegangen, während umgekehrt der Anteil der Dienstleistungen von 58 auf 70 % zunahm (vgl. die Tabelle im Anhang). Daraus lasse sich folgern, daß das Unternehmertum sich langsam aus der Industrie zurückziehe und gleichzeitig im Begriffe sei, wieder jenes Entrepôt-Profil anzunehmen, das ihm noch zu Beginn der 50er Jahre eigen war.

Gegner dieser Auffassung wenden ein, daß die Industrie auch zu Beginn der 90er Jahre immer noch den mit Abstand größten Arbeitnehmeranteil beschäftige: Bei 2,8 Millionen Arbeitskräften seien dies 980 000 Personen. An zweiter Stelle folgten Handel und Tourismus (rd. 500 000), an dritter Stelle soziale Dienstleistungen und private Dienste (450 000) und anschließend Banken und Versicherungen (130 000). Dieser Beweisführung wäre allerdings entgegenzuhalten, daß bei den Dienstleistungen die drei zuletzt genannten Rechenposten redlicherweise zusammengezogen werden müßten; in diesem Fall würde der Arbeitnehmeranteil im Industriebereich bereits in den Schatten gestellt.

Zu bedenken wäre darüber hinaus, daß 70 % der industriellen Arbeitskraft mit der Herstellung von Textilien, Bekleidung, Elektronik, Plastikprodukten, Elektrogeräten und Uhren beschäftigt sind, also in Bereichen, die künftig wohl immer stärker in Billiglohnländer ausgelagert werden dürften, sei es nun nach Südchina oder nach Vietnam.

Auch wenn die Arbeitskraft auf dem Gebiet der Textil- und Bekleidungsindustrie in Hongkong weit billiger ist als beispielsweise in der Bundesrepublik (im Juli 1987 „kostete" sie hier 3,55 DM, dort 23,20 DM), so ist sie doch bei einem Vergleich mit vietnamesischen Löhnen bereits zu teuer. Es zeichnet sich hier m. a. W. eine Entwicklung ab, die sich auf die Formel bringen läßt: Hardware geht in Billiglohnländer, Software bleibt in Hongkong. Diese Tendenz ist um so wahrscheinlicher, als es in Hongkong, wie schon erwähnt, an einem leistungsfähigen Industriefinanzierungssystem fehlt und weil nicht zuletzt auch mit Dienstleistungen schneller Geld zu verdienen ist als mit Industrie-Investitionen – zumindest kurzfristig.

Den drohenden Rückgang haben bisher auch all die wohlorganisierten Kräfte nicht verhindern können, die über die Fortentwicklung der Industrie wachen sollen, so u. a. der „Hongkong Productivity Council", der 1967 errichtet wurde, sich aus Regierungssubventionen und Gebühren finanziert und dem vor allem das Beratungswesen, der Technologietransfer und die Nachwuchsausbildung obliegen. Unter anderem betreibt der Council fünf Ausbildungszentren und veranstaltet Trainingskurse.

Für die Interessen der Industrie sorgt außerdem die 1861 gegründete „Hongkong General Chamber of Commerce", der fast 3000 Firmen angeschlossen sind, ferner der „Hongkong Trade Facilitation Council" von 1981, der den Amtsschimmel bekämpfen, und die „Federation of Hongkong Industries" von 1960, die der lokalen Industrie den Rücken stärken soll.

Allen Bemühungen dieser Institutionen zum Trotz nimmt die Bedeutung Hongkongs als Industriestandort, wie gesagt, langsam aber sicher ab, während umgekehrt seine Funktion als *Handelsdrehscheibe* und als Dienstleistungszentrum im Wachsen begriffen ist. Nur wenige Metropolen in Asien können der Kronkolonie hierbei das Wasser reichen: In Städten wie Bangkok, Manila oder Jakarta fehlt es entweder an einer vergleichbaren Verbreitung des Englischen, an der notwendigen Infrastruktur, an politischer Stabilität oder ganz einfach an der Akzeptanz von Ausländern. Lediglich Singapur könnte hier als Rivale glaubhaft mithalten, auch wenn die Hongkonger Rahmenbedingungen immer noch ein wenig großzügiger sind als diejenigen der südlichen Konkurrenz: Handelshemmnisse in Form von Einfuhr- und Zollbeschränkungen hat es in Hongkong noch nie gegeben, und über den Erfolg von Waren entscheidet hier nach wie vor ausschließlich die Qualität des Produkts und seiner Vermarktung.

Nirgends auch lassen sich leichter Firmen gründen als in Hongkong. Die häufigsten Formen geschäftlicher Niederlassungen sind hier entweder eine Repräsentanz, ein Zweigbüro oder eine GmbH („Private Ltd. Company").

So gut wie reibungslos sind auch die Luft-, See- und Telekommunikationsverbindungen in alle Welt. Selbst als Messeplatz hat sich Hongkong mit Hilfe seines „Convention and Exhibition Center" inzwischen einen Namen gemacht.

Grenzen setzen hier lediglich die teuren Geschäftsraummieten sowie der Mangel an Rohstoffen: Hongkong muß ausnahmslos *alles* einführen, angefangen von Holz und Kohlen bis hin zum Trinkwasser.

Wie oben bereits ausgeführt, zeigen sich Tendenzen zur Rückindustrialisierung, die mit einer gleichzeitigen Ausweitung des

Dienstleistungssektors Hand in Hand gehen. Hier bahnt sich ein neues Selbstverständnis an, das sich um so mehr vertiefen dürfte, je stärker Hongkong nach 1997 in die VR China zurückgegliedert wird. Für industrielle Fertigung gibt es in der VR China günstigere Standorte als im räumlich so beengten Hongkong. Die „Sonderverwaltungszone" wird also ganz gewiß nicht zum „Silicon Valley" oder gar zu einem schwerindustriellen Standort der VR China werden, doch wäre es andererseits wohl auch übertrieben, von einer möglichen „Provinzialisierung" Hongkongs zu sprechen. Die Zukunft der heutigen Kronkolonie liegt vielmehr beim Handel und bei Dienstleistungen für die riesige Volksrepublik, deren Apparat noch auf Jahrzehnte hin schwerfällig bleiben und deshalb in wachsendem Maße auf die wieselflinken Hongkonger Unternehmer angewiesen sein dürfte.

Auch als *Touristenmekka* kann Hongkong getrost seinen Weg weitergehen. Vor der Öffnung Chinas 1979 war die Kronkolonie für viele Touristen eine Art Ersatzchina gewesen: Eine Reise an den nördlichsten Hügel der New Territories, nach Lok Ma Chao (m.: le ma zhou, „Ort, wo man die Pferde zähmt"), von dem aus ein Blick hinüber ins „Rote China" möglich war, sowie der Besuch eines der zahlreichen „Emporien" (Großkaufhäuser) der VR China im Innenstadtbereich gehörten damals mit zu den Standardelementen eines Hongkong-Programms. Aber auch *nach* Öffnung der Volksrepublik hat die Attraktivität Hongkongs als Besuchsziel keineswegs nachgelassen, wie die sprunghaft steigenden Zahlen beweisen, die sich von 2,3 Millionen 1980 auf 5,4 Millionen 1989 mehr als verdoppelt haben. Etwa zwei Drittel dieser Auslandsgäste waren als Touristen, gut ein Fünftel aus geschäftlichen Gründen gekommen. Noch zu Beginn der 80er Jahre waren rd. 90 % aller Reisenden auf dem Luftweg eingetroffen, doch kam es dann in der Folgezeit zu einer leichten Umverlagerung auf den Land- und Seeweg, da jetzt zahlreiche Besucher in gerade umgekehrter Richtung von der Volksrepublik nach Hongkong einreisten, um hier ihren Chinabesuch abzuschließen. Etwa ein Drittel der Besucher zu Beginn der 90er Jahre rekrutierte sich aus Japanern und Taiwanesen, ein Fünftel aus Nordamerikanern und etwa ein Zehntel aus Westeuropäern.

Anders als in Beijing oder Bangkok ist es zunächst einmal nicht der einzelne Tempel oder die Palastanlage, sondern das Ensemble Hongkong und seine Vielfalt auf kleinstem Raum, die das Interesse des Besuchers spontan auf sich zieht. Der moderne Reisende ist in der angenehmen Lage, Hongkong gleich bei der ersten Begegnung schon von seiner reizvollsten Seite kennenzulernen, nämlich aus der Vogelperspektive einer Flugzeugluke: Was unter ihm liegt, ist paradiesische Landschaft, aber auch ein Chaos von Eindrücken: Vergebens hält er nach den Umrissen einer Stadt Ausschau. Soweit das Auge reicht, schlingen sich statt dessen Siedlungsbänder durch das Labyrinth der Hügellandschaft und sind Hunderte von Inseln in das Meer eingesprenkelt: einige felsig und verwittert, andere strotzend von üppigem Grün und manchmal auch von Sandbänken umringt. Zu jeder Jahreszeit trifft man auf ein grünes Hongkong, das ja knapp unter dem Wendekreis des Krebses liegt – auf gleicher Höhe etwa wie Mexico oder Hawaii. Die Gesamtfläche dieses grün-ockergelben Gebiets erstreckt sich auf 1043 qkm, von denen 75 qkm auf die Hongkong-Insel, 10 qkm auf Kowloon und die restlichen 958 qkm auf die New Territories sowie die übrigen 235 Inseln entfallen. Der Besucher hat hier vier verschiedene Gebiete zur Auswahl, die sich voneinander so stark unterscheiden, als gehörten sie verschiedenen Planeten an: man denke etwa an den Kontrast zwischen Hongkong/Victoria und den Außeninseln.

Woran es Hongkong fehlt, sind Sehenswürdigkeiten von historischem Rang oder von jenem morbiden Charme, wie er in vielen asiatischen Städten zu spüren ist. Nichts gibt es hier vom Ruinenzauber des benachbarten Macau. Um so beeindruckender ist dafür – nochmals sei es erwähnt – die Landschaft, die sich nicht nur vom Flugzeug, sondern auch von zwei Gipfelpunkten aus besonders gut überschauen läßt, nämlich vom „Victoria Peak", dem mit 552 m höchsten Berg von Hongkong Island, und von den Höhen des „Ocean Park". Zum Peak hinauf kommen die meisten Besucher per „Peak Tram", einer 1888 von Schweizer Ingenieuren angelegten Zahnradbahn, die es den Honoratioren der damaligen Zeit erlaubte, aus dem oft drückend schwülen „Downtown" schnell zu den luftigeren und gesünderen Wohnlagen rings um Victoria hinaufzugelangen. Von hier oben bietet sich nicht nur ein Blick über die Wolkenkratzer von Victoria und über den Hafen, sondern auch über die Straßenschluchten von Kowloon, über die gezackte Bergwelt der New Territories sowie der südlichen Randgebirge Guangdongs und immer wieder auch über die im fernen Dunst sich rundum hinziehende Inselwelt. Von der Bergstation aus fädelt zusätzlich der „Midlevel"-Rundweg mit einer Gesamtlänge von etwa 3 km ein, von dem aus sich dem Spaziergänger immer neue Perspektiven auf die Landschaft in und um Hongkong eröffnen – ein Höhepunkt im doppelten Sinne des Wortes!

Hoch über Hongkong Island auch liegt der Ocean Park, ein 69 ha umfassendes Ausflugsgelände auf einem Felsvorsprung, der sich zwischen zwei der beliebtesten Ausflugsziele Hongkongs schiebt, nämlich den von Sampans und schwimmenden Restaurants belebten Fischerhafen Aberdeen sowie die Repulse Bay mit dem Hauptbadestrand der Insel. Von der Arena des hochgelegenen Meeresaquariums aus läßt sich die Hongkonger Landschaft wie von der Empore eines antiken Freilichttheaters aus überschauen.

Die Ausflugsziele sind, ebenso wie die normalen Haltestellen, durch bunte und heiter wirkende, wenn auch zumeist recht antiquierte Verkehrsmittel untereinander verbunden, seien es nun Doppeldeckerbusse, Minibusse, altersschwache und grellbemalte Straßenbahnen oder Taxen. Bis zum Zweiten Weltkrieg gehörte auch die manngezogene Rikscha mit ins Straßenbild, doch sind von der Gattung nur noch wenige Exemplare übrig geblieben, deren Inhaber überdies keineswegs mehr von Transportleistungen, sondern davon leben, daß sie sich zusammen mit Touristen gegen Gebühr photographieren lassen.

Das Herz der Stadt Victoria, des politischen und wirtschaftlichen Zentrums der Kronkolonie (und späteren SVZ), schlägt in den Stadtbezirken „Central" (Zhongqu) und „Wanchai" (m.: Wanzi, „Bucht", gemeint ist die Causeway Bay). „Central" gruppiert sich um die Anlegestelle der Star-Fähre sowie um die drei parallel zum Ufer verlaufenden Hauptstraßen Connaught Rd., des Voeux Rd. sowie Queen's Rd. und umfaßt die dortigen

Hafenanlagen, die meisten Regierungsgebäude sowie die Bank of China. Hier und in dem nordöstlich sich anschließenden „Buchten"-Areal von Wanchai stehen die meisten Wolkenkratzer Hongkongs, durch die sich das Labyrinth der Banken, Geschäftsvertretungen, Konsulate, Hotels und all der glitzernden Ladenpassagen zieht, deren Betriebsamkeit jahrzehntelang dafür gesorgt hat, daß sich beim Durchschnittstouristen mit dem Namen Hongkong die Vorstellung vom Einkaufsparadies schlechthin verbindet.

Dieselbe Geschäftstüchtigkeit ist auch auf Kowloon anzutreffen, an dessen südlichster Spitze der von Hongkong Island herüberkommende Besucher sogleich von zwei Basar-Molochen geschluckt wird, nämlich dem „Star House" und dem „Ocean Terminal", an dem Musikdampfer aus aller Welt anzulegen pflegen und der nach bester Hongkonger Machart unter dem Namen „Ocean Center" sogleich wieder in ein hundertfaches Raster von Läden und Restaurants aufparzelliert wurde.

An der südlichen Landspitze von Kowloon, die nicht zu Unrecht den Namen „Tsimshatsui" (m.: Jianshazui, wörtl.: „Spitz-Sand-Rüssel") trägt, befinden sich der altehrwürdige „Clock Tower", das hypermoderne „Space Museum", das „New World Center" und daneben noch eine Vielzahl von Hotels, unter denen das noch ganz vom kolonialen Charme des 19. Jh. erfüllte „Peninsula" am meisten in sich ruht und am bekanntesten geblieben ist, auch wenn es inzwischen vom Oberflächenglanz der ringsum entstandenen Neubauten überstrahlt wird.

Hauptachse der Halbinsel Kowloon ist die „Nathan Road", die gleich neben dem „Peninsula" ihren Anfang nimmt, von dort aus den ganzen „Rüssel" entlang bis hinauf zu den New Territories verläuft und ebenfalls von unzähligen Geschäften und Hotels, neuerdings auch von einer mächtig ausgreifenden Moschee flankiert ist.

Eine Reise durch die hinter Kowloon beginnenden „New Territories" (xinjie) führte noch in den 60er Jahren durch pastorale Landschaften, durch traditionelle Dörfer mit Tempeln, Schreinen, Clanhäusern und vorbei an Plantagenbetrieben, in denen Gemüse angebaut, Enten gemästet, Austern geerntet oder

Abb. 6: Tempelfest. Hongkong und Taiwan sind vom Meer umgeben und liegen in einer Taifungegend – kein Wunder, daß hier die Meeresgöttin Mazu besondere Verehrung genießt. Mazu-Tempel gibt es in ganz Südchina, in Taiwan (dort sind es nicht weniger als 330!), in Hongkong und überhaupt an allen Orten im circumpazifischen Bereich, wo Chinesen leben, sogar in San Francisco. Mazu ist eine typische Gottheit des Daoismus: Ursprünglich eine junge Frau aus der Küstenprovinz Fujian, die im 10. Jahrhundert lebte und im Rufe stand, durch ihre telekinetischen Fähigkeiten zahlreiche Matrosen aus Seenot gerettet zu haben, wurde sie später zur Schreingottheit erhoben und schließlich sogar mit dem höchsten Gott des Daoismus, dem Jadekaiser (Yuhuang) vermählt, so daß sie nun auch als „Tianhou", d. h. als „Himmelskaiserin" in die Liturgie Eingang fand. Vor allem die Geburtstagsfeiern der Mazu am 23. Tag des 3. Monats pflegen, wie hier (Bild) in den Hongkonger New Territories, aufwendig und pittoresk auszufallen. Im Gegensatz zu den Buddhas und zur buddhistischen Gnadenmutter Guanyin erhalten die daoistischen Götter auch nichtvegetarische Opfer angeboten. Neben der Speisung finden Drachen- und Löwentänze statt, um die Gottheit in eine heitere und großzügige Stimmung zu versetzen. Von den Opfern erhält sie jedoch nur die Essenz; die materiellen „Reste" werden von den Gläubigen selbst verzehrt.

„Baumohr"-Speisepilze (muer) gezüchtet wurden. Vieles davon ist schon heute Vergangenheit; wurden hier doch innerhalb von nur zwei Jahrzehnten neue Satelliten- und Industriestädte mit Zehntausenden von Einwohnern gleich im Dutzend hochgezogen. Auch die ursprünglich „drachenförmig" gewundenen – und damit geomantisch „richtig" verlaufenden Straßen sind längst begradigt, zahlreiche Meeresbuchten zugeschüttet und halbe Vorgebirge im Zuge der Landgewinnung als Füllmaterial umplaniert worden. Wohl nirgends in China haben sich ganze Landschaften innerhalb weniger Jahrzehnte so schnell verändert wie in den New Territories! Für den Touristen sind nur noch wenige handverlesene Attraktionen übriggeblieben, u. a. die Kleinstadt Shatin (m.: Shatian, „Sandfeld") mit seinem „Tempel der 10000 Buddhas", der Marktflecken Taipo (m.: Dapu, „Große Ebene") mit der Chinese University, das Austernfischerdorf Lao Fau Shan (m.: Liufushan, „fließen – dahinschwimmen – Berg") an der Deep Bay, ferner das nach traditioneller Art ummauerte Dorf Kam Tin (m.: Jintian, „Brokatfeld"), nicht zuletzt aber der höchste Berg Hongkongs überhaupt, nämlich der auf 957 m ansteigende Taimo Shan (m.: Da mao shan, „Berg mit dem großen Hut").

Anders als die New Territories, die immer stärker vom Strudel des nervösen Hongkonger Lebens erfaßt werden, wirken die meisten der 235 Inseln wie Oasen der Stille. Obwohl sie immerhin rd. 20 % des Gesamtterritoriums der Kronkolonie bedekken, lebt auf ihnen nur etwa 1 % der Gesamtbevölkerung. Kein Wunder also, daß selbst auf der vom Fährbetrieb mit am besten erschlossenen Insel Lantau (m.: Da yu shan, „großes Inselgebirge") noch überall einsame Landschaften und Buchten anzutreffen sind. „Lantau Island" bedeckt beinahe das Doppelte an Fläche wie Hongkong Island und ist bekannt für sein gezacktes Panorama (daher auch der frühere Name „lantou", m. = „zerschründete Köpfe"), für seine Klöster (darunter übrigens auch ein Trappistenkloster), seine weiten Strände und für seine von Hakka (m.: Kejia) bewohnten Dörfer.

4. Die riesigen und verwundbaren „Zwerge"

Unter wirtschaftlichen Gesichtspunkten werden Taiwan und Hongkong häufig als die „reichen Verwandten" Chinas, unter politischen Aspekten dagegen als „Zwerge" apostrophiert. Doch welche Zwerge sind dies! Ihre Ausfuhren liegen haushoch über denen des 840-Millionen-Staats Indien und reichen beinahe an die des 1,2-Milliarden-Staats China heran. Zu Beginn der 90er Jahre belegt China mit seinen Ein- und Ausfuhren Platz 11 hinter den führenden Handelsnationen – dichtauf verfolgt von Hongkong (Platz 12) und Taiwan (Platz 13). Was gar den Lebensstandard anbelangt, so sind beide den „armen Verwandten" vom Festland um Äonen enteilt. Bedient man sich hier des von der Weltbank ermittelten Bruttosozialprodukts pro Kopf als Meßlatte, so lag Japan 1988 unter allen asiatischen Staaten mit 23 660 US$ an der Spitze. Es folgten das Erdölland Brunei (15 200), Hongkong (9 635), Singapur (9 316), Taiwan (6 142), Macau (6 200) und Südkorea (4 364). Weit hinterher hinkten dann einige ASEAN-Staaten wie Malaysia, Thailand, die Philippinen und Indonesien – und fast schon am Ende der Skala befanden sich dann die VR China (350) und Indien (340). Unter normalen Umständen scheint der wirtschaftliche Vorsprung Hongkongs und Taiwans vor der VR China beinahe schon uneinholbar und liegt hier beim 27-, dort beim 17fachen!

Kein Wunder, daß die sinokommunistische Führung immer wieder Anlässe sieht, ihre eigene Bevölkerung vor dem gefürchteten Taiwan- und Hongkong-Virus zu bewahren und überall Filter gegen „geistige Verschmutzung" einzubauen. So gesehen muß man sich fragen, ob China sich die beiden „Zwerge" überhaupt leisten kann, und ob es nach 1997 die Taiwanisierungs- oder Hongkongisierungs-Einflüsse nicht noch stärker befürchten muß, zumal sich beide heute schon mit an die Spitze der Investoren in der VR China vorgeschoben haben. So hat beispielsweise Hongkong während der 80er Jahre in Asien 26 Mrd. US$ investiert, davon rd. 20 Mrd. allein in die südchinesische Nachbarprovinz Guangdong.

Auch sonst können Taiwan und Hongkong der Volksrepublik mit zahlreichen „Weltrekorden" imponieren: Taiwan beispielsweise stand 1990 weltweit an der Spitze beim Sparen (mit 40,3 % des BSP), beim Export von elektrischem Spielzeug (21 % der Weltproduktion), beim Abwracken von Schiffen, bei der Herstellung von Sportartikeln, vor allem von Tennisschlägern, und bei den Leistungen einzelner Firmen, sei es nun der „Formosa Plastics", die in internationalem Maßstab die Liste der PVC-Produzenten anführt, sei es bei „Nanya Plastics", die bei der Kunstlederherstellung an der Spitze lag.

Lange Zeit war Taiwan auch Nummer Eins bei der Produktion von Fahrradreifen, Ventilatoren, Regenschirmen und Thermosflaschen sowie beim Export von Schuhen, Nähmaschinen und Kleinmotoren. Für viele dieser technisch anspruchslosen und arbeitsintensiven Güter ist das Pflaster auf der Insel Ende der 80er Jahre allerdings zu teuer geworden, so daß die Unternehmen sich gezwungen sahen, ihre Produktion aufs chinesische Festland ober aber in die südostasiatischen Billiglohnländer zu verlagern, u. a. nach Thailand und Malaysia, im wachsenden Maße auch nach Vietnam, wo Taiwan inzwischen zum Investor Nr. 1 geworden ist.

Zu Beginn der 90er Jahre hat sich die Exportpalette von Grund auf geändert: Nun führen Elektrogeräte, Maschinen und petrochemische Erzeugnisse die Ausfuhrliste an – Beweis für den gelungenen Durchbruch von der arbeits- zur technologieintensiven Produktionsweise, die sich u. a. auch in der Eröffnung neuartiger Industrieparks zu manifestieren begann.

Was Hongkong anbelangt, so lagen seine „Weltrekorde" auf etwas anderem Gebiet: Die Kronkolonie war beispielsweise 1989 zum größten Containerhafen der Welt geworden (von diesem Platz allerdings 1990 wieder von Singapur verdrängt worden), gehörte zu den größten Textilproduzenten und hatte sich in aller Stille – gleich hinter Tokyo, New York und London – zum viertgrößten Finanzzentrum der Welt entwickelt.

Nicht nur vom Aussehen der wirtschaftlichen Erfolgsbilanzen, sondern auch von ihren Methoden her haben sich Taiwan und Hongkong im Laufe der Zeit einander immer mehr angenähert, nachdem in den Jahren 1945 ff. noch Welten zwischen ihnen gelegen hatten. Um überleben zu können, mußten beide Volkswirtschaften importieren und, um diese Einfuhren bezahlen zu können, auch kräftig exportieren. Einzuführen waren Rohstoffe, auszuführen aber Fertigprodukte, wobei es permanent Nischen zu finden galt. So simpel dieses Konzept in der Theorie klingt, so schwierig war es in der Praxis durchzuführen. Gleichwohl haben beide es geschafft, daß der Außenhandel zum Schwungrad ihrer jeweiligen Volkswirtschaft werden konnte: Beide führten hauptsächlich Textilien, Metallerzeugnisse, Elektrogeräte und Plastikwaren aus, beide verstanden es, sich nicht nur in Asien, sondern weltweit Absatzmärkte zu sichern, vor allem in den USA, in Europa und Japan, beide verfügten lange Zeit über billige Arbeitskräfte, zahlten niedrige Löhne und konnten auf erhebliche Kapitalzuflüsse von seiten der Huaren-Gemeinden zurückgreifen; beide hatten ihre Kapitalmärkte liberalisiert (für Taiwan gilt dies allerdings erst ab 1978) und ausländischen Banken Zutritt gewährt, beide auch hatten ihre Tore weit für ausländische Investoren geöffnet und vor allem Industriezonen zur Verfügung gestellt.

In beiden Regionen ist es ferner – eine Gemeinsamkeit der Sorgen! – zur Bevölkerungsexplosion gekommen, die nur deshalb weniger ernstgenommen wurde, weil sie lange Zeit dem rapide wachsenden Arbeitskräftebedarf entgegenkam. Die Einwohnerschaft Taiwans hat sich zwischen 1950 und 1990 (von 8 auf 20 Millionen) verzweieinhalbfacht, diejenige Hongkongs zwischen 1945 und 1990 sogar fast verzehnfacht, ohne daß jeweils nennenswertes Neuland hätte hinzugewonnen werden können: Beide Gebiete sind gebirgig und lassen deshalb kaum weitere Neuerschließungen zu. Kein Wunder, daß angesichts dieser Einwohner/Boden-Schere die Bevölkerungsdichte in beängstigender Weise zugenommen hat: Auf Taiwan lag sie 1990 bei 561 Bewohnern pro qkm, in Hongkong sogar bei 5412, wobei sich in einigen besonders dichtbesiedelten Gebieten wie Kowloon sogar Spitzenwerte von bis zu 55 000 feststellen ließen! (Allerdings vollzieht sich hier neuerdings ein gewisser Ausgleich, insofern die innerstädtischen Areale seit Ende der 80er Jahre sinkende Zahlen aufweisen, während die Bevölkerung in den New Territories, wo es bisher „nur" 2000 E./qkm gab, zunimmt).

Trotz der Bevölkerungsexplosion hat die Qualität des Erziehungs- und Gesundheitswesens in Taiwan und Hongkong nicht etwa nachgelassen, sondern wurde im Gegenteil parallel zu den wirtschaftlichen Erfolgen laufend angehoben. Ohne eine solche Pflege des „Faktors Mensch" wären ja auch keine soliden ökonomischen Ergebnisse zu erzielen gewesen. Angesichts fehlender Bodenreserven und mangelnder Rohstoffe sind Taiwan und Hongkong fast ausschließlich auf die Tüchtigkeit und Effizienz ihrer Arbeitskräfte angewiesen. Hinzu kam im Laufe der Zeit allerdings noch ein zweiter wichtiger Produktionsfaktor, nämlich reichlich Kapital, das nicht nur der Sparsamkeit der eigenen Bevölkerung, sondern auch der über Jahrzehnte hin wachsenden Attraktivität Taiwans und Hongkongs als Handels-, Produktions-, Verkehrs- und Finanzzentren zuzuschreiben war. Ein drittes Erfolgsingredienz war die undogmatische Wirtschaftspolitik. Sowohl die „Taiwan-GmbH" als auch die „Hongkong-OHG" haben es verstanden, Zitadellen der Marktwirtschaft und des Wettbewerbs zu sein.

Lebensnerv der beiden Volkswirtschaften war aber letztlich das richtige Wertesystem, nämlich der Metakonfuzianismus, den mißachtet zu haben die VR China so viel Lehrgeld gekostet hat! Ihm ist es zu verdanken, daß Taiwan und Hongkong zu echten „Unternehmergesellschaften" geworden sind.

IV. Das gesellschaftliche Leben

1. Eine alternative politische Kultur?

Taiwan, Hongkong und Macau sind extrem dicht besiedelte Gebiete im Vorfeld des „Reichs der Mitte", in denen fast ausschließlich Chinesen leben; sogar im „internationalistischen" Hongkong bestreiten Nichtchinesen nur einen Anteil von nicht einmal 2%. Trotz dieser ethnischen Vorherrschaft der Chinesen hat es hier, an den Nahtstellen zwischen dem 1949 kommunistisch gewordenen China und der zumeist kapitalistischen Umgebung, stets eine Philosophie des *Andersseins* und eine *besondere Bewußtseinslage* gegeben, die sich – von ihrer kosmopolitischen Grundausrichtung einmal ganz abgesehen – vor allem in einem hochgradigen Bedürfnis nach politischer Stabilität und wirtschaftlicher Prosperität ausdrückt sowie in der Bereitschaft, diesen beiden Zielen, koste es, was es wolle, Vorrang einzuräumen. Daß dieses Doppelanliegen immer wieder gelungen ist, ja, daß es in seiner spezifischen Ausprägung sogar zu einem Markenzeichen Taiwans und Hongkongs werden konnte, ist ein Ereignis, das sogleich die Frage aufwirft, ob hierfür in erster Linie chinesische Werte oder Anleihen aus dem Westen ausschlaggebend waren.

Vieles spricht für die chinesische Variante: Schon beim ersten Hinsehen läßt sich bei Taiwan und Hongkong ja eine ganze Kette von gemeinsamen Verhaltensmustern entdecken, deren Ebenbildlichkeit um so mehr erstaunt, als beide ja doch über 100 Jahre lang, nämlich zwischen den 40er Jahren des 19. Jh. und den 50er Jahren des 20. Jh., verschiedene Wege gegangen waren und deshalb unter dem Einfluß eines sowohl politisch, als auch sozial höchst unterschiedlichen Umfeldes gestanden hatten. Zwar hat man es hier wie dort mit Einwanderungsgesellschaften zu tun, die durch Flüchtlingswellen immer wieder aufgefrischt – und vor Verkrustung bewahrt – wurden, doch war Taiwan lange Zeit vorwiegend landwirtschaftlich, das eigentliche Hongkong dagegen permanent städtisch geprägt. Taiwan stand ferner 50 Jahre lang (1895–1945) unter japanischer, Hongkong dagegen seit 1841 unter britischer Vorherrschaft; nicht zuletzt aber haben in Taiwan seit 1945 wieder chinesische Eliten das Reden, während in Hongkong die Regierungsgewalt seit eineinhalb Jahrhunderten fast ausschließlich in der Hand von Briten lag.

Trotz solcher Unterschiede aber überwiegt, wie gesagt, das Gemeinsame. Keine Spur von einem Wertechaos! Wenn es hierfür noch eines Beweises bedurft hätte, so wäre er in jenen Krisenzeiten erbracht worden, wie sie über Taiwan 1971/72 und über Hongkong im Anschluß an die „Übergangs"-Erklärung von 1984 hereingebrochen waren. Stets tauchte in diesen Grenzsituationen die Frage nach dem eigenen Selbstverständnis auf: „Wer sind wir überhaupt?" und „Wohin gehören wir?" Was gerade Hongkong anbelangt, so hätte wohl kein anderer Zeitpunkt für Nachforschungen in dieser Richtung günstiger sein können als die traumatische „Stunde Null", die 1984 plötzlich angebrochen zu sein schien. Die zahllosen, seit damals angestellten Befragungen, um die sich vor allem Liu Chaojia (c.: Lau Siukai) von der Chinese University of Hongkong verdient gemacht hat, vermitteln denn auch ein höchst präzises Bild von dem, was der Hongkonger Durchschnittsbewohner für normal und was er für abwegig hält. Angesichts des filigranhaften Meinungsbilds zur Grundeinstellung der Hongkonger Bevölkerung, das aufgrund solcher Befragungen zustande kam, seien nachfolgend zuerst jeweils die Hongkonger und dann erst die taiwanesischen Befunde wiedergegeben.

2. Der Metakonfuzianismus als Leitschema der politischen Kultur Hongkongs und Taiwans

a) Begriffliche Klärung

Als Gerüst für die Beschreibung des in Hongkong und Taiwan vorherrschenden Wertesystems soll jenes dem *Metakonfuzianismus* eigentümliche Schema dienen, das der Autor bereits im China-Band der Beck'schen Reihe entwickelt hat, und dessen Grundelemente sich mit den Stichworten Gemeinschaftsbezogenheit, Hierarchie, Ordnung, Dualismus, Erziehung, Wirtschaftstugenden und Bürokratie umreißen lassen.

Mit „Metakonfuzianismus" ist, wie hier mit allem Nachdruck betont sei, *nicht* der Konfuzianismus der Großen Tradition, sondern jener der Kleinen Tradition, also nicht der Konfuzianismus des Mandarinats, sondern der Konfuzianismus des kleinen Mannes (ergo: der Bauern-, Händler- und Handwerker-Konfuzianismus) gemeint, der alle Stürme des 20. Jh. bisher erfolgreich abgewettert hat und dem Durchschnittschinesen immer noch weitgehend die Beurteilungsmaßstäbe dafür liefert, was als „normal" zu gelten hat. (Zur Klarstellung des Begriffs sei hier noch erwähnt, daß mit dem bewußt griechisch gewählten Partikel „metá" zweierlei gemeint ist, nämlich erstens ein *zeitliches* und zweitens ein *langfristiges* Nachleben, das im Gegensatz zur eher kurzfristigen Nachwirkung – griech.: „epí" – steht.)

Mutatis mutandis wirkt dieser Metakonfuzianismus übrigens auch in solchen modernen Staaten weiter, die jahrhundertelang im Sog des klassischen Konfuzianismus gestanden haben und wo z. T. auch heute noch chinesische Schriftzeichen verwendet werden, nämlich in den beiden Koreas, in Vietnam, Japan, Singapur und selbstverständlich auch in der VR China. Wenn von diesen acht modernen Gesellschaften mit metakonfuzianischem Wertesystem fünf so bemerkenswert erfolgreich waren (Japan und die Vier kleinen Tiger), drei aber (Nordkorea, Vietnam und VR China) im Rückstand geblieben sind, so hängt dies damit zusammen, daß die Gruppe der fünf Erfolgreichen dem ihnen in die Wiege gelegten Erbgut freie Entfaltung ermöglichten, während die anderen drei dem Suggestionsreiz fremder Ideologien verfallen waren: mit dem Ergebnis, daß sie, nachdem sie jahrzehntelang Lehrgeld zahlen mußten, am Ende nun doch auf jenen autochthonen Weg zurückzukehren scheinen, den sie in ihrem ureigensten Interesse nie hätten verlassen sollen. Die inzwischen überall eingeleiteten „Reformen" sind insofern nicht zuletzt Renormalisierungsanläufe in Richtung Metakonfuzianismus.

b) Gemeinschaftsbezogenheit und „Familienegoismus"

Die traditionelle chinesische Gesellschaftsordnung betonte den Vorrang der (personell überschaubaren und erlebbaren) Gemeinschaft vor dem einzelnen, der Pflicht vor dem Recht, der moralisch auferlegten „Harmonie" vor dem offen ausgetragenen Konflikt, der Guanxi (persönlichen Beziehungen) vor der „Sache", der Gruppenbindung vor dem Laisser-faire sowie des gong (d. h. des Öffentlichen) vor dem si (dem Privaten). Sämtliche zwischenpersönlichen „Verstrebungen" (lun) in Staat und Gesellschaft sollten sich nach dem Schema der patriarchalischen Familie richten: So wie der Kaiser Vater der „Staatsfamilie" (guojia) war, sollte umgekehrt der Pater familias Kaiser seiner eigenen Familie sein. Man stellte sich die Gesamtgesellschaft als einen aus Tausenden von sozialen Kleinpyramiden zusammengesetzten Organismus vor, der sich zu einer nach dem Familienschema strukturierten Großpyramide aufschichtete. In der Groß- und in jeder einzelnen Kleinpyramide sollte dasselbe analoge Familienintegrationsschema Gestalt annehmen. Da sich diese Matrix unmöglich überall von selbst Geltung verschaffen konnte, bedurfte es der teils ermahnenden, teils vorbildhaften Nachhilfe durch Mandarinat und Gentry. Der „pyramidale Analogismus" und die Wächterfunktion des Mandarinats waren also die beiden institutionellen Hauptklammern, die dafür sorgten, daß die konfuzianische Gesellschaft zweitausend Jahre überdauern konnte und sich darüber hinaus fundamental von anderen asiatischen Gesellschaften abhob, vor allem vom hinduistischen Gemeinwesen, das ja bekanntlich nach Kasten und Jatis durchgegliedert ist, deren auffälligstes Grundmerkmal darin besteht, daß sie gerade *nicht* nach dem gleichen, sondern jeweils nach einem grundverschiedenen Bauplan funktionieren.

Erstaunlich, wie intakt sich Wesensmerkmale dieses traditionellen Familienbildes selbst nach eineinhalb Jahrhunderten einer vermeintlichen Entfremdung in dieser verstädtertsten, lautesten und „westlichsten" Region Asiens namens Hongkong erhalten haben! Nicht nur den Bewohnern der New Territories, die auch heute noch z. T. in Clangemeinschaften leben, sondern auch den meisten Großstadtbewohnern von Victoria und Kowloon gilt das von Konfuzius geheiligte Familienleben weiterhin als A und O menschlicher Ordnung, auch wenn die Familie heutzutage längst nicht mehr als Versammlung von „Drei Generationen unter einem Dach", der Vater kaum noch als unumschränkte Autorität und der Clan nur noch ausnahmsweise als Heiratsvermittler zutage tritt.

87 % aller Befragten erklärten 1985, daß „Hauptvoraussetzung für den Aufbau einer guten Gesellschaft" nach wie vor „Pietät gegenüber den Eltern" (xiao) sei. 86 % meinten, daß der Gesetzgeber den Kindern die Pflicht auferlegen solle, für ihre Eltern zu sorgen, 85 % erklärten sich bereit, sie freiwillig in jeder Form zu unterstützen und nicht weniger als 55 % stimmten der Forderung zu, daß die Eltern mit ihren verheirateten Kindern zusammenleben sollten, selbst wenn es dadurch zu räumlichen Beengungen und zu einem Verlust von Privatheit und Intimität käme, wie sie für einen modernen Europäer fast unvorstellbar sind.

Bei der Frage, ob die Eltern eher vom Staat oder von den Kindern unterstützt werden sollten, dachten nur 7 % an den Staat, die anderen aber an Familienselbsthilfe – ein Verhältnis von 93:7. Ähnliche Befragungen waren in Indien zur Relation 82:18, in Japan zu 45:55 und in den USA zu 52:48 gekommen. Das altehrwürdige Xiao steht also nach wie vor hoch im Kurs! Selbst in der „Wertezertrümmerungsanlage" Hongkong gilt demnach immer noch der Grundsatz „In dubio pro familia". Zur „Familiengruppe" gehören übrigens nicht nur Eltern, Kinder und nahe Verwandte, sondern auch Quasi-Verwandte, d. h. gute Freunde und Bekannte, die denselben Hauptnamen tragen oder derselben Dialektgruppe angehören. Im Cantonesischen wird für einen solchen Personenkreis gern der Ausdruck „jut-ga-yan" (m.: yi jia ren, „alle aus einer Familie") verwendet.

In einer Ellbogengesellschaft, wo der niemals nachlassende Wettbewerbsdruck, wo die soziale Unsicherheit, und wo die Enge der Wohnverhältnisse aus Familien Zwangsgemeinschaften haben werden lassen, besteht eine auch aus westlicher Sicht verständliche Neigung des Durchschnittbewohners, seine Familieninteressen über die Anliegen der Gesamtgesellschaft sowie anderer Individuen und Gruppen zu stellen. Daher auch die weitverbreitete Erscheinung des „Familienegoismus" („Utilitaristic Familism"). Der hier zur Überlebenstechnik gewordene Familienzusammenhalt hat zur Folge, daß anonyme Sozialpolitik, wie sie beispielsweise in Deutschland seit Bismarck ein so selbstverständliches Heimatrecht genießt, in Hongkong auch heute noch eine Nebenrolle spielt.

Die Kategorie der „Gemeinschaftsbezogenheit" wurde bisher lediglich in ihrer Tragweite zwischen Gemeinschaft und Individuum erörtert. Sie hat jedoch noch eine zweite Beziehungsdimension, die in moderner Zeit zunehmend an Bedeutung gewinnt, nämlich zwischen Familie sowie „Gemeinschaften" einerseits und Staat sowie „Gesellschaft" andererseits, wobei neuerdings besonders die Sozialpolitik thematisiert wird. Angesichts der geschilderten traditionellen Selbstversorgungsmentalität konnte es sich das Government bis in die späten 60er Jahre hinein leisten, sozialpolitische Askese zu üben und die Wohlfahrt den christlichen Missionen sowie den chinesischen Selbsthilfeorganisationen (s. IV.) zu überlassen. Erst die sozialen Unruhen von 1967/68, die vom Festland her noch zusätzlich „kulturrevolutionär" aufgeheizt wurden, haben, wie bereits erwähnt, eine Wende eingeleitet und dafür gesorgt, daß sich nun auch die Öffentliche Hand in die Pflicht genommen fühlte und zwar sowohl was Mindestabsicherungen, als auch was soziale Dienstleistungen anbelangt. Eigens zu diesem Zweck entstand ein „Social Welfare Department", das neben den vier auf gleicher

Ebene angesiedelten Abteilungen für das Polizei-, das Gefäng-
nis-, das Gesundheits- und das Erziehungswesen die sozialen
Belange der Öffentlichen Hand wahrzunehmen und nebenbei
auch die Wohlfahrtseinrichtungen der Regierung mit denen der
freien Träger zu koordinieren hat.

Soziale Absicherung, d. h. Hilfe ohne vorausgegangene Beiträge, wird seit den 70er Jahren in fünf Bereichen geleistet, nämlich als Sozialhilfe für Bedürftige, als Notnagel für Behinderte
oder für Senioren über 70, als Unterstützung für Opfer von Verbrechen und als Hilfe für Verkehrsopfer. Daneben gibt es noch
eine Unterstützung bei Katastrophenschäden. Auch die neu eingeführten „Sozialleistungen" (social services) der Öffentlichen
Hand sollen fünf Gruppen zugute kommen, nämlich notleidenden Familien („Familiy Welfare" dient vor allem der Unterbrin-
gung von Familien und der Sorge für Kleinkinder), Straftätern
im Bewährungsstadium, familienlosen Senioren, Jugendlichen
unter 25 Jahren und, fünftens, Kranken und Verletzten, die von
keiner anderen Seite Hilfe erhalten können. Für alle diese Gruppen wurden quer durch die Kronkolonie „Care Centers",
„Child Care Centers", „Youth Centers" eingerichtet und wie
dergleichen Institutionen sonst noch heißen mögen. Rd. 70 %
der sozialen Dienstleistungen werden allerdings nach wie vor
von NRO (Nichtregierungsorganisationen) übernommen, sei es
nun von Kirchen, von Einrichtungen wie dem Roten Kreuz
oder von Wohlfahrtsstiftungen autochthoner Herkunft, die, wie
noch näher zu beschreiben, unter der Regie wohltätiger Honoratioren stehen.

Einen wichtigen Sozialauftrag hat auch die „Hongkong
Housing Authority" übernommen, die als größte kommunale
Wohnbaubehörde der Welt gilt und überdies Wohnungen für rd.
zweieinhalb Millionen Menschen verwaltet. Die Housing Authority ist genaugenommen die älteste Sozialbehörde Hongkongs, da der Begriff Sozialpolitik lange Zeit mit Wohnraumbe-
schaffungspolitik beinahe identisch war. Noch bis in die späten
60er Jahre hinein hatte das Government, von einigen Ausnah-
men wie dem Bau der rudimentären „H-Blocks" abgesehen, die
Wohnraumerstellung fast ausschließlich den Kräften des Markts

überlassen – mit der Folge, daß einerseits luxuriöse Villen und Bürowolkenkratzer in die Höhe wuchsen, andererseits aber Hunderttausende von Menschen in Hütten(squatter)-Siedlungen zu leben hatten, die aus den Steilhängen rings um Hongkong herauswuchsen, keinerlei Wasser-, Strom- oder Entsorgungsanschluß besaßen, und deren kümmerliche Aufbauten sich in der Regen- und Taifunperiode häufig von selbst aufzulösen oder einfach talwärts zu rutschen begannen. Bezeichnend für die Squatterbewohner war gleichwohl, daß sie selten eine Slum-Mentalität entwickelten, sondern in aller Regel fest in das Berufsleben der Stadt eingegliedert waren, sei es nun als Textilarbeiter, als Kleinhändler oder aber als Dienstleistende in „Suzy Wong"-Berufen.

Die Housing Authority ist damit beauftragt, Land für den Wohnungsbau aufzubereiten, dem „Squatting" vorzubeugen und bestehende Hüttensiedlungen langsam abzubauen, d. h., vor allem neuen Wohnraum zu schaffen, wobei drei verschiedene Programme verfolgt werden, nämlich das PHS (Public Housing Scheme), das vor allem Mietwohnraum für die breite Bevölkerung bereitstellen soll, ferner das HOS (Home Ownership Scheme), unter dessen Regie Wohnungen gebaut und dann an Privat veräußert werden, sowie das PSPS (Private Sector Participation Scheme), bei dem von Baubeginn an die privaten Bauherren mitbeteiligt werden. Am weitaus bedeutsamsten ist hier verständlicherweise das PHS, in dessen Rahmenwerk inzwischen mehr als die Hälfte der Hongkonger Bevölkerung öffentlich subventionierten Wohnraum zur Miete erhalten hat.

Die Verhältnisse auf *Taiwan* sind denen in Hongkong nicht unähnlich: Was zunächst den Familienzusammenhalt anbelangt, so ist er auf Taiwan eher noch stärker als in Hongkong, zumal dort ja die Grundlagen des familienfreundlichen Konfuzianismus vor allem in der Schule noch wesentlich nachdrücklicher vermittelt und gepflegt werden als in der stärker „verwestlichten" Kronkolonie. Angesichts dieser Einstellung war auch der Durchschnittsbewohner Taiwans bis in die allerjüngste Zeit hinein grundsätzlich Selbstversorger, indem er nämlich im Rahmen seiner Familie oder seines Clans für sich selbst aufzukommen pflegte und allenfalls bei den Göttern eine Art transzendentaler Rückversicherung einging. Diese Autarkiegesinnung war es denn auch, die das Sparen mit zu einer Haupttugend des Wirtschaftslebens und die Taiwan 1987 überdies zum Sparweltmeister hat werden lassen.

Entsprechend bescheiden konnten die staatlichen Sozialausgaben bleiben, die z. B. im Staatshaushalt 1990 gerade einmal 18,2 % ausmachten, also weniger als die Hälfte des einschlägigen bundesdeutschen Ansatzes erreichten.

Vier Entwicklungen ließen das Autarkiedenken allerdings in jüngster Zeit schwächer werden, nämlich die Auflösung der traditionellen Familien- und Dorfgemeinschaften, die bisher als Sozialversicherungsträger aller Art gedient hatten, zweitens der steigende Wohlstand der Inselgesellschaft, drittens das Sanmin-zhuyi-Erbe, das neben der nationalen und der demokratischen auch eine soziale Komponente enthält, sowie, viertens, der wachsende Einfluß der Basis, die sich über außerparlamentarische Bewegungen auch sozialpolitisch Gehör verschaffen konnte. Sieht man einmal von der üblichen Standardversorgung für Beamte, Angestellte und Lehrer sowie von dem während der 60er Jahre eingeführten Sozialversicherungssystem für Arbeiter und Bauern ab, so kam es erst 1980 zum Erlaß eines Sozialhilfegesetzes, in dem, ähnlich wie in Hongkong, verschiedene Arten von Unterstützung vorgesehen sind, nämlich Sozialhilfe zur Sicherung des Existenzminimums, kostenlose Krankenhilfe für Bedürftige, Unterstützung bei vorübergehender Notlage und Hilfe für Taifun- und Erdbebenopfer. Im übrigen aber blieb der Spielraum für sozialpolitische Ausgaben begrenzt, wie ein nochmaliger Blick auf den Haushalt 1990 zeigt: Von der damaligen Gesamtausgabensumme in Höhe von 680 Mrd. NT$ entfielen 30,4 % auf den Sektor Verteidigung, 18,2 % – wie erwähnt – auf Sozialpolitik, 17,6 % auf Wirtschaftsentwicklung und 15 % auf Bildung. Noch 1954 hatte der Sozialsektor überhaupt nur 6 % beansprucht!

Ähnlich wie in Hongkong brennt auch hier die Unterbringungsfrage auf den Nägeln: Wohnungsmangel und Mietwucher gehören inzwischen zu den „Unruhestiftern" der öffentlichen

Diskussion. Seit Beginn der 80er Jahre ist auch hier ein staatliches Wohnraumbeschaffungsprogramm angelaufen, in dessen Rahmen zwischen 1982 und 1991 1 326 600 neue Wohnungen erstellt wurden, davon 132 660 von der Regierung und 1 193 940 von privater Seite, wobei der Staat in aller Regel steuerliche Anreize gab.

Einer der Hauptgründe, warum die chinesische Familie lange Zeit eine so überragende Stellung im Gesellschaftsleben beanspruchen konnte, war ihre Fähigkeit, für den eigenen Unterhalt zu sorgen und den Staat damit weitgehend von Beihilfeverpflichtungen zu befreien. Dieses Autarkievermögen fällt jedoch zunehmend dem Modernisierungsprozeß zum Opfer, so daß sich der Staat immer häufiger um Hilfe angegangen, die Familie aber immer mehr auf ihren rein emotionalen Zusammenhalt zurückverwiesen sieht und sich damit ähnlich entwickelt, wie es in Europa beim Übergang vom Mittelalter in die Neuzeit der Fall war.

Gleichwohl dürfte die Macht der Tradition dafür sorgen, daß die konfuzianische Grundvorstellung vom Primat der Familie sowie der personell überschaubaren Gemeinschaft noch geraume Zeit weiterwirkt – mit der Folge, daß erstens (im Verhältnis zwischen Gemeinschaft und einzelnem) das Individuum der Gemeinschaft nachgeordnet, und daß zweitens (im Verhältnis zwischen Gemeinschaft und Staat) auch die Selbstversorgungsgesinnung grundsätzlich bestehen bleibt. Eine solche Kontinuität hat Vorteile für den Staat, weil sie individuelle Erwartungen im Zaume hält, insoweit also stabilisierend wirkt, und weil sie überdies den öffentlichen Sozialetat schont; sie beschwört aber auch die Gefahr herauf, daß Begriffe wie „staatsbürgerliche Gesinnung", kritisches *Mit*einander oder „Verantwortung gegenüber der Umwelt" noch auf lange Zeit hin Fremdwörter bleiben dürften.

c) „Soziale Hierarchie, wirtschaftliche Gleichheit"

In der traditionellen Gesellschaft bestand ein widersprüchliches Verhältnis zur Idee der „Gleichheit": Im sozialen und politischen Bereich wurden scharf abgegrenzte Stufenleitern bejaht und durch die Sittenordnung geheiligt, auf wirtschaftlichem Gebiet jedoch herrschte das Ideal einer möglichst egalitären Verteilung des volkswirtschaftlichen Reichtums: „Soziale Ungleichheit, wirtschaftliche Gleichheit" – dies etwa war die konfuzianische Maxime, die sich auch in den heutigen Gesellschaften Taiwans und Hongkongs noch antreffen läßt. Ränge und Hierarchien werden dort trotz der Einebnungseffekte, die jede moderne Gesellschaft mit sich bringt, nach wie vor für so selbstverständlich gehalten, daß kaum jemand darauf verzichten will.

In Hongkong hat sich zwar angesichts der britischen Vorherrschaft nie eine einheimische politische Elite herausbilden können, die ihr Auftritts-, Repräsentations- und Konsumverhalten ähnlich zelebrieren könnte, wie es bei der politischen Prominenz Taiwans zu beobachten ist. Gleichwohl haben sich innerhalb der chinesischen „Community" Hongkongs auf höchst subtile Weise zwei Elitegruppen herausgeschält, von denen die eine mehr traditionellen, die andere eher modernen Zuschnitts ist. Beide weisen mit der Oberschicht des alten China kaum noch Ähnlichkeiten auf: In der traditionellen Agrargesellschaft waren es ja die örtlichen Notablen (shenshi, engl.: „Gentry") gewesen, die als Bindeglied zwischen kaiserlichem Mandarinat und Bauernbevölkerung gedient und sich als bodenbesitzende, zumeist auf den Dörfern angesiedelte Elite verstanden hatten, aus der sich der künftige Beamtennachwuchs rekrutierte und in deren Reihen das mandarinäre Personal nach Ablauf seiner Dienstzeit auch wieder zurückzukehren pflegte. Die Mittlerrolle zwischen Staat und Bevölkerung war dieser gesellschaftlichen Schicht gleichsam ins Stammbuch geschrieben, da sie einerseits – als „Lieferant" für den Beamtennachwuchs – dem Mandarinat von vornherein günstig gesonnen war, und da sie andererseits das Dorf beherrschte, sei es nun kraft ihrer Bodeneigentums- und Verpächter-Rolle, sei es wegen ihrer Dominanz in den örtlichen Clans. Während also die ländlichen Notablen lokale Interessen vertraten, repräsentierte das Mandarinat die Reichseinheit: Kein Wunder, daß sich beide aufeinander angewiesen fühlten und sich deshalb auch meist in einem Prozeß ständigen Gebens und Nehmens befanden.

Überflüssig zu betonen, daß die Hongkonger Elite den Kontakt zu dieser Tradition nahezu vollständig verloren hat: Sie ist offen und ihr Status hängt eher von wirtschaftlichen als von moralischen Errungenschaften ab – von der Bewältigung mandarinärer Staatsprüfungen ganz zu schweigen. Außerdem hat sie nur wirtschaftliche und soziale, nicht aber politische Führungsaufgaben.

Zwei Eliten haben sich in Hongkong, wie gesagt, herausbilden können, nämlich die Traditionalisten (dazu unten e) und vor allem die Repräsentanten eines eher modernen Typs, die von der Regierung gerne für Beraterdienste herangezogen wurden.

Angesichts der durch die britische Vorherrschaft erzwungenen politischen Askese finden diese Honoratioren ihren „Lohn" und ihre gesellschaftliche Genugtuung nicht im Erwerb politischer Macht, sondern in wirtschaftlichen Erfolgen, vor allem aber in gesellschaftlichem Prestige. Noch nie freilich hat die chinesische politische Kultur wirtschaftlichen Reichtum automatisch mit gesellschaftlichem Ansehen prämiert. Vielmehr mußte – und muß – Wohlhabenheit erst einmal in eine gesellschaftlich anerkannte Form umgesetzt werden, ehe sie auch soziales Ansehen zeitigt. Der kürzeste Weg dazu führt, wie Meinungsbefragungen ergeben haben, über philanthropische Verdienste, die offensichtlich auch im modernen Hongkong noch als Ausdrucksformen der alten „Gemeinschaftsbezogenheit" (ren) anerkannt werden. Das Schriftzeichen für „ren" ist ein echtes Piktogramm und zeigt einen Menschen mit ausgebreiteten Armen. Seit alter Zeit gibt es in China eine große Tradition der Stiftung, die sich auch im modernen Hongkong erhalten hat: Ganz selbstverständlich wird von erfolgreichen Geschäftsleuten erwartet, daß sie ansehnliche Summen für Krankenhäuser, Schulen, Waisenhäuser, Altenheime u. dgl. spenden. Besonders der prestigeträchtige und allgegenwärtige Hongkonger Jockey-Club stellt alljährlich viele Millionen Hongkong-Dollar für solche wohltätigen Zwecke zur Verfügung.

Zwei besonders prominente Wohlfahrtseinrichtungen, um deren prestigeträchtige Leitung wohlhabende Geschäftsleute Schlange zu stehen pflegen, sind die „Tung Wah Group of Hospitals" (m.: Dong Hua, „Östlicher Glanz") und das „Po Leung Kuk" (m.: Bao liang ju, „Amt zum Schutz des Guten"), beide bereits im 19. Jh. gegründet und daher von der lokalen Tradition geheiligt. Die Tung Wah-Gruppe entstand 1870, unterhält drei Großkrankenhäuser, fünf gebührenfreie Volksschulen, sieben Tempel, einige Müttererholungsheime, eine Aufbahrungshalle, einen Katastrophenhilfsdienst u. dgl. mehr. Verwaltet wird die Einrichtung von zwanzig führenden Geschäftsleuten Hongkongs, die mit ihrem Privatvermögen zum Wohl der Stiftung beitragen. Was andererseits das „Kuk" anbelangt, das im 19. Jh. gegründet wurde, so gewährt es vor allem notleidenden Frauen und Kindern Zuflucht, unterhält auch einige Krankenhäuser und Volksschulen, betreibt Kindergärten und bietet Berufsausbildungskurse für Frauen an.

Während die – unter e) noch zu behandelnden – „Kaifong" vor allem von Mitgliedern der traditionellen Elite betreut werden, deren Mitglieder überdies zumeist nicht in Hongkong geboren sind, sondern aus Südchina stammen, stehen an der Spitze der Tung Wah- und der Kuk-Organisationen Mitglieder der modernen Elite, die in aller Regel aus Hongkong stammen, dort erzogen wurden und höchst kosmopolitisch ausgerichtet sind.

Die Kaifong-Führer beherrschen selten ausländische Sprachen und kleiden sich bisweilen auch noch nach traditioneller chinesischer Manier, haben kaum Kontakt mit Nicht-Chinesen und sind hauptsächlich an Clan- und Distriktsvereinigungen beteiligt, während die Mitglieder der „modernen Elite" zumeist fließend englisch sprechen, sich eines westlichen Lebensstils befleißigen, häufig weltweite Geschäftsverbindungen unterhalten und möglichst darauf bedacht sind, sich all jenen Vereinigungen anzuschließen, die prestigeträchtig sind, sei es nun dem Rotary Club, dem Country Club, dem Lions Club oder aber Vereinigungen von Universitätsabsolventen.

Gern bedient sich das Government dieser modernen Elite, um erstens das bestehende politische System zu legitimieren und zweitens den Informationsaustausch zu fördern und damit gleichzeitig die Erfahrungen der wirtschaftlich so erfolgreichen Honoratioren für politische und soziale Entscheidungen nutzbar zu machen. Geschickt versteht es die Hongkonger Bürokratie, die prestigesüchtigen Mitglieder der neuen Elite durch hochzeremonielle Titelverleihungen an sich zu ziehen und bedient sich damit eines uralten Anreizmittels mandarinärer Herkunft, das allerdings auch im britischen Mutterland eine lange Tradition hat. Da die Hongkonger Gesellschaft höchst „atomisiert" ist, bieten Anreize solcher Art eine einzigartige Chance, sich aus der amorphen Masse hervorzutun und „großes Gesicht" zu gewinnen. Wer einmal zu höheren Ehren auserkoren wurde, zeigt erfahrungsgemäß Dankbarkeit – ebenfalls eine in Ehren gehaltene altchinesische Tugend – und wird schon deshalb der Bürokratie kaum Steine in den Weg legen.

Neuere Befragungen erwecken den Eindruck, als habe sich in der modernen städtischen Gesellschaft Hongkongs in der Zwischenzeit eher ein Verlangen nach Nivellierung als nach Hierarchisierung angebahnt – möchte doch fast jedermann gern zur „Mittelklasse" gehören; sieht man jedoch genauer hin, so zeigen sich in solchen Selbsteinschätzungen sogleich wieder dubiose Gliederungen, die von einer oberen, mittleren und unteren Mittelklasse ausgehen und in denen – lediglich nomenklatorisch etwas verschoben – dann doch wieder die alten Hierarchisierungstendenzen zutage treten. Bei einer Befragung von 1984 beispielsweise hielten sich 31,9 % für Angehörige der „unteren", 36,7 % für solche der „mittleren" und 2,4 % für solche der „oberen" Mittelklasse. Weitere 2,4 % waren kühn genug, sich direkt der „Oberklasse" zuzurechnen.

Welche Kriterien liegen solchen Selbsteinschätzungen zugrunde? Während sich im alten China die gesellschaftliche Position vor allem nach Lern- und Prüfungserfolgen bestimmte, haben sich im modernen Hongkong grundlegend neue Kriterien eingespielt. Nur noch 1,5 % der Bevölkerung glauben, daß gesellschaftlicher Aufstieg auf dem Wege über Lern- und Prüfungserfolge zu erreichen ist; fast alle anderen Befragten aber halten Wohlhabenheit für das A und O gesellschaftlichen Ansehens – und zwar Wohlhabenheit in einem qualifiziert pekuniären Sinn –, qualifiziert insofern, als Geld nicht nur in die eigene Tasche gesteckt, sondern z. T. auch für das Allgemeinwohl wieder verausgabt werden soll. Bereits dieser Vorbehalt zeigt deutlich, daß soziale Symmetrie auch im modernen Hongkong noch als erstrebenswertes Ideal gilt – und dies, obwohl – oder gerade weil – die Laisser-faire-Politik der Regierung extreme Ungleichheiten in Lebensstil und Einkünften hat aufkommen lassen. Ein Vergleich zwischen den stadtrandtypischen Elendsquartieren und den adlergleich über Victoria schwebenden Luxusvillen, vor denen auf bisweilen höchst vulgäre Art goldgelackte Rolls Royce- oder Mercedes-Limousinen demonstrativ zur Schau abgestellt sind, machen Ungleichgewichte dieser Art auf krasse Weise deutlich. „Soziale Tatsachen" dieser Art haben den Erwartungen und Idealen gleichwohl keinen Abbruch getan: Nach wie vor definiert sich für 55 % der Hongkonger Bevölkerung eine „gute Gesellschaft" als ein Zusammensein von Menschen, die voneinander nicht durch unüberbrückbare Einkommensdifferenzen getrennt sind. Soweit Anspruch und Wirklichkeit auseinanderklaffen, müsse der Vorsprung an Wohlhabenheit aber wenigstens auf ehrliche Weise, d. h. durch Leistung gewonnen worden sein. Sogar in diesem Zusammenhang stellt die Hongkonger Bevölkerung ihren Millionären gute Noten aus: Rund 80 % aller Befragten hatten nämlich das Gefühl, daß das gegenwärtige Einkommensgefälle keineswegs auf Ausbeutung oder auf unlautere Mittel, sondern auf Leistung zurückzuführen sei. Offensichtlich liegen hier zwei Ideale miteinander in Konflikt, nämlich Gleichverteilung und Leistungsanerkennung.

Für sich gesehen, mag Hongkong zwar eine extrem verzerrte Einkommensverteilung aufweisen, im gesamtasiatischen Kontext dagegen steht die Gesellschaft der Kronkolonie nicht einmal schlecht da: Die oberen 10 % der lokalen Haushalte vereinnahmten im Jahr 1989 z. B. rd. 30 % des gesamten volkswirtschaftlichen Privateinkommens, die unteren 40 % dagegen nur 14 % – dies ergab einen rechnerischen „Abstand" von 30 – 14 = 16. Bei den Philippinen lauteten diese drei Vergleichsparameter demgegenüber: 37 – 14 = 23, bei Malaysia: 36 – 15 = 21, bei Indonesien: 38 – 18 = 20, bei Sri Lanka: 35 – 16 = 19 und bei Thailand: 34 – 15 = 19.

Und Taiwan? Hier hat sich die traditionelle „Hiearchisie-rungs-Wut" noch weitaus stärker erhalten als in Hongkong, und zwar nicht nur deshalb, weil der westliche Einfluß weniger er-drückend gewesen wäre, sondern vor allem aus dem einfachen Grunde, weil die Regierungsgewalt dort ungeteilt in chinesi-schen Händen geblieben ist.

Als Spitze der Gesellschaft empfindet sich hier vor allem die politische Elite, die wegen der großen Zahl der „öffentlichen Unternehmen" obendrein auch wirtschaftlich erhebliches Ge-wicht besitzt.

Davon abgesehen aber beginnt sich auch auf Taiwan, ähnlich wie in Hongkong, eine „mittelständische" Tendenz herauszubil-den. Im Pionierklima Taiwans war schon lange vor – aber auch während – der japanischen Kolonialzeit eine gewerbefleißige Mittelschicht entstanden, die aus der Wende von 1945 gestärkt hervorging und die sich vor allem seit den 60er Jahren personell erweitern und wirtschaftlich konsolidieren konnte: Legt man die objektiven Merkmale der Berufszugehörigkeit, des Einkom-mens und des Bildungsstandes an, so gehören zu dieser „Mittel-schicht" die Eigentümer kleiner und mittlerer Unternehmen, die Betriebsleiter mittlerer und großer Firmen sowie Staatsbeamte und Universitätsprofessoren; läßt man darüber hinaus auch eher subjektive Zugehörigkeitskriterien gelten, so dürften sich leiten-de Angestellte von Privatunternehmen, Facharbeiter, Offiziere, mittlere Beamte und Lehrer ebenfalls mit dazurechnen.

Anders als in Japan oder in Korea, wo in Form der Kigyo Kei-retsu und der Chaebol nur eine winzige Zahl von Mega-Unter-nehmen das wirtschaftliche Geschehen bestimm(t)en, waren es auf Taiwan die vielen tausend Klein- und Mittelbetriebe, die sich als Leistungsträger in den Vordergrund schoben und deren Be-treiber schon bald für das Wohl und Wehe der Inselwirtschaft maßgebend wurden. Diese Entwicklung hing/hängt mit der be-merkenswerten „Laoban"-Gesinnung zusammen, die ein Hauptbestandteil des taiwanesischen Wertesystems ist, und die es den Angestellten von Großunternehmen oder von Regie-rungsämtern ratsam erscheinen läßt, möglichst bald nach Voll-endung ihrer Lehrzeit einen *eigenen* Betrieb zu eröffnen und so ihr eigener Herr, also ein „Laoban" (Boss), zu werden. Während in Japan (oder Südkorea) die Gestalt des „Salary-man" und die „Anstellung auf Lebenszeit" zu festen Bestandteilen der modernen Arbeitsplatzphilosophie geworden sind und während es in diesen Ländern überdies als unschicklich – weil illoyal – gilt, in Konkurrenz zum früheren Brotgeber zu treten, hat sich in Taiwan (und übrigens auch in Hongkong) eine ziemlich ungenierte Personalabwanderungsgesinnung entwickeln können. „Lieber der Schnabel des Huhns als der Schwanz des Ochsen" („ning wei jikou, bu wei niuhou") lautet ein bekanntes Sprichwort.

In bemerkenswertem Gegensatz zu diesen schnellen Veränderungen des objektiven Gesellschaftsgefüges blieb die *subjektive* Einstellung stark *traditionsverhaftet:* So konnte sich auf Taiwan z. B. weder ein neues Klassen- („Klasse für sich") noch ein Mittelschichtenbewußtsein im Sinne eines Wir-Gefühls herausentwickeln. Von einigen Fremdimporten wie Lions Club, Rotary etc. abgesehen, konnten sich bezeichnenderweise kaum horizontal gegliederte Sozial- und Berufsvereinigungen etablieren, während andererseits Gruppen mit vertikalem Aufbau wie eh und je beliebt und vorherrschend geblieben sind. Selbst die neuen Genossenschaften auf Dorfebene und die Gewerkschaften im Industriebereich funktionieren nur dort, wo Guanxi vorhanden sind, d. h. jenes Netzwerk persönlicher Bekanntschaften, dem die hierarchische Anordnung ebenso selbstverständlich ist wie das Bedürfnis nach „Harmonisierung". Nicht das Gegeneinander (in Form von Streiks oder gar von Klassenkampf), sondern das Miteinander (im Rahmen einer quasi-familiären Gemeinschaft) gilt auch jetzt noch als Idealzustand. Ähnlich wie in Hongkong haben deshalb auch in Taiwan Gewerkschaften bisher nur geringe Entfaltungsmöglichkeiten.

Was im übrigen die Einkommenspyramide in Taiwan anbelangt, so fällt sie noch etwas flacher aus als diejenige Hongkongs. Mit den Werten $27 - 21 = 6$ steht Taiwan, was Verteilungsgleichheit anbelangt, sogar als asiatischer Spitzenreiter da! Gleichzeitig hat sich die Inselgesellschaft damit gegenüber den vergleichbaren Gesellschaften auch den „konfuzianischsten" Charakter bewahrt.

d) „Ordnung" und „Ruhe als oberste Bürgerpflicht"

Nichts ist dem Durchschnittschinesen verhaßter als „Luan" (Chaos). Das goethesche „Ich will lieber Unrecht erdulden als Unordnung erleiden" würde von fast jedem Chinesen bedenkenlos unterschrieben – auch vom Durchschnittsbewohner Hongkongs oder Taiwans.

„Ordnung" stellt sich für ihn allerdings – anders als für den Deutschen – weniger in Gesetzen und formalen Regelungen, als vielmehr in Gesichtswahrung, Etikette und politischer Stabilität dar. Nicht zufällig war der Konfuzianismus das Kind einer schweren gesellschaftlichen Krise, für die zwischen dem sechsten und dem dritten vorchristlichen Jahrhundert allenthalben Lösungen gesucht wurden, sei es nun, daß von den Legalisten das Recht, von den Daoisten die Natur, von den Mohisten die allgemeine Menschenliebe oder aber von den Konfuzianern die Versittlichung gesellschaftlicher Beziehungen empfohlen wurde.

Ruhe, Stabilität und Kampf gegen Luan: Dies etwa war das gesamtgesellschaftliche Grundprogramm des seinem Denken und seiner Gesinnung nach extrem konservativen Konfuzianismus. Diese Grundorientierung hat sich auch in der Einwanderergemeinde Hongkongs und in der Schmelztiegelgesellschaft von Taiwan fast ungebrochen in die neue Zeit herübergerettet. Ursache für die Sehnsucht nach Stabilität ist freilich nicht nur die konservative Grundgesinnung, sondern vielleicht mehr noch das elementare Bedürfnis einer „gerade noch einmal davongekommenen" Gesellschaft nach Ruhe und Ordnung. Das im Westen unbestrittene Postulat, demzufolge die demokratische Qualität einer politischen Gemeinde von ihrer Fähigkeit abhänge, Konflikte offen auszutragen, fände weder beim Hongkonger noch beim Taiwaner Durchschnittsbürger Zustimmung. Für 79,9 % aller 1985 befragten Einwohner Hongkongs ist Stabilität und Ordnung nicht nur wünschenswert, sondern verkörpert geradezu die Voraussetzung jeder menschlichen Zivilisation.

Mag Hongkong auch von höchst heterogener Zusammensetzung sein (hier schwerreiche, dort bettelarme Chinesen, hier die formelle britische Verwaltungselite, dort die Fülle der informellen Machtzentren, hier das 21. Jh., dort (auf den Außeninseln) z. T. noch das Mittelalter), so steht am Ende doch – oder gerade deswegen! – der Wunsch nach Ruhe und Ordnung an erster Stelle. Dieses Begehren verbindet sich, wie oben erwähnt, mit Entpolitisierungswünschen, die, wenn auch aus unterschiedlichen Überlegungen heraus, sowohl dem Government als auch der Bevölkerung zur zweiten Natur geworden sind. Politische Parteien und Gewerkschaften begegnen daher – als potentielle Unruhestifter, die sie a priori zu sein scheinen – permanentem Mißtrauen. Im Interesse von „Ordnung" darf auch „authoritarianism" sein, der in Hongkong als „soft", in Singapur aber gerne als „enlightened" (aufgeklärt) bezeichnet wird!

e) Der Dualismus zwischen Danwei- und Transdanweibereich

Seit Jahrhunderten ist die chinesische Gesellschaft durch ein Paradox gekennzeichnet: Auf der einen Seite erscheint sie als Prototyp eines zentralistischen Einheitsstaates, gleichzeitig aber präsentiert sie sich dem Betrachter als ein Organismus aus Millionen in sich verkapselter Zellen mit jeweils hohem Autonomiebedarf. Kein Wunder, daß sich angesichts dieses Gegensatzes holzschnittartige Trennlinien zwischen der eigenen Danwei (d. h. einer „Grundeinheit" wie dem Dorf, der Nachbarschaft oder einer Fabrikbelegschaft) und dem Transdanwei-Bereich, d. h. der sozialen Sphäre jenseits der Wir-Gemeinschaft, herausgebildet haben, und daß gleichzeitig staatsbürgerliche Gesinnung, die ja dadurch gekennzeichnet ist, daß sie über den engen eigenen Bereich hinausreicht, in der Entwicklung nachhinkt.

Dieser Dualismus hat sich auch in Hongkong und Taiwan erhalten und äußert sich hier vor allem in drei Aspekten, nämlich in einer apolitischen Haltung, in Familienegoismus und nicht zuletzt auch in dem Bestreben, die Probleme der Daseinsvorsorge möglichst partikulär, d. h. im Danwei-Rahmen zu lösen. Alle „Urbanisierung" hat hieran wenig geändert. Im einzelnen:
– Zu den auffallendsten politischen Verhaltensformen des Durchschnittsbewohners von Hongkong gehört eine Doppel-

distanzierung gegenüber der Gesellschaft und gegenüber der Regierung: Nur 9,6 % aller Befragten setzten 1985 die Sekundär- über die Primärgesellschaft, also über jene „Grundeinheit", der sie sich jeweils zugehörig fühlen. Überall besteht m. a. W. ein klar artikulierter Wunsch nach scharfrandigen Trennlinien zwischen öffentlicher und privater Sphäre. Diese „Aloofness towards Society" (Abgehobenheit von der Gesellschaft) drückt sich sogar gegenüber dem Wohnort Hongkong als solchem aus: Nur etwa ein Fünftel der Befragten würde, vor die Wahl gestellt, auch anderswo ihr Leben aufbauen zu können, eher für einen Verbleib in Hongkong plädieren. Bezeichnenderweise haben auch die meisten Spiel- und Fernsehfilme, die vor dem Hintergrund Hongkongs gedreht werden, wenig mit der Hongkonger Realität zu tun. Das dargestellte Milieu soll vielmehr nur eine pittoreske Kulisse für gesellschaftliche oder kriminelle Vorgänge liefern. Nicht das echte, sondern das imaginäre Hongkong gibt hier also die Folie ab: Überall läßt sich Distanzierung verspüren.

Mißtrauen gegenüber „Außenseitern" ist ursprünglich eine bäuerliche Eigenschaft, die allerdings in der großstädtischen Umgebung Hongkongs keineswegs ausgestorben ist. Im alten Dorf lebte man mit einer überschaubaren Zahl von Verwandten, Bekannten und Clanmitgliedern zusammen, die dafür sorgten, daß die Gemeinschaft weitgehend autark blieb, ihre inneren Konflikte möglichst selbst löste und die um Streitigkeiten mit Außenseitern einen weiten Bogen machte. Dieses Bedürfnis, „sich herauszuhalten" und auf Distanz zu bleiben, scheint im städtischen Hongkong eher noch gewachsen zu sein, da hier, ganz im Gegensatz zur alten Dorfgemeinschaft, sogar die Nachbarschaften noch etwas zu kurz kommen: Nur 42 % der Befragten gaben 1985 an, daß sie mit ihren Nachbarn monatlich zwei- bis dreimal in Kontakt stünden, und nur 12 % zählten den einen oder anderen Nachbarn mit zu ihrem Freundeskreis. Überhaupt wird in Hongkong ein Mangel an Freundschaften, ja an Solidarität beklagt – nicht zuletzt auch zwischen Berufskollegen und Arbeitern.

Auch die zweite Form der Distanzierung, nämlich die Nichtteilnahme an politischen Entscheidungen, gehört mit zu den

Grundeigenschaften des Hongkonger Durchschnittbewohners. Während in einer Gesellschaft wie der amerikanischen die meisten Erwachsenen sich irgendeinem Verein anzuschließen pflegen, machen viele Hongkong-Chinesen aus ihrer Nichtteilnahme geradezu eine Religion.

– Zweitens drückt sich die „Avoidance" (d. h. die „Vermeidungs"-Tendenz) in einem kräftigen *Familienegoismus* aus, wie er oben bereits beschrieben wurde. „Wir und die da draußen" ist eine Vorstellung, die sich manchmal bis zum „Festungsdenken" verhärtet und einen kräftigen Nährboden für Nepotismen aller Art abgibt.

– Scheinbar im Widerspruch dazu haben sich, in Zeiten der Bedrängnis, dann doch immer wieder Vereinigungen herausgebildet, die mit der Dualismustheorie nicht vereinbar zu sein scheinen. Vor allem im südostasiatischen Ausland sind die Chinesen bekannt für ihre Fähigkeiten geworden, *Schutz- und Trutzgemeinschaften außerhalb der staatlichen Organisationen* zu schaffen. Dies war im 19. Jh. besonders auch in Hongkong der Fall, als sich dort eine identitätslose, minimal integrierte Einwanderergesellschaft ansammelte, der niemand helfen konnte, wenn sie sich nicht selbst aus dem Sumpfe zog. Damals entstanden zahlreiche „Hui" (Vereinigungen), die im Stile vormoderner „Nichtregierungsorganisationen" Aufgaben der Sozialhilfe und der Daseinsvorsorge übernahmen und den Briten, die ja ganz in den Kategorien der „Second Rule" dachten, höchst willkommen waren, soweit sie sich nicht gegen das Gesetz stellten. Eine zweite große Blüte erlebten diese Huis vor allem nach dem Ende des Zweiten Weltkriegs, als Hunderttausende von Flüchtlingen aus ganz Südchina nach Hongkong strömten und dort in Not gerieten, weil zunächst weder Unterkunft noch Arbeit zu finden war.

Besonders bedeutsam in diesem Zusammenhang wurde nach 1945 die „Jiangsu-Zhejiang-Vereinigung", die sich als Selbsthilfeorganisation jener rd. 200 000 Flüchtlinge etablierte, die damals aus den in der Namensgebung auftauchenden beiden Provinzen, vor allem aber aus Shanghai in die Kronkolonie gekommen waren. Die „J-Z-Hui" hatte damals eine Mitgliedschaft von rd. 8 000 Gewerbetreibenden, unter ihnen auch zahlreiche Kaufleute und Industrielle aus Shanghai. Weitere 15000 Hui-Angehörige waren abgemusterte GMD-Soldaten, die in Hongkong keinerlei Verwandtschaft vorfanden, so daß die JZ-Vereinigung für sie zum einzigen Auffangnetz wurde. Ohne die Mithilfe der Hui hätten übrigens auch die Hongkonger Behörden damals kaum eine so erfolgreiche Eingliederungspolitik betreiben können.

Als hilfreich erwiesen sich daneben auch die bereits erwähnten *Kaifong* (m.: jiefang), also jene „Straßennachbarschafts-" oder Nachbarschaftsvereinigungen, deren Vorläufer zwar schon während des 19. Jh. im damals noch überwiegend dörflichen Hongkong entstanden waren, die ihre Hauptbewährungszeit aber ebenfalls erst in den Jahren nach dem Zweiten Weltkrieg erlebten. In der damaligen Krise, als die Kronkolonie aus allen Nähten zu platzen drohte und überall Arbeitslosigkeit und Wohnungsnot herrschten, konnten sich die Kaifong in ihrem ureigensten Element fühlen. Zumeist waren sie mit Sozialarbeit beschäftigt, organisierten Schulen und Kindergärten, leisteten medizinische Hilfe, beteiligten sich an den Beerdigungskosten und gewährten sogar Stipendien. Kaifongs entwickelten sich sowohl nach Distrikten als auch nach Clanlinien: In jedem der 19 Distrikte Hongkongs beispielsweise entstand eine solche Nachbarschaftsvereinigung, u.a. auch die „Aberdeen Kaifong Association", die heute noch besteht. Daneben entwickelten sich Clan-Organisationen, die für das Wohl der Zhou, der Li, der Liang und ähnlicher, nach Namen gruppierter Clangruppen sorgten.

Die Kaifong und ihre Führer waren Mädchen für alles: Sie organisierten Hilfsgelder, schlichteten Gemeindestreitigkeiten und traten als Mittelsmänner zwischen ihrer Nachbarschaft und der Regierung auf. Bei ihren „Wählern" standen sie in hohem Ansehen, mußten sich andererseits freilich auch eine strenge Überwachung durch die Regierung gefallen lassen – mit der Folge, daß sie stets vorsichtig zu Werke gingen und sich nur selten politischen Gruppierungen anzuschließen wagten. Zumeist kamen die Kaifong-Führer aus Südchina, bedienten sich auch in der Kronkolonie ausschließlich ihres chinesischen Namens und hatten nur selten Kontakte mit Nicht-Chinesen.

Nachdem die schlimmste Not behoben war und das Hong-konger Wirtschaftswunder eingesetzt hatte, also vor allem in den 70er und 80er Jahren, ging es mit den Hui und den Kaifong schnell abwärts. Noch Mitte der 60er Jahre hatte es 54 Kaifong mit einer Gesamtmitgliedschaft von rd. 900 000 Personen gegeben; doch jetzt begann ein Mitgliederschwund, der durch zahlreiche Ursachen ausgelöst war: Erstens einmal hatte das Wirtschaftswunder den Bedarf nach privater Sozialpolitik gemindert; zweitens hatte sich die Regierung inzwischen ebenfalls sozialer Fragen angenommen, vor allem im Bereich des Wohnungsbaus sowie des Gesundheits- und Schulwesens. Drittens begannen sich in der urbanen Umgebung Hongkongs Bindungen, die auf landsmannschaftlichen und Clangesichtspunkten beruhten, immer unzeitgemäßer auszunehmen, so daß sich vor allem die Angehörigen der jüngeren Generation hier kaum noch zu Hause fühlen konnten, und viertens hatte das zunehmende Gesetzesdenken den Bedarf nach Mittelsmännern traditionellen Zuschnitts verringert. Was sich im industrialisierten, dienstleistungsorientierten und kosmopolitischen Hongkong anbahnte, war ein Nullsummenspiel zwischen moderner Kommunikation und traditioneller Mittelsmännervertretung, das für die Kaifong zu Beginn der 90er Jahre höchst negativ zu Buch schlägt, das sich aber vielleicht nach 1997 durchaus wieder in gegensätzlicher Richtung – hin zum Danwei-Prinzip – entwickeln könnte.

Wir-Gruppen besonderer Art sind in Hongkong nach wie vor auch die Geheimgesellschaften (engl.: „Triads", m.: „sanhehui" oder „banghui"), die ursprünglich ebenfalls einmal patriotische, religiöse oder soziale Schutzvereinigungen gewesen waren, die in neuerer Zeit allerdings meist kriminellen Charakter angenommen haben.

Geheimgesellschaften lassen sich bereits zur Zeit der Han-Dynastie (2. Jh. v. Chr. bis 2. Jh. n. Chr.) nachweisen und bildeten lange Zeit die einzige Form des Protestes der bäuerlichen Bevölkerung gegenüber der aus Mandarinat und Gentry bestehenden traditionellen Obrigkeit. Immer dann, wenn eine Dynastie zu Ende ging, pflegten diese „dunklen Vereinigungen" (yinxie) besonders markant hervorzutreten und waren beim Sturz eines Kaiserhauses oft das Zünglein an der Waage. Im 19. Jh., als die Manz-hou-Dynastie in Bedrängnis geriet, bildeten sich zwei Kategorien konspirativer Gruppierungen heraus, nämlich die eher religiösen Vereinigungen (jiaomen) und die überwiegend politisch-sozialen Oppositionsgruppen (huidang). In beiden Gliederungen gab es bestimmte Initiationsriten, geheime Erkennungszeichen und magische Praktiken, die Unverwundbarkeit garantieren oder sogar Unsterblichkeit beschwören sollten. Eine der vielen Huidang war auch die Vereinigung der „Drei Harmonien" (sanhe hui), die in den englischen Sprachgebrauch als „Triads" eingegangen ist und für ihre Anti-Qing-Haltung bekannt war.

Die Hongkonger Regierung lernte den Widerstand der Basis schon früh auf dem Umweg über die Opposition der Triaden kennen, die sich vor allem im 19. Jh. noch mit gutem Recht als Statthalter des einfachen Volkes empfanden und spontan all jene Rollen zu übernehmen pflegten, die später modernen politischen Parteien oder Gewerkschaften zufielen. Noch zu Beginn des 20. Jh. lief im südlichen China nichts ohne die Triaden: Ob Sun Yixian, Jiang Jieshi oder die meisten Führer der späteren KPCh – sie allen gehörten der einen oder anderen Geheimgesellschaft an. Sogar die III. Internationale hatte 1926 versucht, mit einer Untergruppierung der Triaden, nämlich den „Roten Lanzen", zusammenzuarbeiten.

Kein Wunder, daß auch in Hongkong, wo die Gegensätze zwischen ausländischen Kapitalanlegern und einheimischen Lohnarbeitern bisweilen besonders scharf waren, die Triaden fruchtbaren Nährboden vorfanden. Sie waren dort zwar bereits 1845 verboten worden, doch hinderte dies ihre Ausbreitung keineswegs – im Gegenteil: Vor allem während der leidvollen japanischen Besatzungsjahre, aber auch nach 1949 erlebten sie eine neue Blütezeit. Hatten die Triaden lange Zeit eine Art Robin Hood-Rolle für die breite Bevölkerung gespielt, so begannen ihnen im Zeichen des Wirtschaftswunders der Nachkriegszeit die Felle davonzuschwimmen. Damit aber war ihr Abstieg in die Kriminalität bereits vorgezeichnet. W. P. Morgan, der lange Zeit als britischer Detektiv-Inspektor in Hongkong tätig war, hat in seinem Buch „Triad-Societies in Hongkong" nachgewiesen, daß die Geheimgesellschaften Teil des täglichen Lebens für etwa die Hälfte der dortigen Bevölkerung seien; rd. 35 % der männlichen Bevölkerung gehörten auf die eine oder andere Weise zum Netzwerk der Triaden. Sie erheben „Schutzgelder" von Geschäften, Taxifahrern und Restaurants, betreiben illegale Spielhallen und Bordelle, bestechen die Polizei und sind vor allem im Drogenhandel tätig. Das Government sucht die „besorgniserregenden Einflüsse" der Triaden durch ein Kollektivhaftungsgesetz und durch ein eigenes „Fight Crime Committee" zu bekämpfen, das nicht nur Spitzel in die Szene einschleust und Verhaftungen vornimmt, sondern auch Gegenaufklärung in den Schulen betreibt; denn immer häufiger sind es jugendliche Delinquenten im Alter von unter 21 Jahren, die den Einflüsterungen der Triaden erliegen und sich für ihre Zwecke einspannen lassen, nicht zuletzt als Dealer in den Schulen.

Die Triaden sind in ihrem Wirken keineswegs auf Hongkong beschränkt, sondern pflegen „Connections" zu den Chinatowns und Huaren-Gemeinden im gesamten zirkumpazifischen Bereich, nicht zuletzt auch mit Geschäftsfreunden und Gleichgesinnten im thailändisch-laotisch-birmanischen „Goldenen Dreieck", wo auf schwerzugänglichen Hochplateauflächen Opium wächst, das u. a. in Hongkong zu Heroin verarbeitet wird. Professionell aufgezogene Verteilungsmethoden der Triaden haben zu dem makabren Ergebnis geführt, daß die Bevölkerung Hongkongs neben derjenigen Malaysias den höchsten Anteil an Süchtigen aufweist, und zwar ca. 2–3 % aller Männer.

Der hier im Zusammenhang mit Hongkong festgestellte Dualismus zwischen Gemeinschaft und Gesellschaft läßt sich auch auf *Taiwan* beobachten. Obwohl dort der Urbanisierungsprozeß tiefe Schneisen in das traditionelle Gesellschaftsgefüge gerissen hat, ist die Vorliebe für kleine und überschaubare Gruppen erhalten geblieben. Noch während der japanischen Kolonialzeit konnte von Verstädterung keine Rede sein. Selbst Taibei war damals eine Stadt mittlerer Größe von nicht einmal 100 000 Einwohnern geblieben. Sogar bis in die 60er Jahre des 20. Jh. hinein galt als Maß aller Dinge das Dorf mit seinen durchschnittlich rd. 2000 Einwohnern, seinen Clangruppen, seinen Einheiratsbräuchen, seinem autochthonen Gemeindeleben, seinen religiösen Feiern und seinem Dorfgott. Erst in den 70er Jahren wurde die Idylle des Dorfs durch die beunruhigende Dynamik des Städtewachstums überschattet. Im Juli 1989 durchstieß die Bevölkerung Taiwans die 20-Millionen-Marke und hatte sich damit seit 1958, also innerhalb von nur 31 Jahren, verdoppelt. Sieht man einmal von Stadtstaaten wie Hongkong oder Singapur ab, so war Taiwan mit 550 Personen pro qkm (1987) gleich hinter Bangladesch zum zweitdichtest bevölkerten Land der Erde geworden – gefolgt von Südkorea (433), Puerto Rico (362), den Niederlanden (360) und Japan (330). Taiwan war damit also fast doppelt so dicht besiedelt wie die (alte) Bundesrepublik (246).

Der Urbanisierungsprozeß war nun nicht mehr aufzuhalten. Glücklicherweise gelang es, eine echte Urbanisierung zustande zu bringen, d. h. die Zuzügler sozial einzugliedern und sie sowohl infrastrukturell als auch erzieherisch zu versorgen. Trotz ihres Wachstumstempos entwickelten sich Großsiedlungen wie Taibei oder Gaoxiong nicht zu Riesenslums mit Wolkenkratzereinsprengseln und nicht zu einer Mischung von Elend und Gigantismus, sondern zu soliden Gemeinden, deren Rhythmus zwar jahrelang von einem Bauchaos ohnegleichen bestimmt wurde, die aber andererseits doch auch all ihren Einwohnern und Zuwanderern Arbeit verschaffen und Unterkunft gewähren konnten. Es waren nicht zuletzt die zahllosen Hinterhofbetriebe, die diese Integration möglich machten. Anders als in Südostasien und Lateinamerika entfalteten sich in den städtischen Außenbezirken, die ja zumeist die ländlichen Zuwanderer aufnahmen, dicht miteinander verwobene Kleinindustrie- und Kleinkommerzbetriebe, die sich häufig mit minimalen Geschäftsgewinnen begnügten und sich arbeitsteilig aufeinander abstimmten. Der 10- oder 12-Stunden-Tag war hier eher die Regel als die Ausnahme. Im Notfall arbeitete ein Betrieb, wenn die Auftragslage es erforderte, auch schon einmal eine ganze Nacht durch. Tarifliche Arbeitszeitregelungen oder Arbeitskämpfe wären hier fehl am Platz gewesen.

Hand in Hand mit dem Bevölkerungswachstum begannen sich in den neuen Großansiedlungen auch schon bald „moderne" Phänomene auszubreiten, wie z. B. Segmentierung der Gesellschaft, zunehmende Industrialisierung, schnelles Wachstum des Tertiärsektors, soziale Mobilität, nicht zuletzt auch Kriminalität und Vereinsamung. Gleichzeitig aber – oder vielleicht gerade deshalb – blieb die Gesellschaft auch jetzt ein nach überschaubaren Personengruppen aufgegliedertes Rastergebilde, in dem jede Zelle einem strengen Hierarchieschema gehorchte und sich teilweise selbst als „Fraktion" (pai) bezeichnete, wobei solche „pai" entweder familiär oder aber landsmannschaftlich bestimmt sein konnten: So bildeten sich beispielsweise in den von Anonymität bedrohten Großstädten Taibei und Gaoxiong lokale Gruppierungen wie die Jiayi- oder die Zhanghua-Fraktion heraus, denen „Landsleute" aus diesen Herkunftsorten gern beitraten, weil sie sich dort wie in einer Familie fühlen konnten. Die personell – und nur in den seltensten Fällen sachlich – motivierte „Fraktionierung" machte bezeichnenderweise nicht einmal vor der Guomindang halt, in deren Reihen es regelmäßig zu einem für die moderne taiwanesische Gesellschaft typischen Dauerkonflikt zwischen Sachzwängen und Loyalitätsbindungen kam.

Die „Pai" war also vielfach das organisatorische Gegenstück zur Hongkonger „Hui" oder „Kaifong". Ebenso wie in Hongkong gibt es auch hier den „Familienegoismus" und – zumindest bis in die 80er Jahre hinein – den Hang, sich aus der Politik herauszuhalten. Erst im Zuge der Demokratisierung Taiwans begannen Partizipationsforderungen zuzunehmen, die weit über den engen „Gemeinschafts"-Bereich hinausgehen und Fragen wie Parteiengründung, Umweltschutz oder Frauenbeteiligung berühren.

f) Erziehungstradition und Lernkultur

Die traditionelle chinesische Hochschätzung der Erziehung hat sich in Hongkong und Taiwan bis auf den heutigen Tag gehalten. Dem Stellenwert des Lernens entsprechend geben beide Regierungen zwischen 15 und 20 % des Haushalts für den Erziehungsbereich aus. In Art.164 der Verfassung der RCh heißt es sogar ausdrücklich, daß nicht weniger als 15 % der Zentral-,

25 % der Provinz- und 35 % der Kreis/Stadt-Budgetausgaben für den Schulsektor veranschlagt werden müßten; zusätzlich sei die Gründung von Privatschulen zu fördern. Taiwan hat sich in der Tat an diesen Text wortwörtlich gehalten und auf diese Weise eine schulische Infrastruktur aufgebaut, die in Asien ihresgleichen sucht: Zwischen 1950 und 1988 beispielsweise wurde die Zahl der Hochschulen von 7 auf 109, die der Mittelschulen von 128 auf 1063 und die der Grundschulen von 1231 auf 2478 aufgestockt. 1968 traten an die Stelle der bis dahin vorgeschriebenen sechs Pflichtschuljahre neun Jahre – eine Änderung, die sowohl den gestiegenen gesellschaftlichen Anforderungen, als auch den erweiterten finanziellen Möglichkeiten der Republik gerecht werden sollte.

Hongkong hinkte auch hier zeitlich etwas hinterher. 1971 wurde erstmals die sechsjährige und 1979 dann die neunjährige Grundschulpflicht eingeführt. Seit 1971 müssen in den öffentlichen Schulen Hongkongs auch keine Gebühren mehr bezahlt werden.

Typisch für die Pädagogik Taiwans und Hongkongs sind unaufhörliche Auslesewettbewerbe, häufiges Auswendiglernen, laufende Zunahme der berufsbildenden Erziehung gegenüber den allgemeinbildenden Schulzweigen, ein starker Anteil von Privatschulen, vor allem aber die Unaufhörlichkeit des Lernens: „Lernen" heißt auf chinesisch: „xuexi". In diesem Begriff, vor allem im Partikel „xi", schwingt ein Element von Eingewöhnung und Internalisierung mit. „Xiguan" heißt z. B. Gewohnheit, „xisu" heißt Sitte, Brauchtum, „xizi" Schreibübung und „xiyong" bedeutet gebräuchlich, gewöhnlich etc. In der Tradition wurde also vor allem auf Nachahmung, Disziplinierung, Einübung in Konformismus und auf ein Benehmen im Sinne der überkommenen Gewohnheiten abgestellt. Davon ist auch in der urbanen Umgebung Taiwans und Hongkongs noch viel übrig geblieben.

In der Schmelztiegelstadt Hongkong hat das Lernen eine gewisse Abwandlung in Richtung Verwestlichung erfahren. Kein Wunder, daß das alte Auswendiglernen hier zwar nach wie vor eine wichtige, keineswegs aber mehr die gleiche Rolle spielt wie in dem weitaus chinesischer gebliebenen Taiwan. Die ständige Konfrontation mit der englischen Sprache hat dem Hongkonger Schulsystem zwar kosmopolitischere Züge verliehen, hat gleichzeitig aber auch Identifikationsprobleme aufgeworfen und Entfremdungssymptome entstehen lassen. Erfahrungsgemäß kommen im Durchschnitt zwei Drittel der Inhaber von White Collar-Berufen aus englisch- und nur das restliche Drittel aus chinesischsprachigen Schulen – und dies in einer Region, in der 88% das Chinesische zur Muttersprache haben – davon 81% den Canton-Dialekt!

Hongkong, vor allem aber Taiwan, haben es verstanden, ihr Schulwesen den modernen Anforderungen anzupassen. Anders als in der VR China, wo jahrzehntelang der Grundsatz galt, daß „eher rot als fachmännisch" ausgebildet werden sollte, erlebte das Berufsschulwesen vor allem auf Taiwan schon in den 60er Jahren einen Durchbruch, der so erfolgreich war, daß die Zahl der Schüler in berufsbildenden Anstalten bald doppelt so hoch lag wie in den allgemeinbildenden Sparten: eine erstaunliche Entwicklung, da sie im Grunde genommen ganz „un-konfuzianisch" war. In der Tradition hatten ja immer die Allgemeinbildung und das Amateurideal im Vordergrund gestanden! Die moderne Wendung kam offensichtlich nicht von der Basis her, sondern ging auf den Druck der Erziehungsbürokratie zurück. Das Schulsystem Taiwans folgt dem in fast ganz Asien üblichen 6:3:3:4-Schema: auf sechs Jahre Grundschule folgen also drei Jahre Untere und drei Jahre Obere Mittelschule sowie schließlich vier Jahre Hochschule. Für die meisten Schüler kommt mit dem 15. Lebensjahr das Aus. Soweit sie den Sprung in die Obere Mittelschule schaffen, sehen sie sich augenblicklich einem starken Selektionsdruck ausgesetzt, da sich das Verhältnis zwischen allgemein- und berufsbildenden Schulen dort, wie unter III.3.a) bereits erwähnt, Anfang der 90er Jahre auf 3:7 eingespielt hat. Normalerweise findet sich der Durchschnittsstudent nur dann mit der Berufsschule ab, wenn er von der allgemeinbildenden Schule „hinausgeprüft" wurde. Dieses „kaobushang" mag vom einzelnen zwar als persönliche Tragödie empfunden werden, hat aber, volkswirtschaftlich gesehen, den Vorteil, daß die Rate des

„akademischen Proletariats" auf Taiwan niedriger liegt als in den meisten anderen asiatischen Staaten, und daß gleichzeitig der Industrie- und Tertiärsektor nur selten unter Fachpersonalmangel leidet.

Dem notorischen Hierarchiedenken entsprechend hat sich eine (als solche informelle) Rangskala von erstklassigen und von weniger angesehenen Mittel- und Hochschulen herausgebildet: An der Spitze aller Lehranstalten steht seit Anbeginn einsam die „Taida", d. h. die „Taiwan-Universität" in Taibei. Wer die Taida verläßt, besitzt nach einem ungeschriebenen Gesetz eine Fahrkarte erster Klasse ins Berufsleben. Kein Wunder, daß das Wettrennen um einen Studienplatz in diesem obersten Himmel der Lernkultur bereits im Kindergarten beginnt.

g) „Auf Erfolg abonniert": Die Wirtschaftstugenden

Für Hongkong und Taiwan ist eine Einstellung zum wirtschaftlichen Handeln typisch, wie sie sich nur noch bei wenigen anderen metakonfuzianisch beeinflußten Staaten wie Südkorea, Singapur und Japan antreffen läßt, nämlich Leistungsanerkennung, Fleiß, Unternehmertum, Sparsamkeit, kosmopolitischer Ausblick und Korporativität.

Was erstens *Leistung* anbelangt, so trägt sie, ganz im Gegensatz zum chinesischen Kulturkreis, in den Gesellschaften Südoder Südostasiens nur selten zur gesellschaftlichen Positionierung bei. Im allgemeinen wirken dort eher Statuszuweisungsmechanismen anderer Art, seien es nun Adelsprädikate, Kastenzugehörigkeiten oder Cliquenkriterien. In der konfuzianischen Kultur konnte demgegenüber der Lern- und Prüfungsadel seit Jahrhunderten die gesellschaftlichen Spitzenpositionen beziehen.

Die Anerkennung von Leistung und der damit einhergehende Wettbewerb, wie er vor allem im Lern- und Prüfungsbetrieb stattfand, hat auch auf das Wirtschaftsverhalten abgefärbt und sorgt nicht zuletzt in den atemlos betriebsamen Gesellschaften Hongkongs und Taiwans auch heute noch für eine nie endende Leistungsauslese.

Abb. 7: Trödelmarkt. Sparsamkeit, Leistung, Korporativität, länderübergreifendes Absatzdenken und vor allem nie enden wollender Fleiß bilden das Quintett der metakonfuzianischen Wirtschaftsethik, mit deren Hilfe sich Taiwan neben Japan, Südkorea, Singapur und Hongkong an die Spitze des asiatischen Geleitzugs hat schieben können. Arbeit und Diesseitsfrömmigkeit sind hier Lebensinhalt. Obwohl die modernen Großkaufhäuser in Taiwan nicht weniger üppig ausgestattet sind als etwa in Europa oder Japan, haben die traditionellen Märkte, die ganze Straßenfluchten einnehmen, ihre Anziehungskraft bewahrt. Ladenschlußzeiten sind hier ein Fremdwort. Tagmärkte gehen stufenlos in Nachtmärkte über und entfalten oft erst in der subtropischen Dunkelheit ihre ganze Opulenz. Ruhe kehrt hier allenfalls an den wenigen traditionellen Feiertagen ein. Nichts, was es hier nicht zu kaufen gäbe. Das Durchschnittsangebot freilich ist durchaus alltäglich. So empfiehlt sich beispielsweise auf dem Nasenschild halbrechts oben die Firma „Jian sheng" (wörtl.: „Aufbauen den Sieg") mit ihren Schneiderwaren.

Ein zweiter Aktivposten ist *Fleiß, Hingabe an die Arbeit und materielle Diesseitsfrömmigkeit,* die dem Durchschnittschinesen schon im Kindesalter anerzogen werden und insofern den wirtschaftlichen Erfolg schon halbwegs vorprogrammieren. „Müßiggang" ist sowohl in Hongkong als auch in Taiwan ein Fremdwort.

Zu den wirtschaftsdienlichen Eigenschaften, die bereits dem Kind vermittelt werden, gehören dort Arbeitswille, Selbstbeherrschung, handwerkliche Geschicklichkeit (jeder Griff „sitzt") und Schönheitsempfinden, das vor allem durch den Umgang mit Schriftzeichen geschult wird, darüber hinaus aber auch Erfolgsstreben und ein handfester Materialismus: Gegenüber der eigenen Familie (und gegenüber den Ahnen) bestand von jeher die Pflicht, Vermögen zu erwerben, um nicht nur die Lebenden zu unterstützen, sondern auch die kostspieligen Ahnenzeremonien zu finanzieren. Bei einer Umfrage im Jahr 1985 zeigten sich nicht weniger als 80 % aller Hongkonger davon überzeugt, daß wirtschaftlicher Erfolg im allgemeinen weniger durch Ausbeutung oder Manipulation anderer Menschen als vielmehr durch eigene Anstrengung und durch phantasievolles eigenes Verhalten erreicht werde. In den meisten Gesellschaften Südostasiens gibt es demgegenüber ganz andere Einstellungen: Irdische Schicksale gelten dort vor allem als karma-, kismet- oder götter- und dämonenverursacht.

Ein drittes Plus ist das vor allem bei Südchinesen so häufig anzutreffende *Unternehmertum,* das sich mit einer bisweilen halsbrecherischen Risikobereitschaft und nicht selten auch mit Spekulationsfieber paart. Positiv äußert sich diese Verbindung in dem Bestreben, geschäftlich ohne Unterlaß am Ball zu sein, negativ schlägt es sich in einem Hang zum Glücksspiel nieder. Fast sprichwörtlich ist die Hongkonger Majiang(Mahjong)-Leidenschaft, nicht zuletzt aber auch das Wettverhalten, das die Besucher im „Spielcasino Hongkongs", nämlich in Macau, an den Tag legen, ob sie ihr Glück nun am Roulettetisch oder am Totalisator der Hunderennbahn versuchen. Gewiß ist es kein Zufall, daß auch in Hongkong selbst das illegale Betreiben von Spielhöllen zu den häufigsten Delikten der Einwohnerschaft gehört. Scherzhaft heißt es bisweilen, die Bevölkerung Hongkongs bestehe aus mehr als fünf Millionen Glücksspielern.

Nicht sehr viel anders sieht die Situation auf Taiwan aus: Dort war vor allem Mitte der 80er Jahre das Spekulationsfieber ausgebrochen, nachdem sich im Gefolge der vorausgegangenen Hochkonjunktur ein Überhang an Kapital angesammelt hatte, der nun vor allem in Grundstücke und Wertpapiere drängte. Das knappe Angebot an Wertpapieren ließ die Spekulation bisweilen in Hysterie ausarten und führte dazu, daß die Taiwan-Börse, nach Umsatzfrequenzen gemessen, zeitweilig bis an die Weltspitze rückte, so z. B. im Februar 1990, als die Insel mit 23,8 Mio. Käufen und Verkäufen pro Tag sogar Hongkong (13,3), Tokyo (9,5) und London (7,3) weit hinter sich ließ. Nicht ganz zu Unrecht begannen einige Kritiker diese Zustände als „Kasino-Volkswirtschaft" zu verurteilen. Am Ende haben jedoch nicht die selbstzerstörerischen, sondern noch allemal die konstruktiven Elemente die Oberhand behalten: sie kommen der Volkswirtschaft in Form von Risikobereitschaft und von Fehlerfreundlichkeit zugute.

Lange Zeit war der gewerbetreibende Stand in der konfuzianischen Gesellschaft diskriminiert und auf der vierstufigen Gesellschaftsleiter (Beamtengelehrte, Bauern, Handwerker, Händler) ganz unten eingestuft worden. Die VR China hat sich, wenn auch mit anderen ideologischen Begründungen, dieser Tradition angeschlossen und das Unternehmertum ebenfalls drei Jahrzehnte lang gesellschaftlich diskriminiert und wirtschaftlich geschröpft. Lediglich im modernen Taiwan, in Hongkong sowie in den Huaren-Gemeinden unterblieben solche Einschränkungen – mit der Folge, daß die dortigen Betriebe eine im wahrsten Sinne des Wortes entfesselte Dynamik entfalten konnten. Vor allem die Kaufmannschaft der Kronkolonie hat Weltruhm erlangt: Spontan verbindet sich mit dem Namen Hongkong die Vorstellung von einem Einkaufsparadies und – gemeinsam mit Taiwan – auch von einem Mekka des modernen Reedereiwesens.

Auch wenn die Zügelung von außen her minimal sein mag: von innen her sind dem Unternehmertum nach wie vor Schranken gesetzt. Was speziell Hongkong anbelangt, so hat sich der dortige Erwartungshorizont, sehr zum Schaden weitsichtigeren Wirtschaftens, auf atemlos kurze Zeiträume eingestellt: Investitionen, die sich nicht bereits nach drei bis fünf Jahren amortisieren, werden schon fast als Fehlanlage betrachtet – nicht gerade ein Anreiz zu langfristigem Planen!

Weitere Limitierungen, von denen im übrigen auch das taiwanesische Unternehmertum betroffen ist, sind das konfuzianische

Harmoniegebot und die damit verbundene Konfliktscheu. So gibt es beispielsweise gewisse Hemmungen, (1) sein Geld zurückzuverlangen, (2) durch allzu offen vorgetragenen Wettbewerb Anstoß zu erregen, (3) sich anders zu verhalten, als die Konkurrenten (Konformismus) oder aber (4) etwas Neues zu versuchen (Konservativismus). Nicht selten lassen sich deshalb die Konkurrenten Tür an Tür nieder und üben ihren Wettbewerb auf diese Weise unter strikter gegenseitiger Kontrolle aus.

An vierter Stelle unter den Wirtschaftstugenden ist die dem Durchschnittschinesen so selbstverständliche *Sparsamkeit* zu nennen – Grundvoraussetzung jeder Kapitalbildung. In den meisten nicht-konfuzianischen Gesellschaften Asiens ist Sparsamkeit ein Fremdwort. Bei den malaiischen Völkern beispielsweise gilt nicht das Sparen, sondern das großzügige gemeinsame Verausgaben in Form von „Slametan-Ritualen" als höherwertiges Sozialverhalten. Auch in den theravadabuddhistischen Gesellschaften wird es als religiös geboten und als gesellschaftlich ehrenhaft angesehen, Einkommen so weit wie möglich in karma-fördernde, also religiös sinnvolle Verrichtungen einzubringen, um auf diese Weise die Startchancen im nächsten Leben zu verbessern. Volkswirtschaftlich gesehen, läuft dieses Verhalten freilich auf reines Konsumieren hinaus.

Wenn die Auslandschinesen in Südostasien, die ja ein ähnliches Verhalten an den Tag legen wie die Bewohner Hongkongs und Taiwans, immer wohlhabender werden, während die Bumiputra (Söhne der Erde) zurückbleiben, so hat dies nichts mit Unterschieden in der Intelligenz zu tun, sondern hängt mit einer andersgearteten Grundeinstellung zusammen: Für die einen ist es eben – im ursprünglichen Sinn des Wortes – „sinnvoller", jedes Geldstück zu reinvestieren, für die anderen aber „werthafter", es zu konsumieren, das heißt also, es für Slametan- oder für Karma-Zwecke zu verausgaben.

Im Zeichen der Weltwirtschaft, die am Ende des 20. Jh. keine Grenzen mehr gelten lassen will, erweist sich, fünftens, die *Globalorientierung,* die von ihrem prinzipiellen Ansatz her in der traditionellen Tianxia(„Unter dem Himmel")-Philosophie angelegt ist, als ideales Antriebselement für *weltweites* Absatz-

und Werbeverhalten. In der Tat demonstrieren japanische, taiwanesische und südkoreanische Unternehmen mit der Eroberung wachsender Marktanteile fast täglich die Wirtschaftstauglichkeit ihres Wertesystems, während andererseits die „realsozialistischen" Gesellschaften der VR China, Vietnams und Nordkoreas lange Zeit wirtschaftlich zurückblieben, weil sie sich ideologische Fesseln angelegt und so die in ihren Menschen schlummernden Energien vergeudet hatten.

Wirtschaftlich am bedeutendsten ist aber wahrscheinlich das sechste hier zu erwähnende Element, nämlich die *Korporativität*. Während Staat, Kapital (Unternehmen) und Arbeit (Gewerkschaften) in westlichen Gesellschaften manchmal weit auseinanderdriften (man denke an die Dauerkonflikte zwischen Unternehmen, Regierung und Trade Unions im Großbritannien vor Margret Thatcher), zeigen sich in den Gesellschaften Japans, Südkoras, Taiwans und auch Hongkongs wesentlich geringere Reibungsverluste. Dies läßt sich auf mikroökonomischer Ebene besonders deutlich am Beispiel des Verhältnisses zwischen Betriebsleitung und Arbeiterschaft illustrieren: Während das Gros der Gewerkschaften im Westen auf Industriebranchenebene angesiedelt ist, gibt es im metakonfuzianischen Asien fast nur Betriebsgewerkschaften, die, wie in Taiwan und Hongkong deutlich wird, dazu neigen, die Gemeinsamkeiten mit dem Betriebsmanagement hochzuhalten, die Differenzen aber soweit wie möglich unter den Teppich zu kehren – hierbei lebhaft unterstützt von der staatlichen Wirtschaftsbürokratie, deren führende Repräsentanten mit den einzelnen Betriebsleitern nicht selten durch personelle Bande (Schulbekanntschaften etc.) verflochten sind.

Das metakonfuzianische Betriebsethos geht weniger vom Individuum als vielmehr von der Betriebsgemeinschaft aus: Das Unternehmen sind *Wir*, im Guten wie im Bösen, und *Wir* tragen auch – jeder an seinem (hierarchisch) genau festgelegten Platz – gemeinsame Verantwortung. „Solidarität nach innen und Gruppenegoismus nach außen" sind den Trägern eines solchen Wertesystems gleichsam eintätowiert. Fast überflüssig zu betonen, daß hier für ein Denken in Klassenkategorien kein Platz ist;

richtet sich die Solidarität doch von unten nach oben und nicht etwa zur Seite hin: Der Arbeiter empfindet sich also nicht etwa als „Proletarier", der mit den „Genossen" in anderen Betrieben oder gar in aller Welt das Schicksal der gemeinsamen Ausbeutung teilt und sich daher einem betriebs- und nationenübergreifenden Klassenkampfauftrag verpflichtet fühlte, sondern er begreift sich, ganz un-abstrakt, als Mitglied einer tagtäglich erlebbaren Betriebsfamilie, die obendrein häufig aus Verwandten besteht und mit der man sich – vom Betriebsleiter bis hinunter zum Hilfsarbeiter – gefälligst zu solidarisieren hat.

Aus dem gleichen Grunde auch schälen sich Klein- und Mittelbetriebe nur ungern aus dem Familienrahmen heraus und bevorzugen statt dessen eine Vielfalt von Vertrags- und Untervertragsbeziehungen, für die es keiner schriftlichen Vereinbarungen bedarf und die „typisch chinesische" Verschachtelungen zur Folge haben, in deren kleinzelligem Rahmenwerk sich die einzelnen Betriebe auf manchmal winzige Teilprozesse spezialisieren können. Kein Wunder, daß Hongkong- und Taiwanchinesen als Betreiber von Restaurant-, Wäscherei- oder Reparaturunternehmen unschlagbar sind.

Neben dem Filigran der Kleinunternehmen gibt es freilich auch Großbetriebe, die in Hongkong in aller Regel von Ausländern oder aber von Shanghai-Chinesen, in Taiwan aber zumeist vom Staat (öffentliche Unternehmen!) getragen werden. Eine Hongkonger Besonderheit sind das etwa halbe Dutzend altehrwürdiger Handelshäuser, die mit der Geschichte der Kronkolonie untrennbar verbunden scheinen und deren hochmütige Inhaber sich, wie bereits erwähnt, lange Zeit als „Taipan" titulieren ließen. Die Bezeichnung ging später auf die Betriebe als ganze über. Noch heute firmieren Unternehmen, wie das „Noble House" Jardine & Matheson, aber auch Firmen wie Swire, Hutchison Whampoa oder Wheelock Marden unter diesem Namen. Formell stehen diese Firmen zwar nach wie vor unter ausländischer Regie, doch sind bereits ganze Geschäftszweige dieser „Taipans" in den vergangenen Jahren auf meist subtile Weise von innen her „sinisiert" worden. Die Firma Wheelock Marden steht seit 1985 sogar als ganze mehrheitlich unter Kontrolle der

Hongkonger Großreederei Y. K. Pao. Auch Geschäftsanteile der Swire Group, so z. B. größere Aktienpakete an der Fluggesellschaft Cathay Pacific, sind von Chinesen erworben worden – in diesem Fall sogar von Firmen der VR China, deren Repräsentanten es sich, wie das Beispiel zeigt, in den Ruinen der alten Ideologie bequem gemacht haben.

3. Kleine Traditionen: Das Aroma der Vergangenheit

Ungeachtet des atemberaubenden Modernisierungstempos, dem sie ausgesetzt waren, haben sich in Hongkong und Taiwan noch zahlreiche Gewohnheiten der Kleinen Tradition erhalten, deren Beschreibung Bände füllen würde: Man denke an die immer noch mit Begeisterung gefeierten Festtage (Neujahrs-, Allerseelen- (Qingming), Mittherbst- oder Drachenbootfest, die alle in Vollmondperioden stattfinden), ferner an die unzähligen Spielarten der Volksmedizin und Akupunktur, an die nach wie vor populäre „Peking-Oper", an die Kampfsportarten, an die so überaus raffinierte und in ganz China berühmte „Canton-Küche", nicht zuletzt aber auch an liebenswerte Angewohnheiten wie den überall verbreiteten Glauben an die magische Kraft von Zahlen: Hongkonger Unternehmer sind beispielsweise bereit, für eine Lizenznummer mit der Zahlenkombination 138 oder 2328 Unsummen zu zahlen. 138 klingt in der cantonesischen Aussprache („Yat sung fat") phonetisch so ähnlich wie „wohlhabend und günstig"; die Aussprache von 2328 hat den Lautwert von „Yee sung yee fat", was soviel heißt wie „Wachstum und Wohlhabenheit kommen leicht".

Stellvertretend für die Fülle all dieser Kleinen Traditionen seien hier zwei besonders prägnante Erscheinungsformen herausgegriffen, nämlich das „fengshui" und die Volksreligion.

Die alte Kunst, den magischen Strömungen von „Wind und Wasser" (dies ist die Übersetzung von „fengshui") nachzuspüren und sich mit ihnen sowohl beim Bau von Häusern als auch bei der Anlage von Gräbern harmonisch – und damit glücksverheißend – zu arrangieren, ist eine Form der Geomantie, die in

Taiwan und in Hongkong auch am Ende des 20. Jh. noch ungeteilte Anerkennung findet. Kein echter Hongkonger, der nicht davon überzeugt wäre, daß die Kronkolonie alle Prosperität hauptsächlich ihrem günstigen Fengshui verdankte. Wie die Geomantiker mit ihren Wünschelruten und Astrolabien immer wieder feststellen können, verlaufen die „Drachenadern", d. h. die physischen und metaphysischen Wasserläufe von den Höhenrücken der Guangdong-Randgebirge bis hin zur Südspitze der Hongkong-Insel, in exakt nord-südlicher Richtung und folgen damit der Ideallinie schlechthin. Mehr noch: Ziemlich genau an der Berührungszone zwischen den New Territories und Kowloon beginnen sie sich, immerfort in südlicher Richtung, in neun Strömungen aufzuzweigen und damit genau den Konturen des in der chinesischen Bauernwelt so glücksverheißenden „Neunköpfigen Drachen" zu entsprechen, weshalb das Gebiet hier ja auch Kowloon (m.: „Jiulong", „Neun Drachen") heißt.

Viele Jahrhunderte lang konnten „Wind" (= kosmischer Atem) und „Wasser" dieser heilsamen Richtung ungehindert folgen und so ihre glücksbringende Wirkung entfalten. Seit 1988 aber gilt die Harmonie zwischen Himmel und Erde als gestört: steht doch seit dieser Zeit der neue, 315 m hohe „Wind- und Wasserkratzer" der Bank of China ausgerechnet auf jener Hauptdrachenader, die von der Mitte Kowloons hinüber zum Victoria Peak führt. Kein Geomantiker, der sich inzwischen nicht zu Wort gemeldet, nicht den Kopf geschüttelt und nicht unheilverkündende Analysen angestellt hätte. Bei der Bevölkerung treffen solche Befunde auf offene Ohren – und weitgeöffnete Augen: ist doch die Meinung der Geomanten so begehrt, daß sie auch im Fernsehen regelmäßig auftreten.

Nach Fengshui-Regeln gibt es keine Zufälle, so daß Glück ex ante halbwegs vorprogrammiert und Unglück ex post auf die Verletzung bestimmter Wind-Wasser-Regeln zurückgeführt werden kann. Kommt es zu Kalamitäten, so geht der schnell herbeigerufene Fengshui-Spezialist dem Ariadnefaden der Ursachen nach und empfiehlt dann beispielsweise die Vermauerung eines Fensters, die Versetzung der Eingangstür oder die Anbringung abwehrkräftiger Schriftzeichen.

Kein Architekt übrigens, der es sich leisten könnte, geomantische Regeln links liegen zu lassen! Leider war der Baumeister des Bank of China-Turms ein vor allem in den USA tätiger Auslandschinese, der offensichtlich keine Bodenhaftung in der Tradition mehr besaß und – ermuntert von seinen KPCh-Auftraggebern – alle Warnungen der Fengshui-Fachleute in den Wind schlug.

Auch auf Taiwan gibt es heutzutage noch rd. 25 000 Fengshui-Spezialisten, die nicht weniger Kundschaft besitzen als ihre Hongkonger Kollegen und deshalb ebenfalls noch lange nicht zum alten Eisen gehören!

Nicht nur das Fengshui, sondern auch die *Volksreligionen* haben ein kräftiges Nachleben. Zwar ist die Bevölkerung Hongkongs jung und unruhig: Überall hasten Heere von Angestellten durch Gänge und Umläufe sowie über Brücken und Treppen, deren Filigran ober- und unterirdisch zu einer endlosen Kette von Restaurants, Cafés und Bars, von Warenhäusern, Luxusläden und Schönheitsboutiquen vernestelt ist. Vor allem Hongkong/Victoria erscheint als ein „entgöttlichtes" asiatisches Manhattan, als eine Ansammlung von Kathedralen des Kapitalismus, von schreiender Reklame und von Lebensäußerungen säkularster Art. Und doch beginnt meist schon dicht hinter den glitzernden Fassaden das alte Hongkong mit seinen schnell sich verengenden Gäßchen, seinen Trödelmärkten und seinen Hinterhofbetrieben. Hier ist der Ort, wo, ähnlich wie in Taiwan, Garküchen die Straßenränder säumen, wo Reishändler in der Mittagsstunde auf ihren Säcken dösen, wo der Ladeninhaber an der Ecke mit dem Abakus, d. h. dem traditionellen Rechenbrett, das Ergebnis des Taschenrechners nachprüft und wo, umittelbar am Rande des „dahinfließenden Lebens", versteckte Hinterhoftempel zur Einkehr laden oder vor einem unscheinbar in einer Nische stehenden Götterbildnis Räucherstäbchen glimmen.

Während auf dem Festland intensive, wenn auch erfolglose „Kampagnen gegen den Aberglauben" jahrelang zum Alltag gehörten, hat sich in Hongkong und auf Taiwan ein farbiges religiöses Leben erhalten. Die Vermischung von daoistischen und

Abb. 8: Opfer am Altar. Die Menschen auf Taiwan unterhalten zu ihren Göttern ein liebevoll-unverkrampftes Verhältnis, das in entwaffnender Weise auf Zinsfuß steht: Sie opfern Weihrauch, Göttergeld, Nahrungsmittel oder Getreide und erwarten dafür Gegenleistungen. Geschäftsleute bitten beispielsweise um ertragreiche Handelsabschlüsse, Studenten um Prüfungserfolg, Frauen um einen guten Ehemann oder um Kindersegen, Senioren um lange Gesundheit oder aber um einen sanften und gesegneten Tod. Für alles und jedes gibt es Spezialgötter, die wie Beamte, strikt nach Rang, in eine endlos anmutende Hierarchie eingegliedert sind. Die Tempel dienen nicht nur als Bittsteller-, Opfer- oder Anbetungsstätten, sondern sind auch Orte der Götterbefragung (mit Hilfe von Orakelstäbchen), der Danksagung und der Wallfahrt. Selten begegnet man hier „kirchlichem Ernst" im protestantischen Sinne.

buddhistischen Elementen sowie heimischen Bodengottheiten hat hier wie dort zu einer religiösen Vielfalt ohnegleichen geführt. Eine besonders wichtige Rolle spielen in Hongkong und Taiwan, die ja beide von stürmischen Gewässern umgeben sind, die Seegötter – allen voran die Göttin Mazu, die, ganz im Stil der religiösen Tradition Chinas, nicht eine vom Himmel gekommene Erscheinung, sondern eine höchst irdische junge Frau war, die im Jahre 960 in einem der Insel Taiwan gegenüberliegenden Küstenstädtchen zur Welt kam und schon zu ihren Lebzeiten in ganz Südchina berühmt wurde, weil sie, wie es hieß, mit ihren telekinetischen Fähigkeiten Matrosen aus Lebensgefahr gerettet habe. Seitdem galt sie als Patronin der Seefahrt. Tempel zur Verehrung der Mazu, die mit der (daoistischen) Ehefrau des Jadekaisers im Laufe der Zeit zu *einer* Person verschmolzen und dadurch zur „Tianhou" (Himmelskaiserin) aufgewertet wurde, befinden sich heutzutage entlang der gesamten südostchinesischen Küste, aber auch in Südostasien, Japan und San Francisco, vor allem aber in Hongkong, Macau und – mit insgesamt rd. 330 Verehrungsstätten – auf Taiwan.

Am beeindruckendsten für westliche Ausländer sind die Stätten des Buddhismus, sei es nun der mit Klöstern übersäte „Löwenkopfberg" (Shitoushan) in Nordwesttaiwan oder aber das Anbetungszeremoniell in den meisten der über dreitausend taiwanesischen Tempel, die von rd. 6000 Mönchen (heshang) und Nonnen (nigu) betreut werden. In Hongkong hat sich zumeist auf den Außeninseln ein reicher Tempelkult erhalten. Kaum ein größerer Kontrast läßt sich denken, als der Gegensatz zwischen dem quirligen Leben der Innenstadt und der majestätischen Ruhe und Behaglichkeit der buddhistischen Heiligtümer auf den Inseln. Die Tempel dienen nicht nur als Stätten der Anbetung, sondern auch als Ort der Götterbefragung (mit Hilfe von Orakelstäbchen) und der Dankopfer. So werden beispielsweise Kleider- oder Schmuckopfer (z. B. durch Umhängen einer Goldbrosche um den Hals der Gottheit) dargebracht, Weihrauchkerzen abgebrannt und bisweilen stunden- oder tageweise zur Ergötzung der Gottheit Lokalopern aufgeführt.

Nicht nur in den Tempeln, sondern auch in den meisten Häusern steht ein Altar, auf dem die Haushaltsgötter neben den Familienahnen verehrt werden. Vor dem Hausaltar, dessen Aufbauten meist bis zur Decke hoch reichen und mit Bildern, Schriftbändern, Kerzenleuchtern und Seelentäfelchen für die Ahnen geschmückt sind, steht der „Tisch der Acht Unsterblichen", an dem die Familie manchmal auch heute noch das Essen einzunehmen pflegt und auf dem sich Opfergaben für den

„Küchengott" und für die Ahnen aufgestellt finden. Blue Jeans, Krawatte und Ahnenopfer passen hier mühelos zusammen.

In den winzigen Hochhausappartements, wie sie von den Bewohnern Hongkongs oder Taibeis heutzutage bewohnt werden, ist für Hausaltäre und für Genien-Tische allerdings kaum noch Platz!

4. Wachstumsringe: Was sich geändert hat und was geblieben ist

Im Zeichen einer mehr als 30jährigen Prosperität haben sich Hongkong und Taiwan zumindest äußerlich im Zeitraffertempo verändert.

Wer sich nur mit dem Hongkong oder dem Taiwan der 50er oder frühen 60er Jahre vertraut gemacht hat, würde beide in den 90er Jahren schwerlich wiedererkennen. Damals bestanden ganze Stadtteile Taibeis noch aus japanischen Holzhauskolonien, die in einen Flaum von Buschgrün eingebettet und nur über Nebensträßchen erreichbar waren. In den Straßenschluchten der Innenstadt gaben die Sanlunche das Verkehrstempo vor: jene „dreirädrigen Rikschas" (so die wörtliche Übersetzung), die von einem zumeist mit bäuerlichem Strohhut vor Regen und Sonne geschützten Radfahrer angetrieben wurden. Auf den Dörfern bestellten die Bauern ihre Felder zumeist noch mit den traditionellen Geräten und bedienten sich dabei vor allem des Wasserbüffels, der damals ebenso zur Landschaft Taiwans gehörte wie das Gebirge hinter der Ebene oder das Meer in der Ferne und der auf dem Dorf allgegenwärtig war, ob er nun den Pflug zog, sich im Schlamm eines Reisfeldes wälzte oder, behaglich mit den Kiefern mahlend, am Straßenrand kauerte. Längst gehört diese Idylle der Vergangenheit an; heutzutage bestimmen Motoren den bäuerlichen Arbeitsrhythmus.

Ähnlich radikal hat sich das Bild Hongkongs verändert: Noch in den 60er Jahren war selbst Victoria eine beinahe exotische Stadt. Unmittelbar hinter den damals noch vergleichsweise bescheidenen Hochhäusern zogen sich die von unzähligen Kramläden, hökernden Handwerkern und Imbißstuben gesäumten und stets von prallem Leben erfüllten „Leiterwege" (ladder streets) kreuz und quer die Hänge hinauf und hießen, ganz nach altchinesischer Manier, „Uhrenhändler"-, „Baumwoll"-, „Blumenverkäufer"-, „Bücher"- oder „Curio-Straße".

Gewagte Überblendungen und Kombinationen von europäischen und traditionellen chinesischen Baustilen, von Transportmitteln, Wohnquartieren und Ladenfronten bestimmten damals noch den Stil des Straßenbilds in den großstädtischen Teilen Hongkongs. Noch „ursprünglicher" wirkten die Nachbargemeinden von Victoria: Der Fischereihafen Aberdeen auf der Südseite der Insel z. B. sah noch so aus, wie sich alle Welt einen Hongkonger Hafen vorstellte, und war belebt von Restaurantschiffen, Wohnbooten und „Taxi-Sampans", wie sie auch in den Hongkong-Filmen immer wieder aufzutauchen pflegten, und deren Realität dem Klischee ganz nahe kam. Nicht zuletzt aber bestanden die New Territories noch aus stillen, von anmutigen Seen, Reis- und Gemüsefeldern sowie von Entenfarmen durchzogenen Landschaften, die auf ihren Anhöhen von einer Galerie buddhistischer Tempel und von Gräberfeldern gesäumt waren, die in ihrer Anordnung dem Fengshui-Regelwerk gehorchten.

Zu all den Erinnerungen von damals passen nur noch wenige Überreste, seien es nun die alten Straßenzüge und die immer noch unvergleichlichen Panoramaveduten, seien es die nach wie vor schreienden Kontraste zwischen Wohlhabenheit und Armut, zwischen Hypermodernismus und Traditionsverhaftung, zwischen Reizüberflutung und zeitloser Stille – Kontraste also, die ein Stilmerkmal Hongkongs zu sein scheinen, die aber, wie genauere Untersuchungen zeigen, auf den außenstehenden Betrachter meist wesentlich krasser wirken, als sie es in Wirklichkeit sind.

Rasend schnell hat die Zeitmaschine ihr Änderungswerk in Hongkong und Taiwan verrichtet. Hat sie freilich mit der gleichen Schnelligkeit und Dynamik auch die Menschen mitgerissen und mitverwandelt? Auf den ersten Blick lassen sich in der Tat auch hier tiefgreifende Unterschiede gegenüber der „guten alten Zeit" feststellen: Was beispielsweise die traditionelle „Gemeinschaftsbezogenheit" anbelangt, so hat sie in den nach Wohn- und Bürosilos aufparzellierten und in all ihren Lebensäußerungen so atemlosen Gesellschaften Hongkongs und Taiwans einem bisweilen höchst penetranten „Familienegoismus" Platz machen müssen. Akzentverschiebungen auch im Hierarchiedenken: Herausgebildet hat sich hier wie dort eine neue „Mittelklasse", die immer ungeduldiger auf Mitbestimmung pocht und deren selbstbewußtes Auftreten vor allem auf Taiwan einen inzwischen authentischen Demokratisierungsprozeß eingeleitet hat, wie er Mitte der 60er Jahre noch kaum vorstellbar gewesen wäre. Nicht zuletzt aber hat sich das Unternehmertum Hongkongs und Taiwans in einer Dynamik entfalten können, wie es in der bisherigen chinesischen Geschichte ganz undenkbar gewesen wäre: Folge bürokratischer Askese und Nichteinmischung in betriebswirtschaftliche Entscheidungen. Während im alten China noch viele Energien hatten versickern müssen, konnten sich in den modernen Unternehmer- und Wettbewerbsgesellschaften von Hongkong und Taiwan die Arbeitsmethoden optimieren. Was sich hier entwickelte war mehr Konkurrenz, weniger Fatalismus, mehr „Heiligung" des Privateigentums und mehr Sicherheit im Ausnutzen gewerblicher Freiräume.

Trotz des Schwungs, mit dem der Wandel hier um sich griff, ist jedoch der Löwenanteil des metakonfuzianischen Erbes in seiner Substanz durchaus erhalten geblieben, sei es nun die prinzipiell nach wie vor bejahte Gemeinschaftsbezogenheit, die dem Individualismus verhältnismäßig wenig Raum läßt, sei es die Hierarchisierung, die allerdings mit dem Wunsch nach wirtschaftlicher Egalisierung einhergeht, oder aber sei es das elementare Ordnungs- und Stabilitätsdenken, das sich mit einer tiefen Abneigung gegen Luan (Chaos) paart. Auch der alte Dualismus zwischen Danwei- und Transdanwei-Bereich zeigt nach wie vor tiefe Spuren und äußert sich sozialpolitisch vor allem in dem Bestreben, Probleme der Daseinsvorsorge möglichst partikulär, d.h. im überschaubaren Rahmen, zu lösen. Ungebrochen auch die alte Erziehungs- und Lerntradition, die allerdings mittlerweile mehr dem Fach- als dem Amateurideal gehorcht, und nach wie vor spontan die Bereitschaft, mit einer paternalistischen Bürokratie zu leben, sofern sie sich den beiden Hauptzielen, nämlich politischer Stabilität und wirtschaftlicher Prosperität, verpflichtet fühlt. Auch die alten Wirtschaftstugenden wie Leistung, Fleiß, Unternehmertum, Sparsamkeit und Korporativität stehen nach wie vor hoch im Kurs, ja haben im scharfen Wind des Wettbewerbs und im kreativen Chaos des Alltags sogar noch zulegen können.

150 Jahre lang wurde das chinesische Wertesystem auf Hongkonger Boden durch den Fleischwolf einer extremen Urbanisierung und Verwestlichung gedreht – und doch ist es in seiner Substanz erhalten geblieben. Könnte es einen handfesteren Beweis für die Überlebensfähigkeit und – mehr noch – für das Anpassungsvermögen des Metakonfuzianismus geben!?

V. Die Zukunft

1. Die Zauberformel „SVZ"

Ginge es nach den Vorstellungen Beijings, so würde sowohl die Hongkong- als auch die Taiwan-Frage nach der Formel „Ein Land – zwei Systeme" („yi guo liang zhi") gelöst. Hongkong und Taiwan würden demgemäß integrierende – und „unabtrennbare" – Bestandteile eines chinesischen Einheitsstaats, hätten gleichzeitig aber auch die Befugnis, in ihrer jeweiligen Nische langfristig ein vom „Sozialismus" der VR China abweichendes, also ganz *anderes* gesellschaftliches (§ 5 Grundgesetz: „kapitalistisches") System zu praktizieren. Beijing wird nicht müde zu betonen, daß es sich bei diesem „von Deng Xiaoping entworfenen Konzept" um ein „völlig neues Modell für den Staatsaufbau" handle, das sich sowohl vom Einheitsstaat als auch vom Bundesstaat herkömmlichen Musters äonenweit unterscheide: Im zentralen *Einheitsstaat* besäßen die untergeordneten Gliederungen keine jener Eigenständigkeiten, wie sie in dem von Beijing vorgeschlagenen „Eins-Zwei-Staat" selbstverständlich sein sollen; in einem *Bundesstaat* herkömmlichen Zuschnitts andererseits kämen den regionalen Einheiten zwar erhebliche Autonomierechte zu, die jedoch auch im Westen, wie die Beijinger Propaganda betont, schnell auf Grenzen stießen: So finde sich beispielsweise in der Verfassung der USA eine Limitierungsklausel, derzufolge die einzelnen „Bundesstaaten" nicht befugt seien, eigene Zollgewalt auszuüben, eigene Banknoten herauszugeben oder eigene Streitkräfte zu unterhalten. Im Gegensatz dazu solle die SVZ (Sonderverwaltungszone, tebie xingzhengqu) Hongkong nach 1997 sowohl ihre Zollhoheit behalten als auch ihre eigene Währung herausgeben dürfen. Einer künftigen SVZ Taiwan wurde sogar das Recht eingeräumt, eigene Streitkräfte zu behalten. Neben der Unabhängigkeit in Zoll-,

Währungs- und Finanzfragen stehe einer SVZ außerdem die volle Gesetzgebungsgewalt zu. Es gebe dort keine Abgrenzung zwischen Bundes- und Landesrecht, sondern ausschließlich „Landesrecht", das lediglich zwölf Beschränkungen unterliegt, die unten aufzuzählen sind. Auch sollten SVZen ihre unabhängige Rechtsprechung beibehalten, einschließlich des Rechts der letzten Instanz. Vor allem aber könne in der SVZ, wie immer wieder betont, ein anderes gesellschaftliches System praktiziert werden. Lediglich bei der Verteidigung (Stationierung von Soldaten!) und bei der Außenpolitik behalte sich die Zentralregierung das Recht der alleinigen Zuständigkeit vor.

Beijing wird nicht müde zu versichern, daß seine „Politik der offenen Tür", mit der ja die SVZ-Philosophie aufs engste zusammenhänge, keine vorübergehende Maßnahme sei, sondern einem prinzipiell und langfristig angelegten strategischen Kurs folge, der den gesamten Modernisierungsprozeß über beibehalten werden solle.

All diese Versicherungen klingen verlockend, haben die Hongkonger jedoch allenfalls zu einem „Ja, aber" veranlassen können. Erstens nämlich sei die Bevölkerung nie darüber befragt worden, ob sie denn wirklich in einer SVZ leben wolle, und zweitens würden die auf dem Papier stehenden Autonomieversprechen durch keinerlei Garantie abgestützt.

Verteidiger des SVZ-Konzepts führen demgegenüber zwei Argumente zugunsten Beijings ins Feld, nämlich erstens die Tatsache, daß die VR China noch nie einen „völkerrechtlichen" Vertrag gebrochen habe (bei der „Gemeinsamen sino-britischen Erklärung" von 1984 handele es sich ja in Wirklichkeit um eine Vereinbarung völkerrechtlichen Charakters!), und daß es außerdem in der Geschichte Chinas bereits mehrere Präzedenzregelungen vergleichbaren Inhalts gegeben habe, die Mut machen und das Vertrauen in die Autonomiezusagen rechtfertigen könnten.

In der Tat häufen sich seit 1979 Hinweise darauf, daß das alte „Canton-System", wie es bis 1841 Bestand hatte, keineswegs eingeschlummert, sondern in den Köpfen der KPCh-Führer sogar höchst lebendig geblieben ist und in Form der vor den Toren

Hongkongs und Macaus errichteten „Wirtschaftssonderzonen" eine Neuauflage erfahren hat. Hier, in diesen Zonen, können und sollen Ausländer sich und ihren „Kapitalismus" zum Wohle der Modernisierung Chinas austoben: Je höher die Mauern, um so schrankenloser die Freiheit! Was heute die WSZen, sollen morgen Hongkong und Taiwan sein, nämlich sorgsam abgeriegelte Reservate.

Das Canton-System ist zwar ein besonders plakatives, keineswegs aber das einzige, und schon gar nicht das historisch früheste Beispiel chinesischer Exklaven-Politik. Vielmehr läßt sich das „Sonderzonen"-Denken bis mindestens in die Tang-Zeit (618–907 n. Chr.) zurückverfolgen. Ob China es damals mit Vertretern fremder Kulturen in den Küsten-, oder aber in den Oasenstädten der zentralasiatischen Seidenstraßen zu tun hatte – stets war es bemüht, sie auf Armlänge von der eigenen Bevölkerung wegzuhalten, sie also nach Möglichkeit mit einem Cordon sanitaire zu umgeben und sie aus weiter Distanz von herablassend-wohlwollenden Beamten überwachen zu lassen.

Daß Chinesen dieses Isolierungs- und Nischensystem übrigens auch für sich selbst spontan akzeptieren und es in diesem Sinne auch heute noch handhaben, beweisen die Chinatowns in Südostasien, aber auch in New York oder San Francisco.

Wer sich mit chinesischer Geschichte oder chinesischer Mentalität befaßt, wird die Sonderzonen-Pläne Beijings gegenüber Taiwan und Hongkong nach alledem keineswegs für besonders kapriziös oder ausgefallen halten.

Doch wie sollen die „SVZen" konkret ausgestaltet werden?

2. Die Hongkonger Perspektiven

a) Optionen und Marathonverhandlungen

Eigentlich wollte Beijing die Wiedervereinigung mit Taiwan lange vor der „Repatriierung" Hongkongs gelöst haben. Da Taiwan seinen plumpen Umarmungsversuchen jedoch immer wieder auszuweichen verstand, wurde die Reihenfolge umgedreht: War

Hongkong doch sowohl geostrategisch als vor allem auch wirtschaftlich leichter in den Griff zu bekommen. Außerdem ließ sich hier eine Präzedenzlösung schaffen, die, so hofft man in Beijing, eines Tages auch für die Wiedereingliederung Taiwans modellhaft werden könnte und die deshalb besonders sorgfältig auszuarbeiten war.

Dreieinhalb Jahre nach Beginn des Reformkurses beschloß die Deng Xiaoping-Führung, die sich damals noch unter Erfolgszwang sah, das Hongkong-Problem anzupacken und zu diesem Zweck London an den Verhandlungstisch zu bitten. Die Regierung Thatcher zeigte jedoch nur wenig Bereitschaft, sich auf dieses Ansinnen einzulassen: Die im 19. Jh. unterzeichneten Verträge über Hongkong seien, ließ sie verlauten, nach wie vor gültig, und überdies obliege den Briten eine „moralische Verantwortung" gegenüber den Einwohnern Hongkongs. Beijing gab sich empört, wies auf den „ungleichen" – also juristisch nichtigen – Charakter der Verträge hin und pochte darauf, daß Hongkong nach wie vor Teil des chinesischen Territoriums sei.

Da der Staub nun einmal aufgewirbelt war, setzten Diskussionen und Überlegungenen für eine mögliche „Lösung" ein. Nicht weniger als sieben Szenarien standen schon bald zur Debatte: So hieß es beispielsweise, daß (1) der Status quo erhalten bleiben solle. Diesem Ansinnen stand jedoch die chinesische Auffassung entgegen, daß die drei Verträge von 1842, 1860 und 1898 ungültig seien, also keine Rechtsgrundlage abgäben. Auch (2) eine „Falkland"-Lösung kam nicht in Frage. Der Gedanke an ein militärisches Eingreifen Großbritanniens mußte nicht nur angesichts der ungleichen Kräfteverhältnisse in Südchina, sondern auch darum als absurd erscheinen, weil China die Kronkolonie mit dem bloßen Abdrehen des Wasserhahns, also bereits mit nichtmilitärischen Mitteln, in die Knie zwingen konnte. Auch (3) ein Plebiszit der Hongkonger Bevölkerung kam nicht in Betracht, da die Beijinger Regierung von einem „Gangren zhigan" („Hongkonger regieren Hongkong") von vornherein nichts wissen wollte. Es wäre ja noch schöner, eine solche Schicksalsentscheidung dem Volk zu überlassen! In Erwägung gezogen wurde eine Zeitlang (4) auch eine gemeinsame chinesisch-britische Verwaltung nach dem Muster der Panamakanal-Vereinbarung von 1978. Da die VR China sich allerdings als ausschließlichen und einzigen Herren über Hongkong betrachtete, wäre eine solche Lösung weder mit den Beijinger Souveränitätsvorstellungen noch mit dem chinesischen „Gesicht" vereinbar gewesen. Aus den gleichen Gründen mußte auch (5) eine „Internationalisierung" Hongkongs (z. B. unter UNO-Regie) als unannehmbar erscheinen. Umgekehrt hätte sich (6) die Anwendung des (damaligen) „Macau-Modells" auf Hongkong mit dem britischen Selbstverständnis nicht vereinbaren lassen. 1976 war das nur 16 qkm große Macau durch Änderung der portugiesischen Verfassung zum „chinesischen Territorium unter portugiesischer Verwaltung" erklärt worden – mit der Folge, daß „die Portugiesen verwalteten und repräsentierten, während die Chinesen kassierten" und sich im übrigen wie Herren im eigenen Hause benahmen. (7) Nicht zuletzt aber versuchte die britische Regierung, mit der VR China wenigstens zu einem völkerrechtlichen Vertrag über Hongkong zu kommen, um auf diese Weise als eine Art zweiter Souverän im Geschäft zu bleiben. Doch auch darauf ließ sich Beijing als angeblich alleiniger Territorialherr nicht ein. Verhandlungen sollten also nicht auf einen Vertrag, sondern auf eine „Gemeinsame Erklärung" hinauslaufen.

Letztlich setzten sich die Chinesen sowohl formell als auch materiell durch:
– Verhandelt wurde auf Botschafterebene, wobei sich die Gespräche über zermürbende 22 Runden hinzogen und von Juli 1983 bis September 1984 dauerten. Abgeschlossen wurde der Marathonprozeß nicht mit einem Vertrag, sondern, wie erwähnt, mit einer „Gemeinsamen Erklärung".
– Auch inhaltlich konnten die Beijinger Unterhändler ihre Formel „Ein Staat, zwei Gesellschaftsordnungen" durchdrücken. Danach soll die bisherige Kronkolonie vom 1. Juli 1997 an den Status einer „Sonderverwaltungszone" im Sinne des Art. 31 der chinesischen Verfassung von 1982 erhalten, und zwar mit der Maßgabe, daß Hongkong einerseits „direkt der Amtsgewalt der Zentralen Volksregierung der VRCh unterstehen", gleichzeitig aber auch einen „hohen Grad an Autonomie genießen" solle.

Abb. 9: Queen Elizabeth II. in Hongkong. Hongkong ist britische „Kronkolonie", allerdings nicht mehr lange. Am 30. Juni 1997 wird der Union
Jack, der hier im Januar 1841 gehißt worden war, zum letzten Mal eingeholt.
156 Jahre einer ebenso robusten wie subtilen Vorherrschaft gehen dann zu
Ende. In diesem Zeitraum haben die Briten ein wohlwollend-paternalisti-
sches Regime ausgeübt, das von der Bevölkerung nicht zuletzt deshalb so
fraglos hingenommen wurde, weil es an mandarinäre Traditionen erinnerte
und sich überdies von Spielregeln des „positiven Nicht-Interventionismus"
leiten ließ. Erst seit Mitte der sechziger Jahre hatte sich das Government angesichts wachsender sozialer Mißstände und „kulturrevolutionärer"Über-
griffe aus China stärker einschalten und sich vor allem dem Wohnungsbau,
der Arbeitsgesetzgebung und der Asylantenpolitik widmen müssen. Dem
Leben in der Kronkolonie ist die Zurückhaltung des Government wohl bekommen: Aus dem einstigen Fischerdorf entstand eine 6-Millionen-Metro-
pole, die weltweit als Containerhafen Nr. 2, als Finanzplatz Nr. 7, als Außenhandelsnation Nr. 12 (gleich hinter China und noch vor Taiwan) und als
Hauptdrehscheibe in Fernost gilt. Am 21. Oktober 1986 kam die Queen zu
einem offiziellen Besuch nach Hongkong. Vielleicht war dies bereits die
letzte Visite eines britischen Monarchen in der letzten noch verbliebenen
Kolonie eines einst weltumspannenden Imperiums.

Versüßt wurde den Briten die totale Kapitulation lediglich durch das gönnerhafte Zugeständnis, daß die SVZ ab 1997 eine Schonfrist von 50 Jahren erhalte, in deren Verlauf das „sozialistische System in Hongkong nicht praktiziert wird".

b) Das „Grundgesetz" und die Zukunft Hongkongs in der Theorie

Die Modalitäten für diese fünfzigjährige Übergangszeit wurden in einem „Grundgesetz" (jibenfa) niedergelegt, dessen Ausarbeitung fünf Jahre Zeit in Anspruch nahm und am 4. April 1990 den Segen des Nationalen Volkskongresses in Beijing erhielt.

Es handelt sich hier um ein aus 160 Paragraphen und drei Anhängen bestehendes Regelwerk, dem man anmerkt, daß, anders als seinerzeit bei der Rückgewinnung von Portugiesisch-Goa durch Indien, nicht Heißsporne am Werk waren, sondern alte Männer, die gewohnt sind, Vorteile und Nachteile unter langfristigen Perspektiven kühl abzuwägen. Kein Zweifel, daß sie die unschätzbaren Vorteile Hongkongs für die Modernisierung der Volksrepublik zu schätzen wußten und daß sie deshalb gewillt waren, Hongkong auch in Zukunft all das verkörpern zu lassen, was es bisher war, nämlich eine weltoffene Stadt, ein Touristenmekka, eine Kleinfabrik, eine Wechselstube, eine Kontaktzone, eine Deviseneinnahmequelle, ein Klassenzimmer für chinesische Kader, eine Handelsdrehscheibe und ein Makler für den Ausgleich zwischen ausländischen und chinesischen Interessen. Keinesfalls sollte der Bambusvorhang, so bekundeten sie, am 1. Juli 1997 sang- und klanglos über Hongkong niedergehen. Vielmehr würden jene „10 Hauptingredienzien" bewahrt bleiben, die für den Hongkonger Erfolg so lange Zeit maßgebend gewesen waren, nämlich freies Unternehmertum, Preisgestaltung durch den Markt, Freizügigkeit, weltweite Vermarktung, ein liberales Rechtssystem, Informationsfreiheit, freier Geldtransfer, unabhängige Währung, ein effizientes Bankensystem und ein unkompliziertes Steuerrecht.

Im Zweifel für die Autonomie. Zumindest theoretisch fielen die Regelungen („hochgradige Autonomie", gaodu zizhi, § 2) großzügig aus: Aufrechterhalten werden sollten die bisherige Wirtschaftspolitik und der Freihandel (§ 116), eine eigene Hongkong-Währung (§ 111) sowie überhaupt das ganze bisherige Finanzsystem – angefangen von der Börse über die Devisenpraktiken bis hin zu den Banken. Zu bewahren sei auch das eingefahrene Steuer- und Zollwesen (§§ 106–114), die Funktion Hongkongs als Verkehrsdrehscheibe (vor allem im See- und Luftverkehr), der Aufbau der Organe (Exekutive, Legislative, Judikative) und die überkommene Kultur-, Religions- und Sozialpolitik (§§ 136 ff.). Ferner solle das alte Recht weiterhin Geltung behalten (§§ 8, 160) und Englisch als Amtssprache neben Chinesisch erhalten bleiben (§ 9). Hongkong solle darüber hinaus seine eigenen Symbole (Flagge, Wappen) besitzen (§ 19) und international unter dem Namen „Hongkong, China" auftreten dürfen (§§ 116, 151). Verschwinden sollten also lediglich die britischen Hoheitszeichen u. a. z. B. das Bild der Königin von den Dokumenten und vom Hongkong-Dollar – eine „Gesichts"-Frage!

Ferner dürfe Hongkong selbständige Außenbeziehungen im Wirtschafts-, Kultur- und Sportbereich unterhalten, nicht jedoch in rein außenpolitischen Angelegenheiten, da hierfür die Volksrepublik als Gesamtsouverän zuständig sei. Wohl aber könne Hongkong eigene Pässe und Visen ausstellen und außerdem die Einwanderungskontrolle gegenüber Bürgern der Volksrepublik China ausüben, um auf diese Weise der Übervölkerungsgefahr vorzubeugen (§ 154). Beijing dürfe im übrigen keine Steuern von Hongkong erheben (§ 106). Auch insofern bleibt die SVZ also autonom. Darüber hinaus kann sie in eigenem Namen offizielle oder halboffizielle Wirtschafts- und Handelsvertretungen in anderen Staaten eröffnen (§ 156) und auf ihrem Gebiet ausländische Konsulate zulassen, wobei allerdings eine Genehmigung der Zentralen Volksregierung einzuholen sei (§ 157). Staaten, die mit der VR China keine offiziellen Beziehungen pflegen, dürften in der SVZ allerdings nur nichtstaatliche Institutionen, also auf keinen Fall Ersatzbotschaften errichten.

Einige dieser Regelungen tragen Kompromißcharakter und gehen auf Konzessionen zurück, die London bei den Marathongesprächen hatte heraushandeln können, so z. B. die Weiterbeschäftigung von britischen Staatsangehörigen in staatlichen und halbstaatlichen Organen der SVZ (§ 101), die Duldung des Englischen als zweiter Amtssprache und die Weitergeltung von Landpachtverträgen. Bisher gehörten Grund und Boden der britischen Krone und wurden Interessenten immer nur nutzweise aufgrund von verlängerbaren Pachtverträgen überlassen. Noch zu Beginn der Verhandlungen über die Zukunft Hongkongs war dieses „Leasing" ein heißes Thema gewesen, das aber schließlich eine beiderseits befriedigende Lösung im Sinne des Status quo fand: Nach § 7 bleibt aller Boden innerhalb der SVZ auch künftig Eigentum des Staates, geht also von der britischen Krone auf die VRCh über. Gleichzeitig wird gem. §§ 120–123 sichergestellt, daß jeder Pachtvertrag, der vor dem 30.6.1997 abgeschlossen wurde, auch danach noch seine Gültigkeit behält, und daß nachträglich auch die Pachtgebühren nicht erhöht werden dürfen. Dies ist eine Regelung, die vor allem potentielle Investoren beruhigen soll.

Was schließlich noch den Grundrechtskatalog anbelangt, so ist in den einschlägigen §§ 24–42 des Grundgesetzes kein einziges jener Rechte ausgelassen, wie sie sich in jeder liberalen Durchschnittsverfassung finden. Vor allem soll den Bürgern auch Freizügigkeit und ein Privateigentum an Mobilien zustehen (§ 6).

Grenzen der Autonomie: Theoretisch ist die Reizschwelle also hoch angehoben. Wo aber liegen dann die Grenzen dieser Selbständigkeit Hongkongs, d. h., an welcher Stelle setzt Beijing das Souveränitätsmesser an? Allgemein gesprochen sind es vor allem Verteidigung und Außenpolitik, die der Zentralen Volksregierung vorbehalten bleiben sollen. Bei genauerem Hinsehen ergeben sich jedoch insgesamt nicht weniger als zwölf Einschränkungen:

Gem. § 13 ist die Zentrale Volksregierung (1) für die auswärtigen Angelegenheiten der SVZ zuständig und errichtet in Hongkong zu diesem Zweck eine eigene Dienststelle. Seine außenwirtschaftlichen Beziehungen jedoch kann Hongkong, wie bereits erwähnt, weiterhin in Alleinregie betreiben und diesbezüglich auch Verträge abschließen und Visen erteilen. Gem. § 14 übernimmt die VRCh außerdem (2) die „Verteidigung Hongkongs". Zu diesem Zweck sollen in der SVZ Soldaten der „Volksbefreiungsarmee" stationiert werden, für deren Unterhaltung Beijing allerdings selbst aufkommt, und die sich außerdem, wie es expressis verbis heißt, nicht in die inneren Sicherheitsbelange der SVZ einmischen dürften. Was die Grenzkontrolle anbelangt, so solle sie in Zukunft nicht mehr der britischen Armee, sondern der Hongkonger Polizei obliegen. Ferner (3) ernennt die ZVR das Spitzenpersonal der SVZ, das folglich von der Bevölkerung nicht gewählt werden kann (§ 15, §§ 43 ff.). Im übrigen aber sei die exekutive Gewalt ausschließlich von der SVZ im Rahmen des Grundgesetzes auszuüben (§ 16); auch die Gesetzgebung bleibt Angelegenheit der SVZ (§ 17). Allerdings kann (4) der Nationale Volkskongreß „grundgesetzwidrige" Gesetze aufheben (§ 17). Darüber hinaus gelten (5) einige Gesetze der Zentrale auch in Hongkong, so z. B. die Bestimmungen über die chinesische Hauptstadt, über die chinesischen Symbole, über die nationalen Feiertage, über die Hoheitsgewässer der VRCh, über die Staatsangehörigkeit u. dgl. Ferner solle (6) der VRCh die Ausübung des Notstandsrechts (§ 18) für den Fall zustehen, daß bei militärischen oder politischen Unruhen die SVZ allein nicht zurechtkommen sollte. Außerdem steht (7) der Zentrale das Recht auf Auslegung und auf Abänderung des Grundgesetzes zu (§§ 158 ff.) Eine Einschränkung der Unabhängigkeit Hongkongs ist (8) auch darin zu sehen, daß die SVZ gezwungen ist, eigene Gesetze gegen Landesverrat, Subversion u. dgl. auszuarbeiten. Darüber hinaus sei (9) sicherzustellen, daß das politische und behördliche Spitzenpersonal sich aus ortsansässigen Chinesen rekrutiert: Hohe Beamte, 80 % der Mitglieder des Legislativrats und nicht zuletzt auch der Vorsitzende des Höchsten Gerichts müßten chinesische Staatsbürger in diesem Sinne sein. Des weiteren hat (10) Hongkong kein Recht auf einen Austritt aus der Volksrepublik (§ 1). Desintegrationsgefahren, wie sie der UdSSR/GUS drohen, sollte also von vornherein ein Riegel vorgeschoben werden. Bereits erwähnt wurde, daß (11) aller Boden und alle natürlichen Rohstoffe ins Eigentum der Volksrepublik übergehen, daß sie jedoch Interessenten zur Nutzung überlassen werden können (§ 7). Nicht zuletzt sind, wie ebenfalls schon ausgeführt, (12) ausländische Konsulate auf Hongkonger Boden von der Zentralen Volksregierung zu genehmigen (§ 157).

Was die im Grundgesetz definierten SVZ-Organe anbelangt, so unterscheiden sie sich von denen der Kronkolonie fast nur dem Namen nach. Da ist zunächst (1) der „Vollzugsbevollmächtigte" (xingzheng zhangguan), der seinem verfassungsrechtlichen Habitus nach praktisch dem heutigen Gouverneur entspricht und von der Beijinger ZVR ernannt wird (§§ 43–58). Er leitet die Regierung, fertigt die Gesetze aus, hat die Befugnis zur Ernennung und Absetzung seiner Mitarbeiter und das Recht auf Begnadigung. Die Regierung (2) besteht aus dem Chef, d. h. dem bereits erwähnten „Vollzugsbevollmächtigten" und den Leitern der verschiedenen Ressorts, die ihrerseits Ministerialcharakter aufweisen (§§ 59–65). Der (3) Gesetzgebungsrat (§§ 66–78) hat die Gesetze zu erlassen und muß zu 80 % aus chinesischen Staatsbürgern bestehen (§ 67). Seine Mitglieder werden direkt gewählt (§ 68), wobei allerdings einschränkende Übergangsmodalitäten gelten. Die Legislaturperiode dauert vier Jahre (§ 69). Die Justiz (4) wird „mit Ausnahme weniger Änderungen beibehalten" (§ 81). Es gilt das Prinzip der richterlichen Unabhängigkeit (§ 89). Schließlich können (5) in der SVZ noch „Bezirksorganisationen" (qucheng zuzhi) eingerichtet werden, die keine politischen Machtorgane sind, und die sich vor allem der Daseinsfürsorge anzunehmen haben (§ 97). Es gibt 19 Bezirke in Hongkong.

c) Konturen einer möglichen Praxis nach 1997

Zwei Dokumente umreißen nun also die Zukunft Hongkongs, nämlich die „Joint Declaration" (Lianhe shengming) von 1984 sowie das chinesische „Grundgesetz" (Jibenfa) vom 4. Juli 1990, das die „Erklärung" von 1984 in einer Art Nachkommentierung zu Filigran verarbeitet hat, ohne ihr wesentlich Neues hinzuzufügen.

Zumindest dem Wortlaut dieser Doppel-Charta nach müßte Hongkong ganz gewiß keine Angst haben, nach 1997 zur

31. chinesischen Provinz zu werden. Wäre da nicht die für den Westen – vor allem aber für die Hongkonger Bevölkerung – so unbegreifliche und obszöne Metzelei vor dem Tiananmen im Juni 1989 gewesen, so könnte wohl jedermann beruhigt zur Tagesordnung übergehen und der Beijinger Propaganda beipflichten, daß die Hongkong-Regelungen ein „staatsmännisches Meisterwerk" seien. Der „4. Juni" und nicht zuletzt auch das Danach, nämlich die konservative Renaissance mit all ihren zentralistischen Begradigungen der Wirtschaft und ihrer Reideologisierung haben jedoch tiefe Zweifel an der Aufrichtigkeit Beijings, vor allem aber an der *Fähigkeit* der KPCh-Führung wachgerufen, auch langfristig zu ihrem Wort zu stehen.

Schon die Art und Weise, wie die VRCh auf die Empörung der Hongkonger Öffentlichkeit gegen das Massaker sowie auf die Hongkonger Juni-Demonstrationen von 1989 reagierte, hat die Einwohnerschaft der Kronkolonie hellwach werden lassen. Statt Kundgebungen solcher Art als Ausdruck einer pluralistisch verfaßten Gesellschaft zu begreifen und damit den angeblichen Prämissen des Hongkonger Grundgesetzes Rechnung zu tragen, griff Beijing zum Holzhammer, stieß Drohungen gegen das Hongkonger Government aus, das den Feinden der KPCh angeblich einen Freibrief gewähre und nichts dagegen unternehme, daß die Kronkolonie sich in einen „Stützpunkt gegen den chinesischen Kommunismus" verwandle. Überdies versuchte Beijing mehrere Male, „konterrevolutionäre" Organisationen und Zeitungen sowie Zeitschriften einzuschüchtern. U. a. bekamen Beijing-kritische Zeitungen schon bald keine Anzeigen von China-Handelshäusern mehr, und kritische Reporter sahen sich von heute auf morgen mit einem Einreiseverbot nach China konfrontiert.

Als hätte all dies noch nicht ausgereicht, brachte Beijing in die damals laufenden Beratungen zum Hongkonger Grundgesetz noch zwei Zusätze ein, die für die Zukunft wenig Gutes verhießen, nämlich den bereits erwähnten § 23, in dem der SVZ die Pflicht auferlegt wird, Gesetze gegen Landesverrat, Spaltung des Landes, Aufwiegelung zum Hochverrat und Subversion zu erlassen, sowie (im Januar 1990) eine „Demokratie-Entsorgungsklausel", derzufolge die Zahl der direkt wählbaren Mitglieder des Gesetzgebungsrats zunächst auf lediglich 20, d. h. auf ein bloßes Drittel aller Abgeordneten, beschränkt bleiben solle. Diese chirurgischen Eingriffe ins Autonomiegewebe sorgten in Hongkong für neue Mißstimmung, ließen gleichzeitig aber auch das Unbehagen deutlich werden, das den Beijinger Führungsapparat angesichts des Demokratisierungsverlangens der Hongkonger Bevölkerung inzwischen befallen hatte.

Kein Wunder, daß in der Öffentlichkeit Hongkongs die Frage auftauchte, wie es denn wohl nach dem 1. Juli 1997 um die im Grundgesetz dekretierte „hochgradige Autonomie" bestellt sein möge, wenn Beijing sich schon heute so massiv in innere Angelegenheiten der Kronkolonie einmische.

Daß die Sorgen der KPCh keineswegs unbegründet waren, sollte sich spätestens am 15. September 1991 erweisen, als die Hongkonger zur Wahlurne gingen. Bei diesen Parlamentswahlen, den ersten ihrer Art in der 150jährigen Geschichte der Kronkolonie, bewarben sich zwei politische Mehrparteienfronten mit zusammen 55 Kandidaten um die insgesamt 18 Sitze im Legislative Council, nämlich die beijingkritische UDHK („United Democrats of Hong Kong") und die beijingfreundliche LDF („Liberal Democratic Federation"). Das Ergebnis war eine Ohrfeige für die LDF – und damit letztlich auch für die VRCh –, da auch nicht ein einziger ihrer Kandidaten Gnade vor den Wählern fand. Auch wenn das Ergebnis kaum unmittelbare politische Auswirkungen hatte, war doch unmißverständlich deutlich geworden, wo die Sympathien der Hongkonger Bevölkerung lagen.

d) Pessimismus und Optimismus im Zeichen des „Countdown"

Zweimal hatten die Pessimisten in Hongkong Hochkonjunktur, nämlich unmittelbar nach der „Gemeinsamen Erklärung" von 1984 und nach dem 4. Juni 1989. Die einen glaubten dabei melancholisch, die anderen aber finsteren Behagens verkünden zu können, daß Hongkong nach 1997 „wie eine Peking-Ente geröstet", „wie eine Gans ausgenommen" oder aber „wie eine Zitro-

ne ausgequetscht" werde. Von solchen verallgemeinernden Miß-
trauensbekundungen einmal abgesehen, sind es aber vor allem
vier konkrete Befürchtungen, die in der öffentlichen Diskussion
besonders häufig zur Sprache kommen, nämlich „Kapitalflucht", „Brain-Drain", „Verlust der Wettbewerbsfähigkeit"
und „Shanghaiisierung". Die „Zeit des Abschiednehmens" und
der „Abschiedsparties" habe angesichts dieser vierfachen Gefahr
bereits begonnen – und mit ihr der große Aderlaß.

Was das Thema „*Kapitalflucht*" anbelangt, so heißt es, daß die
„Finanzmärkte nervös geworden" seien, und daß sich viele An-
leger in einer Art Torschlußpanik früher oder später nach Singapur davonmachten. Die Hongkonger Regierung wird nicht müde, demgegenüber darauf hinzuweisen, daß auch zu Beginn der
90er Jahre immer noch mehr Personal von Singapur nach Hongkong zur Arbeit komme als umgekehrt. Hongkong stehe in
freundschaftlicher Rivalität zu Singapur und habe seine Stellung
als Finanzzentrum im südostasiatischen Bereich bisher mühelos
behaupten können. Auch seien inzwischen Investitionen be-
schlossen worden, die weit über den Zeithorizont von 1997 hin-
ausreichten. Zwar gebe es eine Hongkonger Faustregel, derzufolge die meisten Investitionen nur auf drei bis fünf Jahre
plaziert werden. In der Zwischenzeit jedoch lägen zahlreiche
Projekte vor, die diesen Zeitrahmen weit hinter sich ließen, seien
es nun die Pläne zum Bau eines zweiten Unterhafen-Tunnels
von Hongkong nach Kowloon sowie eines Tunnels durch die
Kowloon Hills, seien es die Erweiterungsbauten am Container-
Terminal oder seien es die Arbeiten am neuen Flughafen, der ja,
wie erwähnt, gerade wegen seiner langfristigen Folgekosten eine
Zeitlang zum Zankapfel zwischen Hongkong und Beijing geworden war. Die Rückzahlungsfristen für die hier investierten
Gelder sowie die Dauer der Hypotheken reichten weit ins 21. Jh.
hinein. Von Investitions- oder Kapitalbeschaffungskrisen ir-
gendwelcher Art könne nirgends die Rede sein.

Die Hongkonger Regierung weiß, daß es hier letztlich um
Psychologie geht: Erfolge – und Vertrauen – ziehen Investitionen nach sich, Mißerfolge – und Mißtrauen – aber Desinvestitio-
nen. Zumindest zu Beginn der 90er Jahre glaubt Hongkong mit

dem zwischenzeitlich zurückgewonnenen Vertrauen leben zu können, auch wenn es dann und wann Abwanderungen zu verzeichnen gibt. Zwei Abwanderungsankündigungen schlugen allerdings wie eine Bombe ein:

– Im März 1984, also noch ein halbes Jahr vor Verkündigung der Joint Declaration, gab das Taipan-Unternehmen Jardine & Matheson seine Entscheidung bekannt, juristisch auf die Bermudas umsiedeln zu wollen. Obwohl das Head Office und das Executive Board der Firma in Hongkong bleiben sollten, wirkte diese Meldung vom Auszug des „Noble House" auf den „Hongkong Standard" genauso, als wenn die Königin von England sich entschlossen hätte, nach Australien zu emigrieren. Mit Jardine & Matheson verlasse die „fetteste Ratte" das sinkende Schiff. „JM" ist Hongkongs ältestes und größtes Handelshaus, das seinen frühen Reichtum noch hauptsächlich mit Opium erwirtschaftet, das überdies als Vorbild für James Clavells Bestseller „Taipan" gedient und das sich mit der Kronkolonie auch sonst so eng liiert hat, daß die Geschichte JMs und Hongkongs beinahe deckungsgleich erscheint. Die Firma residiert im bekanntesten Hochhaus Hongkongs, dem Connaught Center, beschäftigt über 40 000 Angestellte, betreibt Hotels, Schiffahrtslinien, Versicherungen, Ladenketten und sogar ein Kraftwerk, ist im Grundstückshandel tätig und besitzt Filialen in rd. zwei Dutzend Ländern. Kein Wunder, daß die „Bermuda"-Ankündigung den bisher schlimmsten Riß in der sonst so glatten Außenfassade Hongkongs hat hervortreten lassen. „Wer ist der nächste?" lautete von jetzt an die Frage.

– Die Antwort kam am 17. Dezember 1990, als Taipan Nr. 2, die Hongkong Bank (Hong Kong and Shanghai Banking Corp.), bekanntgab, daß ihr Hauptsitz von Hongkong nach London verlegt werde. Da die Hongkong Bank in der Kronkolonie nicht nur auf eine 120jährige Geschichte zurückblickt, sondern im Auftrag der Regierung derzeit sogar noch Zentralbankfunktionen ausübt, löste diese Ankündigung einen zweiten Schub an Melancholie und Nachdenklichkeit aus. Jahrzehntelang hatte sich die Hongkong Bank mit der volkschinesischen Bank of China ein spektakuläres Kopf-an-Kopf-Rennen geliefert, bis sie

Ende der 80er Jahre einsehen mußte, daß sie sich in einer Hase-Igel-Position befand. Unübersehbar deutlich wurde die neue Überlegenheit der „Bank of China" durch den neuen Wolkenkratzer des Geldinstituts demonstriert, der rd. 100 m höher ausfiel als der ebenfalls schon höchst ehrgeizige Neubau des Konkurrenten.

– Neben diesen beiden „Großen" und Berühmten waren es aber noch rd. weitere 100 Firmen, die zwischen 1984 und Ende 1990 ihren Hauptgeschäftssitz ins Ausland verlegten.

Sowohl die Hongkonger Regierung als auch die Beijinger Propaganda suchten hier zu beruhigen und gegenzusteuern. Seien anstelle der abgewanderten nicht immer wieder neue Firmen zugezogen, und hänge Hongkongs Stabilität nicht letztlich vom Festland ab, wo sich gerade ein Markt von über einer Milliarde Menschen öffne, der doch alles andere als eine Quantité négligeable sei?!

In der Tat muß der Exodus differenziert gesehen werden. Zwar lag die Zahl der Auswanderer 1984 bei 22 400, 1985 bei 22 300, 1986 bei 19 000, 1987 bei 30 000, 1988 bei 45 800, 1989 bei 42 000, 1990 (im Anschluß also an das Tiananmen-Massaker!) bei 62 000 und 1991 bei 58 000. Die häufig geäußerte Meinung freilich, daß die „Yacht People" gingen, während gleichzeitig die „Boat People" (aus Vietnam) kämen, trifft keineswegs zu. Stichproben haben nämlich gezeigt, daß beispielsweise nur rd. 1000 der etwa 20 000 Auswanderer, die 1989 nach Kanada emigrierten, echte „Unternehmer" waren.

Und wie ist es um Hongkongs Sorge Nr. 2, den *Brain-Drain,* bestellt? Wie schon beim Thema Kapitalflucht kommen auch hier immer wieder Befürchtungen auf, daß die Manager, Börsenmakler und Firmenbosse, die den Aufstieg Hongkongs zu einer internationalen Finanzmacht ermöglicht haben, der Stadt künftig den Rücken zuwenden und nach Australien, Kanada, USA und Singapur abwandern könnten. Diese Kräfte seien ebenso nervös wie tüchtig und dürften wohl bis spätestens 30. Juni 1997 Fersengeld gegeben haben, vor allem nachdem ihr Vertrauen in die Wandlungsfähigkeit Beijings im Gefolge der blutigen Niederschlagung der Demokratiebewegung von 1989 verschwunden sei.

Vermutungen dieser Art erhielten noch dadurch Nahrung, daß London am 23. Juli 1990 den „British Nationality (Hongkong) Act 1990" verabschiedete, der 50 000 Hongkonger Familien (rd. 225 000 Menschen) die volle britische Staatsbürgerschaft und damit auch das Wohnrecht in Großbritannien einräumt. Bevorzugt werden sollten hierbei vor allem Beamte und Fachleute. Beijing hatte auf dieses britische Vorgehen – verständlich von seinem Standpunkt aus – mit Empörung reagiert und von einer „Verletzung der Gemeinsamen Erklärung von 1984" gesprochen; London wisse sehr wohl, daß die Stabilität Hongkongs vom Vertrauen seiner Bevölkerung abhänge und daß dieses Vertrauen durch das britische Einbürgerungsangebot nicht gerade bestärkt worden sei. Der chinesische Protest ließ allerdings, bewußt oder nicht, eine Lesart unberücksichtigt, die der Zukunft Hongkongs durchaus nicht, wie es auf den ersten Blick scheinen mag, so abträglich ist. Großbritannien hatte zugleich nämlich definitiv *ausgeschlossen*, daß *sämtliche* Hongkonger, die einen britischen BDTC(British Dependent Territories Citizen)-Paß besitzen – und dies sind immerhin rd. 60 % der Bewohner des Territoriums – in Großbritannien ein Wohnrecht bekämen. Die lokale Hongkonger Presse, deren Aufmerksamkeit sich verständlicherweise gerade auf diesen Punkt richtete, kritisierte denn auch das britische Abwehrverhalten mit dem Bonmot: „For Britain this is not a matter of right or wrong, but of white or Wong".

Gleichwohl drang Beijing nun auf Revanche und ließ in das „Grundgesetz" eine Klausel einbauen, derzufolge die Besitzer fremder (vor allem britischer!) Pässe künftig in Hongkong keine politischen Spitzenämter einnehmen dürften. Abgesehen davon aber werde die Einbürgerung durch Großbritannien ohnehin nicht anerkannt.

Das Government gibt sich alle Mühe, die These vom „Aderlaß" herunterzuspielen: Dem kosmopolitischen Hongkong wüchsen immer wieder neue Kräfte zu, sei es nun, daß internationale Firmen – von außen – Fachpersonal nachrotieren ließen, sei es, daß die Kronkolonie mit ihrem leistungsfähigen Schulsystem – von innen her – die Ausfälle wieder wettmachen könne, sei es, daß Fachkräfte aus Drittwelt-Ländern nach Hongkong kämen, um hier ihr Gehalt aufzubessern. Im übrigen sei auch künftig der Erfolg Vater aller Dinge und Hauptgarant dafür, daß Hongkong nie ohne die benötigten Fachkräfte bleibe. Was schließlich die Annahme der britischen Staatsbürgerschaft anbelangt, so diene sie eher der juristischen – und psychologischen – Rückversicherung; keineswegs ziehe sie automatisch auch eine Auswanderung nach sich.

Verlust an Wettbewerbsfähigkeit wird als Gefahr Nr. 3 bezeichnet. Manche Autoren gehen so weit, den Übergang Hongkongs vom NIC (Newly Industrializing Country) zum „CRIC" (Collapsing Recently Industrialized Country) zu prophezeien und begründen diese Aussage mit der zunehmenden „Innovationsschwäche" und „Rückindustrialisierung", unter der die Kronkolonie sowohl aus politischen als auch aus wirtschaftlichen Gründen zu leiden habe. Die „Rückindustrialisierung" zeige sich vor allem daran, daß der Sektoranteil der Industrie am Bruttosozialprodukt zwischen 1965 und 1988 von 40 auf 29 % gefallen, während er beispielsweise umgekehrt in Singapur von 24 auf 38 % und in Taiwan gar von 30 % auf 46 % gestiegen sei. Andererseits verlaufe die Entwicklung im Dienstleistungsbereich gerade umgekehrt: Hier nämlich stieg der Prozentanteil während des gleichen Zeitraums in Hongkong von 58 auf 70 %, während er in Singapur von 74 auf 61 % zurückging und in Taiwan kaum zunahm, nämlich von 46 % auf lediglich 49 % (vgl. zu diesen Zahlen auch die Tabelle im Anhang). Hongkong gleite also geschmeidig wieder in seine alten Entrepôt-Funktionen zurück, obwohl es inzwischen besonders anfällig für Abwanderungen von Handels-, Finanz- und Kommunikationspersonal geworden sei. Gleichzeitig verliere es an industrieller Wettbewerbsfähigkeit und an technologischer Innovationskraft, mit deren Hilfe es doch bisher noch alle Stürme der Zeit hatte abwettern können. Zahlreiche Ursachen seien für diese Entwicklung ausschlaggebend, nämlich Abwanderung, unzureichende Forschungsförderung durch die Regierung, nicht zuletzt aber auch die gerade im Zeichen der Rückindustrialisierung wieder so kontraproduktiv sich auswirkende Philosophie des schnellen Geldes, die keine langfristige Technologie- und Forschungspolitik zulasse. Taiwan stehe hier auf einem wesentlich solideren Fundament; habe es doch angesichts explodierender Lohnkosten auf kapital- und forschungsintensive Produktion umgeschaltet und dafür beträchtliche finanzielle Mittel sowie einen adäquaten rechtlichen Rahmen vorgegeben.

Ein Perspektiven- und Rollenwechsel, wie er hier vorausgesagt wird, mag zwar durchaus eintreten, doch muß er Hongkong in seiner wirtschaftlichen Entwicklung keineswegs zurückwerfen; vor allem aber hat er mit „1997" nicht unmittelbar zu tun, ist also nicht exogen, sondern von innen her bestimmt.

Was schließlich die „*Shanghaiisierung*" Hongkongs anbelangt, so verbinden sich damit hauptsächlich zwei Befürchtungen, daß die Kronkolonie nämlich erstens nach 1997 ähnlich heruntergewirtschaftet werden könnte, wie es mit der einstigen Weltstadt Shanghai nach 1949 geschehen ist, und daß darüber hinaus, zweitens, eine Entmündigung der Gesellschaft, vor allem des bürgerlichen Mittelstands, stattfinden könnte, wie sie seinerzeit zur Enthauptung der Yangzi-Metropole geführt hat.

Das Government glaubt, solchen Befürchtungen mit soliden Argumenten begegnen zu können. Zum einen gebe es für die VRCh keinen besseren Köder als ein wirtschaftlich blühendes Hongkong. Solange China hier lediglich Gewinne abkassiere oder einfach mit aufs Trittbrett springe und von den üppigen Möglichkeiten der Drehscheibe Hongkong Gebrauch mache, sei alles in bester Ordnung. Hongkong habe immer schon davon gelebt, daß es auch für seine Nachbarn nützlich war. Nur wenn die Volksrepublik über diese Selbstbedienungschancen hinaus auch noch *politische* Forderungen stellte, die gegen Geist und Buchstaben des Grundgesetzes verstießen, könnte die SVZ nicht wiedergutzumachenden Schaden erleiden. Einer solchen Grenzüberschreitung müsse bereits im Vorfeld entgegengearbeitet werden, und zwar u. a. durch die Einrichtung selbstbewußter politischer Gremien mit solider demokratischer Basis. Zum anderen aber sei es doch eigentlich unlogisch, einerseits schon heute überall in der Volksrepublik zu investieren, ausgerechnet in Hongkong aber Mißtrauen zu demonstrieren.

Zu den Hauptsorgen der Hongkonger Regierung gehört paradoxerweise ein Defizit, das ausgerechnet durch die britische Oberherrschaft geschaffen und zementiert worden ist, nämlich der Mangel an demokratischer Substanz und an starken lokalen Führern. 140 Jahre lang hatten die Briten Hongkong im Stil einer Kolonie regiert, d. h. vor allem keine freien Wahlen zugelassen. Von dieser Regel gab es erstmals bei den Distriktswahlen von 1982 eine Ausnahme. So energisch das Government bis zum Zeitpunkt der Joint Declaration von 1984 noch jeden Demokratisierungsanlauf abgebremst hatte, so nachhaltig versuchte es seitdem umgekehrt, Gas zu geben, wurde jetzt aber seinerseits von der VR China gebremst, die instinktiv wußte, daß Wahlen für sie wohl kaum zu schmeichelhaften Ergebnissen führen würden. Die Briten legten ihrem Demokratisierungseifer in der Tat schnell wieder Zügel an, um dann allerdings, im Anschluß an die Tiananmen-Ereignisse von 1989, die bei der Hongkonger Bevölkerung elementare Empörung und Ängste weckten, doch wieder verstärkt auf Demokratisierungskurs zu gehen. Erneut warnte Beijing davor, die „Volksmeinungskarte" auszuspielen.

Ließe die KPCh den Hongkongern wirklich jenen Freiraum, wie er im Grundgesetz theoretisch vorgezeichnet ist, so könnte sie nach 1997 schnell Punkte sammeln. Beschritte sie jedoch einen „Tibet-Kurs", so wäre der Dauerkonflikt – und der Niedergang Hongkongs – vorprogrammiert. Nicht wenige Honoratioren der Kronkolonie sind inzwischen davon überzeugt, daß es in Hongkong *so* lange keine demokratischen Strukturen geben kann, wie sie in der Volksrepublik selbst tabuisiert sind – und dies ist vermutlich noch auf unabsehbare Zeit der Fall. Düstere Ahnungen hat deshalb ein vom Legislative Council im März 1987 erlassenes Pressegesetz hervorgerufen, das sich nach 1997 von den neuen Herren, die ja in Rechtsfragen weit weniger zimperlich zu sein pflegen als die Briten, für die Unterdrückung unbequemer Meinungen instrumentalisieren ließe.

Vier Gegenargumente zugunsten Beijings. Den Befürchtungen, wie sie in der oben dargelegten Vierergestalt auftauchen, begegnen auf der anderen Seite aber auch vier Argumente der Ermutigung, die unter den Stichworten „Vertrauen", „Nutzen",

„eigensinniger Konservativismus" und „Selektivität" vorge-
bracht werden.

– *Vertrauen*: Die britische Regierung und auch die meisten in
Hongkong vertretenen Firmen gehen davon aus, daß Beijing
noch nie einen völkerrechtlichen Vertrag gebrochen hat und daß
es deshalb so detailliert ausgehandelte Vereinbarungen, wie sie
in der „Gemeinsamen Erklärung" von 1984 enthalten sind und
wie sie ja auch ins Grundgesetz übernommen wurden, streng
nach Geist und Buchstaben einhält.

Volksrepublikanische Propaganda pflichtet Versicherungen
solcher Art gerne bei und betont überdies, daß „zwei Arten von
Gesellschaftsordnungen" ohne weiteres nebeneinander bestehen könnten, solange Hongkong eine Exklave bleibe: Je autono-
mer die SVZ, um so unbeschränkter auch die Freiheit in ihren
Mauern! So gesehen müsse Beijing am Nischencharakter, an besonders hohen Zoll-, Einwanderungs- und Infiltrationsmauern,
damit letztlich aber auch an einer wirklichen Unabhängigkeit
Hongkongs interessiert sein.

– Auch der wirtschaftliche *Nutzen* Hongkongs ist für die
Volksrepublik seit Jahrzehnten so beträchtlich, daß sogar das
kulturrevolutionäre China die Kronkolonie nur mit Glacéhand-
schuhen anfaßte. Man schlachtet kein Huhn, das goldene Eier
legt! Zu Beginn der 90er Jahre steuerte Hongkong nicht weniger
als ein Drittel zu den chinesischen Devisenerlösen bei. Überdies
stammen zwei Drittel aller ausländischen Investitionen in der
VR China ebenfalls aus Hongkong. Auch als künftige SVZ kann
Hongkong für die chinesische Wirtschaft von unschätzbarem
Nutzen sein, sei es nun als Drehscheibe des asiatischen Luft-
und Seeverkehrs, als Containerhafen, als Ausbildungszentrum
für den chinesischen Managernachwuchs, als Finanzmarkt und
als Eingangstor für moderne Technologien.

Darüber hinaus profitieren vor allem die südostchinesischen
Provinzen schon heute von der Vernetzung mit den in der
Kronkolonie installierten und weltweit ausgelegten Telekommunikationseinrichtungen, gar nicht zu reden von den unzähligen internationalen Kontakten, über die Hongkong verfügt und
die via „Drehscheibe" auch für China fruchtbar werden können.

Hongkong – ein Katalysator für die Außenwirtschaftsbeziehungen der vier „Wirtschaftssonderzonen" und der 14 „geöffneten Küstenstädte", ein Impulsgeber nach innen und eine Kontaktzone nach außen – was könnte sich die Volksrepublik Besseres wünschen!? Ein solches Juwel packt man am besten in Watte, statt es ankratzen zu lassen.

– Positiv für die Zukunft Hongkongs könnte sich auch der für die chinesische Denkweise so charakteristische und bisweilen höchst *eigensinnige Konservativismus* auswirken. Es gibt viele Beispiele für diese Tendenz, am einmal Bewährten ad infinitum festzuhalten, sei es nun in oder außerhalb der Politik. Ein Beispiel dafür wäre das Aussehen Zhongnanhais, des Machtzentrums der KPCh in Beijing, das auf den Besucher wie eine Momentaufnahme aus dem Jahre 1911 wirkt. Man hat den Eindruck, als seien die Angestellten des kaiserlichen Mandarinats gerade beim Mittagessen: Die Büroräume sind noch ganz vom Flair der „guten alten Zeit" erfüllt, die Fenstervorhänge wirken ausgewaschen, es gibt keine Klimaanlagen und auch sonst kaum Zugeständnisse an die moderne Technik. Oder ein anderes, diesmal unpolitisches Beispiel: Noch zu Beginn der 90er Jahre lassen sich in Shanghai Musikcombos antreffen, wie sie in den 30er Jahren üblich waren; allen maoistischen Stürmen zum Trotz haben sie bis auf den heutigen Tag überlebt und spielen nach wie vor zum Five-O'Clock-Tea auf, als wäre die Zeit stehengeblieben.

Gut vorstellbar, daß angesichts einer so konservativen Grundeinstellung all jene Mechanismen Hongkongs unangetastet bleiben, die sich bis 1997 bewährt haben. Bleibt nur zu hoffen, daß eine solche Politik des unerschütterlichen Festhaltens nicht zum anderen Extrem hin ausschlägt und am Ende zur Erstarrung führt.

Befürchtungen solcher Art scheinen der Beijinger Regierung allerdings fremd zu sein. Sie ist allem Anschein nach fest davon überzeugt, die „SVZ" Hongkong nicht weniger gut in den Griff zu bekommen als das britische Government seine „Kronkolonie". Hauptelement des Hongkonger Wirtschaftserfolges sei ja, wie die Beijinger Propaganda nicht müde wird zu betonen, die

Tüchtigkeit der Bevölkerung und die günstige geo-ökonomische Lage der Stadt, während andererseits der Beitrag des Government als durchaus sekundär gelten dürfe: Man werfe doch bitte einen Blick auf andere ehemals britisch verwaltete Kolonien in Afrika und Asien, um zu sehen, daß nicht alles Gold ist, was britisch glänzt.

– Nicht zuletzt aber ist zu bedenken, daß die Absetzbewegungen vieler Unternehmen lediglich *selektiv,* und insofern eher im Sinne einer *doppelten Absicherung* als eines endgültigen Abschiednehmens erfolgen. Wer immer es sich leisten kann, bleibt nach 1997 nicht mit zwei Füßen in Hongkong stehen, sondern verlagert ein Bein an einen momentan „sichereren" Ort. Die Taipans Jardine und Hongkong Bank haben diese Methode bereits eindrucksvoll vorexerziert. Die Lichter gehen also am 1. Juli 1997 keineswegs aus, sondern dürften für eine Weile vorsichtigen Abwartens nur mit halber Leuchtkraft blinken.

Der Selektionsdruck dürfte sich freilich nicht nur auf Zahl und Erscheinungsbild der verbleibenden Firmen, sondern überdies auf die künftigen Handlungsfelder auswirken: Auch nach 1997 werden in Hongkong vermutlich noch T-Shirts hergestellt, kommen Scharen von Touristen und landen Flugzeuge auf dem bis dahin fertiggestellten neuen Flughafen. Was andererseits den Finanzplatz Hongkong anbelangt, so wirft die Zukunft schon eher Fragen auf. Ahnt Beijing überhaupt, welch subtiler Behandlung ein Bankenapparat weltweiten Zuschnitts bedarf? Das feingesponnene internationale Netz wäre ganz gewiß bereits in dem Augenblick zerrissen, da sich die Behörden auch nur eine einzige Geldkontrolle im Fluggepäck eines Bankers oder eines Bankkunden erlaubten. Auch in Hongkong ist Geld „scheu wie ein Reh, flink wie eine Gazelle und mit einem Gedächtnis wie ein Elefant ausgestattet".

Auch ein zweiter Tiananmen-Zwischenfall würde vermutlich genügen, um das Vertrauen in den Finanzplatz Hongkong endgültig zusammenbrechen zu lassen. Schon einmal hat die KPCh aus einer vor Vitalität berstenden Weltstadt, nämlich dem kosmopolitischen Shanghai, ein biederes Provinznest werden lassen, das sich erst nach vier Dekaden wieder von den Schlägen des „permanenten Klassenkampfes" zu erholen beginnt.

Viele Pros und Contras sind es nach alledem, die sich mit der Zukunft Hongkongs verbinden. Welche Bilanz läßt sich also ziehen, wenn man sie gegenseitig abwägt? Vieles hängt hier leider nicht von Hongkong selbst, sondern von den weiteren innenpolitischen Entwicklungen in der VR China ab: Sollte es der Volksrepublik bis 1997 nicht gelingen, aus dem Zustand der politischen und ideologischen Erstarrung herauszufinden, in den sie nach dem 4. Juni 1989 verfallen ist, so wären eher die oben ausgeführten pessimistischen Varianten wahrscheinlich. Sollte sich dagegen die Einsicht durchsetzen, daß neben den wirtschaftlichen auch politische Reformen nötig sind, so könnten durchaus die helleren Möglichkeiten fruchtbar werden.

Von gesamtpolitischen Erwägungen dieser Art einmal abgesehen, kommt es aber auch noch darauf an, ob Beijing es fertigbringt, die bisherige Attraktivität Hongkongs über das Jahr 1997 hinaus zu retten. Wesentliche Voraussetzungen dieser Anziehungskraft sind (1) eine Regierungspolitik der Nichteinmischung, (2) freies Unternehmertum, unbeschränkter Marktzugang, Freihandel und freier Wettbewerb, (3) ein den Export- und den Kommunikationsaufgaben Hongkongs angepaßtes Erziehungs- und Ausbildungssystem, (4) eine kosmopolitisch ausgerichtete Infrastruktur, (5) unbeschränkte Mobilität des Faktors Kapital einschließlich Devisenfreiheit, (6) Zollfreiheit und niedrige Steuern, (7) effiziente Banken-, Versicherungs- und Beratungsnetzwerke und (8) Herrschaft des Gesetzes.

Sollte Beijing diese „Errungenschaften" hochhalten können, so brauchte niemand Angst um die Zukunft zu haben – im Gegenteil: Besteht doch, wenn Hongkong seine Kapazitäten voll entfalten kann, weniger die Gefahr einer Shanghaiisierung Hongkongs als vielmehr umgekehrt die Chance einer „Hongkongisierung" weiter Teile Südostchinas. Wenn es dafür noch eines Beweises bedürfte, so erbrächte ihn das wirtschaftliche Vorpreschen der Kronkolonie in Südostchina: Die wahren Grenzen Hongkongs verlaufen dort längst nicht mehr entlang den New Territories, sondern haben sich bereits weit ins Perlflußdelta hineingeschoben, das sich mit Hongkonger Unterstützung in atemberaubendem Tempo fortentwickelt und insgeheim längst schon eine Art „Währungsgebiet Hongkong-Dollar" geworden ist.

3. Die Zukunft Taiwans: Offen für alle Möglichkeiten

a) Szenarien

Während der Countdown für Hongkong schon 1984 begonnen hat, liegt eine SVZ-Lösung für Taiwan noch in unabsehbarer Ferne. Gleichwohl hat die politische Führung der RCh den Kopf keineswegs in den Sand gesteckt, sondern bereits seit der „Verlegung des Regierungssitzes" von Nanjing nach Taibei im Jahre 1949 Zukunftsüberlegungen angestellt, die sich, dem Lauf der Ereignisse folgend, über die Jahre hin grundlegend gewandelt haben. Anfangs war von „Fangong dalu" („Gegenangriffen auf das Festland"), später von „Guangfu dalu" („glanzvolle Rückkehr aufs Festland") die Rede gewesen. Parolen dieser Art wurden 1989 durch die weniger aggressive Devise „Sanminzhuyi tongyi Zhongguo" („Die drei Grundlehren vom Volk führen zur Wiedervereinigung Chinas") ersetzt, der 1990 die noch versöhnlichere und ideologiefreiere Formel „Ziyou minzhu tongyi Zhongguo" („Freiheit und Demokratie führen zur Wiedervereinigung Chinas") folgte. Die Volksrepublik andererseits hatte ursprünglich mit der Chiffre „Jiefang Taiwan" („Befreiung Taiwans") laboriert, sich aber dann seit 1979 zur „Tongyi"(„Wiedervereinigungs")-Parole durchgerungen.

Taiwan, das die Hoffnung auf eine Wiedervereinigung zu GMD-Bedingungen schon früh hatte begraben müssen, war spätestens seit den 50er Jahren gezwungen, sich auf eine Reihe von Defensivoptionen einzustellen, sei es nun gegen (1) militärische Eroberungs-, (2) politische Isolations- oder gegen (3) wirtschaftliche Strangulationsversuche Beijings. Darüber hinaus galt es, die Varianten einer (4) Wiedervereinigungs-, einer (5) Spaltungs- oder aber einer (6) Verzögerungsstrategie durchzuspielen und entsprechende Instrumentarien zu entwickeln. Im einzelnen:

– Eine *militärische Option* scheint der Vergangenheit anzugehören: Wiedervereinigungsanläufe dieser Art wurden von der Volksrepublik ansatzweise dreimal, nämlich 1954, 1958 und 1962, versucht, doch hatte es bereits 1966 keine Fortsetzung dieses Vierjahreszyklus' mehr gegeben. Spätestens seit Ende der 80er Jahre, als Zehntausende von taiwanesischen Touristen aufs Festland zu strömen und Hunderte von taiwanesischen Unternehmen an der südostchinesischen Küste zu investieren begannen, mußte der Gedanke an einen militärischen Angriff gegen Taiwan als absurd, ja geradezu als gegen die eigenen Interessen gerichtet erscheinen. Dies hat jedoch Deng Xiaoping keineswegs davon abgehalten, den „Behörden auf Taiwan" militärische Maßnahmen bei Vorliegen fünf alternativer oder kumulativer Eventualitäten anzudrohen, nämlich bei einer Anlehnung Taibeis an Moskau (eine „Todsünde" bis 1989!), bei Entwicklung eigener taiwanesischer Atomwaffen, bei einer eventuellen Unabhängigkeitserklärung Taiwans, beim Ausbruch chaotischer Zustände im Zuge von Nachfolgestreitigkeiten, nicht zuletzt aber auch bei dauernden Hinhaltemanövern Taiwans gegen die Aufnahme von Wiedervereinigungsgesprächen.

Taibei nimmt solche Drohungen nicht übermäßig ernst, zumal es für alle Eventualitäten gut gewappnet ist: Wie schon die „Battle of Britain" während des Zweiten Weltkriegs gezeigt hat, hängt das geostrategisch vergleichbare Schicksal der Insel im Ernstfall von der See- und Lufthoheit ab. Da die Formosastraße nur 160 km breit ist und ein modernes Kampfflugzeug sie in weniger als 10 Min. zu überqueren vermag, können Inselluftwaffe und -marine gar nicht flexibel und modern genug sein. Das wohlhabende Taiwan hat bisher alle Waffenlieferungsembargos umgehen und den Qualitätsvorsprung bei der Ausrüstung halten können. Außerdem geht man in Taiwan davon aus, daß die Volksrepublik nicht in der Lage ist, gleichzeitig mehr als 200 Flugzeuge auf Angriffskurs zu halten, denen nun wiederum von seiten Taiwans eine ebenso große Zahl von Flugzeugen entgegengeschickt und ein breiter Raketenabwehrschild entgegengehalten werden könnte. Dadurch scheint die erwünschte Abschußrate von 5:1 gesichert.

Mehr Kopfzerbrechen als das Angriffsszenario bereitet dem RCh-Generalstab die Gefahr einer maritimen Belagerung, die den Außenhandel abriegeln und die Insel damit an ihrem Lebensnerv treffen könnte. Doch sprechen zwei Kalküle gegen die Wahrscheinlichkeit einer solchen „Lösung": Zum einen besitzt Taiwan überlegene Zerstörerverbände, zum anderen würde sich die Volksrepublik eines ihrer wichtigsten Außenhandels- und Investitionspartner berauben, wenn sie Taiwan aushungerte.

– Auch die von Beijing über Taiwan verhängte *politische Quarantäne,* die vor allem seit Beginn der 70er Jahre zu greifen begann, hat die Wiedervereinigung weder herbeizwingen noch Taiwans Existenzgrundlagen aushöhlen können – im Gegenteil: Gelände, das *politisch* verloren ging, wurde bisher noch allemal *außenwirtschaftlich nachbesetzt.*

– Was die Idee einer *wirtschaftlichen Hallstein-Doktrin* anbelangt, so wurde sie bisher nicht einmal thematisiert. Sogar auf dem Höhepunkt der beiderseitigen Spannungen in den 50er und 60er Jahren hat die Volksrepublik nie den Versuch einer außenwirtschaftlichen Strangulation Taiwans unternommen. Selbst wenn sie es aber versucht hätte, wäre ihr damit wohl kaum Erfolg beschieden gewesen. Keine Außenhandelsnation von Rang wäre auf ein solches „Entweder Handel mit uns oder mit Taiwan" eingegangen, zumal ja der Außenhandelsumsatz der Insel fast genauso hoch ist wie der des Festlands.

– Die Regierungen in Beijing und Taibei haben demgegenüber immer wieder betont, daß sie die *Wiedervereinigung* anstreben, und zwar möglichst friedlich und im Wege des Verhandelns. Das Gesprächsangebot Beijings liegt seit 1981, dasjenige Taiwans dagegen seit Mai 1990 auf dem Tisch. Beide Kontrahenten betonen mittlerweile auch wieder alte Gemeinsamkeiten. Hätten GMD und KPCh in der Vergangenheit denn nicht immer wieder Gespräche miteinander geführt!? Mehr noch: Bereits zweimal, nämlich in den 20er und dann – während des Antijapankrieges – auch in den 30er Jahren hätten sie sogar unter dem Dach einer gemeinsamen „Nationalen Front" zusammengearbeitet. Das dürfe doch nicht in Vergessenheit geraten sein!

Streitig ist zwischen beiden Kontrahenten mittlerweile nicht mehr das Ob, sondern das Wie der Verhandlungen: Sollen sie auf Regierungsebene (so Taibei) oder aber auf Parteiebene (so Beijing) stattfinden? Auf beiden Seiten gibt es sowohl Befürworter einer Politik des Mauerns als auch Anwälte kühnen, vorwärtsblickenden Verhandelns.

b) Wiedervereinigung, Unabhängigkeit oder Offenhalten der Frage?

Letztlich geht es aber nicht nur um Schattierungen, sondern um ein großes Entweder-Oder, nämlich um die *Wiedervereinigung* („China = ein Staat") *oder* aber um die *Unabhängigkeit* Taiwans („China = zwei Staaten"). Jahrzehntelang schien die Wiedervereinigung so selbstverständlich, daß niemand davon besonderes Aufheben machte. Anders als in der langjährigen deutschen Diskussion war es den Kontrahenten in Taibei und in Beijing ja nicht um eine Anerkennung *zweier* Staaten zu tun, sondern lediglich um die Frage der legitimen *Vertretung* des von beiden Staatsparteien als *Einheit postulierten China*, das sich hier „Republik China", dort „Volksrepublik China" nannte. Spaltungen hat es in der chinesischen Geschichte ja immer schon gegeben, ohne daß das Reich je auf Dauer auseinandergerissen worden wäre. In den 3000 Jahren seit Beginn der Zhou-Dynastie (11. Jh. v. Chr.) war China alles in allem längere Zeit auseinandergerissen als vereint, und zwar manchmal in zwei, drei, fünf, ja sogar sieben Teile, hatte aber letztlich doch immer wieder zusammengefunden. Warum sollte sich dieses Einheitsgesetz nicht auch am Ende des 20. Jh. bewähren!? So gesehen schien es eigentlich nur darum zu gehen, ob Taiwan „befreit" (jiefang), oder ob es mit dem Festland „wiedervereinigt" (tongyi) werden sollte.

Seit Mitte der 80er Jahre hat es hier aber eine kopernikanische Wendung gegeben: Die Wiedervereinigung, die lange Zeit nur ein Verhandlungsgegenstand der beiderseitigen Eliten zu sein schien, hängt inzwischen vom Willen der Wähler auf Taiwan ab.

Deren Informationsstand und Meinungsbild rückt damit in den Mittelpunkt. Die politischen Gruppierungen „außerhalb der GMD" (Dangwai) und die neugegründeten Oppositionsparteien haben sich die Gunst der Stunde zunutze gemacht und mit ihren Appellen und Aktionen dafür gesorgt, daß sich auf Taiwan mittlerweile eine Art *Willensnation* herausbilden konnte, die sich – unabhängig vom bisherigen Geschichtsverlauf und von der kulturellen Zusammengehörigkeit mit dem Festland – als eigenständige Gemeinschaft versteht und diesen Willen in einem gemeinsamen politischen Verhalten zum Ausdruck bringt. Unter „kulturnationalen" Gesichtspunkten war Taiwan seit dem 17. Jh. zwar ganz gewiß ein Teil Großchinas geworden, als Willensnation dagegen steht die Mehrheit Taiwans mit dem Rücken zum Festland. Auch die persönlichen Eindrücke, die viele Hunderttausende taiwanesischer Touristen inzwischen auf dem Festland gewinnen konnten, haben die Sehnsucht nach einer staatlichen Wiedervereinigung nicht gerade wachsen lassen.

Während Beijing davon ausgeht, daß China aus „*einem* Staat und zwei (gesellschaftlichen) Systemen" (yi guo liang zhi) besteht, geht die Mehrheit der Bevölkerung Taiwans inzwischen von der Prämisse aus, daß sich auf chinesischem Gebiet *zwei* selbständige Staaten herausgebildet haben; manchmal ist auch von „einem Staat und zwei Regierungen" (yi guo liang fu) die Rede. Gerade wegen dieses Doppelregierungskonzepts strebt Taibei ja auch Verhandlungen auf *Regierungs*ebene an, während Beijing umgekehrt den Staatsapparat in Taibei lediglich als (untergeordnete) Lokalregierung gewertet wissen möchte, die zu gehorchen und nicht etwa zu verhandeln habe. Verhandlungen könnten statt dessen nur zwischen KPCh und GMD stattfinden.

Die deutsche Wiedervereinigung kann den Chinesen bei all diesen Fragen kaum als Vorbild dienen, da vier der fünf Hauptelemente des deutschen Prozesses in China fehlen: So ist z.B. (1) die chinesische Teilung nicht von auswärtigen Mächten oktroyiert, sondern von den Chinesen selbst herbeigeführt worden. Aus diesem Grunde auch kann (2) die chinesische Wiedervereinigung nicht durch das Fallenlassen eines Schützlings eingeleitet werden: Weder gibt es in beiden Chinas eine SED, noch sind KPCh oder GMD von einer „Vaterpartei" abhängig! Auch die Größenrelationen (3) sind hier wie dort denkbar verschieden: Beim deutschen Einigungsprozeß schluckte ein „großer Starker" einen „kleinen Schwachen". In China gehen die Uhren hier etwas anders, da die Volksrepublik zwar groß, wirtschaftlich aber nicht stark, Taiwan zwar klein, aber wirtschaftlich nicht schwach ist. Auch gibt es im chinesischen Kontext (4) nirgends eine „Ostpolitik" wie sie dem deutschen Einigungsprozeß ja charakteristischerweise vorangegangen war, und auch keine televisionäre Dauerberieselung des anderen Teils der Bevölkerung, wie sie dem deutschen Integrationsprozeß ebenfalls zugute gekommen ist, insofern durch sie der Eiserne Vorhang und die Mauer schon Jahre vor ihrem Fall durchlöchert und mürbe geworden waren.

Allenfalls ein fünftes Moment könnte unter Umständen auch für China bedeutsam sein, nämlich die Kraft der Anziehung, die von einer politisch demokratisierten und wirtschaftlich prosperierenden sowie weltoffenen Gesellschaft auf ein abgeschottetes politisches System ausgeht. Nichts ist ja attraktiver als der Charme des Erfolgs und der Wohlhabenheit. Taiwan weiß, daß es mit diesem Pfund bei seinen diesseitsfrommen Landsleuten auf dem Festland am besten wuchern kann. Es darf davon ausgehen, daß in den Jahrzehnten der Abschottung auf dem Festland ein ähnliches Vakuum entstanden ist, wie es sich in der ehemaligen DDR herausgebildet hatte, in das dann die bundesrepublikanische Ordnung nach Öffnung der Mauer geradezu implodierte. Wie sehr das Taiwan-Modell nicht nur der Bevölkerung, sondern sogar der Beijinger Führung imponiert, ist allein schon daraus zu ersehen, daß zahlreiche Elemente des von Deng Xiaoping entworfenen Reformkonzepts mit an Sicherheit grenzender Wahrscheinlichkeit direkt dem Taiwan-Modell entnommen oder ihm zumindest nachempfunden wurden: Man denke etwa an den Aufbau von Wirtschaftssonderzonen, an die festländische Investitionsgesetzgebung, an die Aufwertung des Dienstleistungssektors gegenüber dem jahrzehntelang „stalinistisch" gehegten Schwerindustriebereich, an die Modalitäten der Zusammenarbeit zwischen

Industrie- und Forschungsbetrieben oder aber an die Einführung des 6:3:3:4-Schulsystems und der neunklassigen Grundschule – um hier nur einige wenige Beispiele zu nennen, die in ihrer Synergie allesamt dazu beigetragen haben, den lange Zeit so unüberwindlich erscheinenden Abgrund zwischen beiden Seiten der Taiwanstraße wenigstens halbwegs zu überbrücken.

Wiedervereinigung oder Unabhängigkeit: dies sind die beiden großen Alternativen, die nach alledem übriggeblieben sind und zwischen denen langfristig zu entscheiden ist. Zumindest in Taiwan scheint freilich inzwischen niemand mehr besondere Eile zu verspüren, diese Frage schnell zu lösen. Sogar die GMD beginnt von ihrem einstmals so klaren Wiedervereinigungsbekenntnis Stück für Stück abzurücken, da es sich in Parteikreisen inzwischen offensichtlich herumgesprochen hat, daß die Mehrheit der Wähler nichts von einer Wiedervereinigung wissen möchte. Fast hat es den Anschein, als sei die Partei inzwischen sogar auf einen subtilen Zwei-Staaten-Kurs gegangen und betreibe unter der neuen Formel: „Ein Staat – zwei Regionen" (yiguo liang qu), wie sie Ministerpräsident Hao Bocun im September 1990 verkündet hat, ein *wiedervereinigungspolitisches Mimikry*; entsprechend empört fiel dann ja auch die Reaktion Beijings aus!

Auf alle Fälle wird deutlich, daß die GMD inzwischen auf Zeit spielt und – aus Furcht vor ungnädigen Wählerreaktionen – die Wiedervereinigungsfrage auf die lange Bank zu schieben, das Problem also *offenzuhalten* versucht. Unvernünftig wäre dies nicht; denn die Lösung darf nicht übers Knie gebrochen werden, sondern braucht eine Zeit der Reifung:

Setzt sich der „Geist des 20. Jahrhunderts", d. h. der Grundsatz vom Selbstbestimmungsrecht der Völker, durch, so darf kaum ein Zweifel bestehen, daß sich die Mehrheit der Taiwanesen für die Unabhängigkeit entscheidet. Verwirklicht sich dagegen das 19. Jh., nämlich die Kulturnationentheorie und vielleicht sogar der imperiale Zugriff, so würde Taiwan genauso wie Hongkong und Macau sich eines Tages ohne „umständliche Volksbefragung" in der Rolle einer „Sonderverwaltungszone" volksrepublikanischen Zuschnitts wiederfinden.

Vielleicht aber ereignet sich das Wunder eines dritten Wegs, nämlich eine von der Mehrheit der taiwanesischen Bevölkerung mitgetragene Wiedervereinigung. Eine solche Ideallösung käme freilich nur im Zeichen einer „Konvergenz" zustande, die das Ergebnis einer ideologischen Abmusterung der KPCh nach osteuropäischem Vorbild wäre. Eine Perestroika in diesem Sinn müßte übrigens nicht einmal im gesamtstaatlichen Rahmen stattfinden; vielmehr genügte es, wenn wenigstens die wirtschaftlichen Vorreiterprovinzen der Volksrepublik, nämlich die „fünf Küstendrachen" Guangdong, Fujian, Jiangsu, Zhejiang und Shanghai, die gleichzeitig ja auch die volksrepublikanischen Haupthandelspartner Taiwans sind, auf vollen Reformkurs gingen.

Sollten Voraussagen zutreffen, daß die „Vier kleinen Tiger" und die ASEAN-Schwellenländer Mitte der 90er Jahre auf jährliche Zuwachsraten zwischen 6 bis 8 %, die südostchinesischen „Drachen" ebenfalls auf 8 % und Japan auf rd. 4 % kommen, so müßte es nicht mit rechten Dingen zugehen, entstünde zwischen ihnen nicht ein immer dichter werdendes Geflecht von Zusammenarbeit und Wettbewerb, von Handelsbeziehungen und wechselseitigen Investitionen. Schon seit Mitte der 80er Jahre wächst ja der intraregionale Handel der ostasiatischen Staaten schneller als ihr transpazifischer Wirtschaftsaustausch. Diese Tendenz dürfte eher noch zunehmen, da überall in der Region geradezu ideale komplementäre Strukturen vorhanden sind: Japan und die „Vier Tiger" (darunter also auch Taiwan und Hongkong) verfügen beispielsweise über reichlich Kapital, Technologie, Management und Infrastruktur, leiden jedoch zunehmend unter Arbeitskraft- und Bodenengpässen. Bei den ASEAN-Ländern und China andererseits verhält es sich gerade umgekehrt. Ob Wirkkräften solcher Art auf die Dauer nur wegen ideologisch-grundsätzlicher Bedenken Einhalt geboten werden kann, erscheint mehr als zweifelhaft – und im übrigen auch gar nicht wahrscheinlich, da in China gegen Ende der 90er Jahre eine neue Führungsgeneration ans Ruder gekommen sein dürfte, die nicht mehr am ideologischen Anker der Vergangenheit hängt, sondern die sich voraussichtlich bemüßigt fühlt, den 1989

abgerissenen Reformfaden wiederaufzunehmen und das Nach-
holtempo zu beschleunigen. Besonders die Provinzgouverneure
und Bürgermeister der großen Städte, die ihren Aufstieg während der Reformphase (1979–1989) erlebt haben, und die am
Vorabend des Umschwungs, d.h. im Juni 1989, gerade um die
55–60 Jahre alt waren, dürften dann ganz besonders an einer Zusammenarbeit mit den so erfolgreichen Volkswirtschaften der
„reichen Verwandten" Taiwan und Hongkong interessiert sein.

4. Jenseits der „Wiedervereinigung": eine dreifache Rolle für Taiwan und Hongkong

Das Schicksal Hongkongs ist durch das „Grundgesetz" bereits
festgeschrieben und heißt bis 30. Juni 1997 „Kronkolonie", von
da an aber „SVZ der VR China". Was andererseits die Insel Taiwan anbelangt, so steht es einstweilen noch in den Sternen, ob
sich dort ein zweiter chinesischer Staat etabliert, ob ebenfalls eine „SVZ" entsteht oder ob diese Frage systematisch offengehal-
ten wird.

Unabhängig von solchen Szenarien kann aber davon ausge-
gangen werden, daß die drei großen Tendenzen am Ende des
20. Jh., nämlich Demokratisierung, Ökonomisierung und Regionalisierung, mit an Sicherheit grenzender Wahrscheinlichkeit
für das Schicksal Taiwans und Hongkongs prägender sein dürften als ihre administrative Zugehörigkeit (oder Nichtzugehörig-
keit) zur VR China.

Drei Hauptrollen dürfte die Zukunft für Taiwan und Hongkong im wesentlichen bereithalten:

– *Modellfunktion:* Die beiden chinesischen „Inseln" können
zwar ganz gewiß keine Wegweiserrolle für Staaten der Dritten
Welt übernehmen, da ihre Besonderheiten allzu ausgeprägt sind,
als daß sie sich beliebig transferieren ließen. Wohl aber ist es
denkbar, daß sie mit ihrem musterhaften Erfolgskurs einen Leit-
faden für das reformerische China liefern, zumindest für die
fortgeschrittensten Provinzen der Volksrepublik, nämlich die
bereits erwähnten „Fünf Drachen" an der südostchinesischen

Küste, die sich seit Beginn der Reformen (1979 ff.) ja ebenfalls gründlich „rekonfuzianisieren" und wirtschaftlich fortentwikkeln konnten, so daß sie den „reichen Verwandten" in Taiwan und Hongkong zuletzt immer ähnlicher geworden sind. Für diese Provinzen sind Taiwan und Hongkong sehr wohl Vergleichsgrößen und nachahmenswerte Spielformen einer erfolgreichen chinesischen Gesellschaft; haben beide doch vorexerziert, wie metakonfuzianische Gesellschaften sich in der modernen Welt nicht nur behaupten, sondern sogar zum Angriff übergehen und Teile des Weltmarkts erfolgreich aufrollen können. Taiwan und Hongkong empfehlen sich also gegenüber allen bisherigen volksrepublikanischen Modellen – angefangen vom Maoismus bis hin zum Dengismus – sehr wohl als Alternative. Beide wirken wie flüssiges Magma, das die bürokratischen Krusten durchbrochen hat und als heiße Materie an der Oberfläche brodelt. Sollten sich diese Trichter eines Tages noch durch die fünf Südostprovinzen vermehren und erweitern, so wäre die Weltwirtschaft durch eine neue mächtige Mitbewerbergruppe herausgefordert.

Vor allem im Zeichen wachsender Regionalisierung, die ja, wie erwähnt, zu den großen Tendenzen der Moderne gehört, ist es durchaus denkbar, daß der eine oder andere der genannten Fünf, die ja alle nüchterne Rechner sind, den taiwanesischen oder den Hongkong-Weg zu beschreiten versucht, um aus der bisherigen Sackgasse herauszukommen, und daß er dadurch in einen „Taiwanisierungs"- oder „Hongkongisierungs"-Sog gerät, dem mit bloß administrativen Bremsversuchen kaum beizukommen wäre.

– *Bestandteile eines neuen Weltwirtschaftszentrums.* Global gesehen könnten Taiwan und Hongkong ferner zum Bestandteil, ja zu Drehscheiben eines jener beiden künftigen Weltwirtschaftszentren werden, die sich um das Jahr 2000 herum vermutlich herausbilden und deren Naben in Europa sowie in Ostasien liegen.

Taiwan und Hongkong gehören bereits heute mit zu den Hauptschrittmachern bei der Neustrukturierung der Weltwirtschaft, als deren innovative Merkmale sich Interdependenz,

Multipolarität und Entstehung neuer Wachstumszentren benennen lassen. Wenn Volkswirtschaft tatsächlich im Begriff ist, sich zur Weltwirtschaft hin auszuweiten, so bewegen sich Taiwan und Hongkong genau auf dieser Evolutionsachse. Auch den fünf südostchinesischen Küstendrachen dürfte eine solche Einbeziehung in die Weltwirtschaft erstrebenswert erscheinen. Wirtschaftlich sind sie den anderen Provinzen Chinas seit 1979 ja längst enteilt und haben in den 80er Jahren außerdem erfahren dürfen, daß sie international wettbewerbsfähig sind. Gleichzeitig dürfte ihnen aber sehr wohl bewußt sein, daß es gefährlich wäre, sich von der Volksrepublik administrativ *ab*zukoppeln. Doch *so* weit muß es auch gar nicht kommen, da ihnen bereits mit einer wirtschaftlichen *Ent*koppelung gedient wäre. Würde ihnen nämlich mehr Autonomie eingeräumt, bräuchten sie durchaus nicht auf Taiwan oder Hongkong fixiert zu bleiben, sondern könnten sowohl die Vorteile des Weltmarkts wahrnehmen als auch damit fortfahren, das chinesische Hinterland weiter zu bedienen.

Die Versuchung und der Ansporn, Teil jener asiatischen Verdichtungszone zu werden, in deren Zentrum Taiwan und Hongkong schon heute stehen, ist nach alledem übermächtig und läßt sich auf die Dauer wohl kaum von Beijing aus verhindern.

– *Protagonisten der Blauen Kultur Chinas*. Wenn die Zukunft des Fünfergespanns an der chinesischen Südostküste tatsächlich „auf dem Wasser liegen" sollte, so käme den in der Außenwirtschaft so erfolgreichen „Tigern" Taiwan und Hongkong eine weitere Leitbildfunktion zu, nämlich die Aufgabe, als Doppelzentren einer südostchinesischen Drehscheibe darauf hinzuwirken, daß die festländischen Küstenprovinzen und die Huaren-Gemeinden Südostasiens sich zu einem neuen wirtschaftlichen Kräftefeld zusammenfinden, das zu den asiatischen Nachbarn Japan und Südkorea sowohl in einem Kooperations- als auch in einem Konkurrenzverhältnis stünde und dessen virtuelle Dynamik dafür sorgen könnte, daß zumindest Südostchina wieder an jene alten Traditionen anknüpft, die bei ihm ein halbes Jahrtausend lang Heimatrecht besessen hatten und deren Kontinuität erst in der frühen Ming-Zeit abgebrochen worden war – nämlich die Rolle eines meerzugewandten und weltoffenen Gemeinwesens. Bedenkt man, welchen zentralen Stellenwert das gute Vorbild im konfuzianischen China einnimmt, so käme den beiden Protagonisten Taiwan und Hongkong hier eine Wegweiserrolle zu, die weit über ihre rein physischen Dimensionen hinausgeht. Sollte es der VR China freilich gelingen, über ihren eigenen Schatten zu springen und sich mit den Spielregeln der Blauen Kultur anzufreunden, so verlören Taiwan und Hongkong nicht nur ihre Leitbildfunktion, sondern auch ihre innere Existenzberechtigung, die sich ja bisher noch allemal von ihrem *Anderssein* hergeleitet hat.

Anhang

1. Weiterführendes Literaturverzeichnis

a) Zeitschriften

Das ans Ausland gerichtete Zeitungs- und Zeitschriftenwesen Taiwans und Hongkongs ist fast ausschließlich in englischer Sprache gehalten. Publikationen auf deutsch hatten bisher immer nur ein verhältnismäßig kurzes Leben, so z. B. der während der siebziger Jahre eine Zeitlang in hektographierter Form herausgegebene *Freichina-Informationsdienst,* eine Version der *Free China Weekly.*

In Taiwan erscheint seit 1988 die Zweimonatszeitschrift *Freies China* mit rund 60 Seiten pro Heft; sie ist reich bebildert und bringt solide recherchierte und flüssig geschriebene Beiträge zu wechselnden Schwerpunktthemen. Obwohl hinter der Redaktion das „Government Information Office" steht, ist die Darstellung angenehm unaufdringlich.

Regelmäßig berichtet außerdem *CHINA aktuell,* eine Monatszeitschrift, hg. vom Institut für Asienkunde in Hamburg. Seit Februar 1972 bringt die Zeitschrift Monat für Monat Beiträge nicht nur zur Volksrepublik China, sondern auch zu den Entwicklungen in Taiwan und Hongkong.

b) Sachbücher und Literatur

Die nachfolgende Zusammenstellung ist von zwei Gesichtspunkten bestimmt: Es werden nur Bücher, keine Aufsätze angeführt; ferner sind nur deutschsprachige Publikationen aufgenommen. Die Umschrift chinesischer Namen und Bezeichnungen bleibt unverändert, auch wenn die da und dort verwendete Transkription unüblich oder falsch ist. Soweit der Leser einen detaillierten und auch auf fremdsprachige Literatur erweiterten Einblick wünscht, sei er verwiesen auf den Auskunftsdienst der Übersee-Dokumentation, Sektion Asien und Südpazifik, Neuer Jungfernstieg 21, 2000 Hamburg 36.

Literatur zu Taiwan
Chang Sai, Von der traditionellen Gesellschaft zum Take-Off: Die Wirtschaftsentwicklung Taiwans, Bd. 88 der „Sozialwissenschaftlichen Studien zu internationalen Problemen", Saarbrücken, Fort Lauderdale 1984, 365 S. Wer das Buch gelesen hat, bekommt eine plausible Erklärung

für die wirtschaftlichen Ursachen des taiwanesischen „Wirtschaftswunders".

Dörnhaus, Udo, Berufsbildungspolitik Taiwans im Verlaufe der wirtschaftlichen Entwicklung 1949–1985, Bd. 166 der Mitteilungen des Instituts für Asienkunde, Hamburg 1988, 266 S.

Franke, Wolfgang, Das Jahrhundert der chinesischen Revolution 1851–1949, München 1958, 297 S. Behandelt die Gründe für die Niederlage der GMD und deren Flucht nach Taiwan.

Gälli, Anton, Neue Wachstumsmärkte in Fernost. Acht Länder auf der Schwelle zur Wirtschaftsmacht, Dokumentationsband zur Internationalen Konferenz des Ifo-Instituts, „Wachstumsmarkt Südostasien – Chancen und Risiken. Unternehmerische Kooperation" vom 19.–21. Oktober 1983 in München, Weltforum-Verlag München, Köln, London 1983, 407 S. Neben Hongkong, Singapur, Südkorea, Thailand, Malaysia, Indonesien und den Philippinen wird Taiwan als einer der wichtigsten Wachstumsmärkte Asiens dargestellt.

Kindermann, Gottfried-Karl,
– Stimmen des anderen China. Nationalchinesische Experten zu entwicklungspolitischen Alternativen für China, München 1974.
– Pekings chinesische Gegenspieler. Theorie und Praxis nationalchinesischen Widerstands auf Taiwan, Düsseldorf 1977, 290 S. „Sunyatsenismus" als Grundlage für ein Gegenmodell zum „Maoismus", „Entwicklungsmodell Taiwan".
– Chinas unbeendeter Bürgerkrieg. Im Spannungsfeld Peking-Taiwan-USA 1949–1990, Herold-Verlag, München/Wien 1980.

Kuo, Xing hu,
– Freies China, Stuttgart-Degerloch 1982. Einführung in Geschichte und Politik Taiwans sowie die wirtschaftliche Entwicklung der Insel, die Beziehungen zu Beijing etc.
– (Hg.), Der ewige Fluß. Chinesische Erzählungen aus Taiwan, 14 Erzählungen, München 1986, 298 S.

Länderbericht Taiwan 1988, hg. vom Statistischen Bundesamt Wiesbaden in der Reihe „Statistik des Auslands", Verlag W. Kohlhammer, Stuttgart und Mainz 1988.

v. Lüpke, Bernd-Geseho, Die Taiwanpolitik der VR China seit 1980, Bd. 186 der Mitteilungen des Instituts für Asienkunde, Hamburg 1988, 264 S.

Martin, Helmut/Dunsing, Charlotte/Baus, Wolf (Hg.), Blick übers Meer. Chinesische Erzählungen aus Taiwan, edition Suhrkamp, Neue Folge, Bd. 129, Frankfurt/M. 1982, 403 S. In zwölf Kurzgeschichten blitzt, aus der Feder von zehn Schriftstellern, die gesellschaftliche Wirklichkeit Taiwans auf. In einem Vorwort von Wolf Baus werden Literatur und Literaturpolitik in Taiwan seit 1945, in einem Nachwort von Charlotte Dunsing Aspekte der „taiwanesischen Realität in der Literatur" dargestellt.

Opitz, Peter J. (Hg.),
– Die Söhne des Drachen. Chinas Weg vom Konfuzianismus zum Kommunismus, München 1974, 394 S. (mit einem Abschnitt über „Sun Yat-sen" von Helmut Viechtbauer und über Hu Shi von Hung Lien-te).
– (Hg.), China zwischen Weltrevolution und Realpolitik. Ursachen und internationale Konsequenzen der amerikanisch-chinesischen Annäherung, Ernst Vögel-Verlag, München 1979, 323 S., mit einem Beitrag von Joachim Glaubitz zum Thema „Taiwan unter dem Druck der chinesisch-amerikanischen Verständigung".
Reinhardt, Monika, Politische Opposition in Taiwan 1947–1988. Die Demokratische Fortschrittspartei, Bd. 40 der Reihe „Chinathemen", Bochum 1989, 193 S. Das „andere" Taiwan als Motor der Demokratisierungsbewegung, die in der 1986 gegründeten „Demokratischen Fortschrittspartei" erstmals einen legalen und organisierten Ausdruck fand.
Shaw Yu-ming, Über das Wunder hinaus. Betrachtungen zur Republik China, dem chinesischen Festland und den sino-amerikanischen Beziehungen,Taibei 1989, 153 S. Der frühere Regierungssprecher der RCh-Regierung und zeitweilige Vorsitzende des renommierten Instituts für Internationale Beziehungen der Nationalen Zhengzhi-Universität liefert eine Tour d'horizon durch die China-, Hongkong- und Taiwan-Problematik aus der Sicht Taibeis.
Weggel, Oskar,
– Geschichte Chinas im 20. Jahrhundert, Stuttgart 1989, 434 S. Befaßt sich u.a. mit der Guomindang, deren Entwicklung und Politik im festländischen China (mit Auswirkungen auf Taiwan) bis 1949 nachgezeichnet wird.
– Die Geschichte Taiwans. Vom 17. Jahrhundert bis heute, Köln/Weimar/Wien 1991, 352 S.
Weth, Cynthia Yun Ping, Die taiwanesische Unabhängigkeitsbewegung (Taidu) 1945–1978, Inauguraldissertation, Würzburg 1982, 283 S. Geschichtlicher Überblick über die Entwicklung Taiwans von der ersten Besiedlung an. Im zweiten Teil dann Bezug auf die Unabhängigkeitsbewegung, ihre politischen Vorstellungen und ihre Strategien.
Whittome, Günter, „Taiwan 1947: Der Aufstand gegen die Kuomintang", Mitteilungen des Instituts für Asienkunde, Bd. 196, Hamburg 1991, 253 S.
Wu Yüan-li, Auf dem Weg zur Industrialisierung. Die Entwicklung der Republik China auf Taiwan, Anita-Tykve-Verlag, Böblingen 1990, 160 S. Die politischen, wirtschaftlichen und gesellschaftlichen Rahmenbedingungen, die das „Wirtschaftswunder" auf Taiwan erklären.

Literatur zu Hongkong
Baumann, Jörg, Determinanten der industriellen Entwicklung Hongkongs. 1945–1979, Bd. 135 der Mitteilungen des Instituts für Asienkunde, Hamburg 1983, 449 S.

Belardi, Nando, Hongkong, Macao, Canton. Ein Expreß-Reisehandbuch, Rieden am Forggensee 1988, 394 S. Anspruchsvoller Reiseführer mit Sonderbeiträgen zahlreicher Autoren.

Benzenberg, Wilfried, Wachstum und Planung in Tsuen Wan und Kwun Tong: Zwei neue Städte in der Kronkolonie Hongkong, (Diss.) Köln 1977.

Buchholz, Hanns-Jürgen und Schöller, Peter, Hongkong, Finanz- und Wirtschafts-Metropole. Entwicklungspolitik für Chinas Wandel, Braunschweig 1985, 240 S., Hongkong, Macao und die Wirtschaftssonderzonen unter wirtschaftsgeographischen Gesichtspunkten.

Clavell, James, Tai-pan. Der Roman Hongkongs, München, Zürich 1967, 798 S. Die Gründung Hongkongs: reißerisch-spannend, aber auch atmosphärisch gut gelungen.

Elegant, Robert S., Die Dynastie, Reinbek b. Hamburg, (rororo TB Nr. 5000). Geschichte einer chinesisch-britischen Familie in der Zeit zwischen 1900 und 1970.

Herrmann, Michael, Hongkong versus Singapore: Ein Erklärungsversuch divergierender Entwicklungsverläufe, Stuttgart 1970.

Jeromin, Ulrich, Die Überseechinesen: Ihre Bedeutung für die wirtschaftliche Entwicklung Südostasiens, Stuttgart 1966.

Mäding, Klaus, Wirtschaftswachstum und Kulturwandel in Hongkong. Ein Beitrag zur Wirtschafts- und Sozialpsychologie der Hongkong-Chinesen, Köln/Opladen 1964.

Röpke, Jochen, Schwellenländer Ost- und Südostasiens: Singapur/Hongkong, in: Draguhn, Werner (Hrsg.) Die wirtschaftliche Position der Bundesrepublik Deutschland in ausgewählten asiatisch-pazifischen Ländern, Hamburg 1987, S. 66–201. Ders., Hongkong, in: Werner Draguhn (Hrsg.), Asiens Schwellenländer: Dritte Weltwirtschaftsregionen?, Bd. 195 der Mitteilungen des Instituts für Asienkunde, Hamburg 1991, S. 82–115.

Schyren, Rainer, „Hongkong und Shenzhen, Entwicklungen, Verflechtungen und Abhängigkeiten. Eine wirtschaftsgeographische Untersuchung", Mitteilungen des Instituts für Asienkunde, Bd. 202, Hamburg 1992, 317 S.

Verlag für fremdsprachige Literatur (Hrsg.), Der Opiumkrieg, Beijing 1977.

Yu, Ta-Wei Cheung-Lie, Die Industrialisierung Hongkongs von 1949–1964, (Diss.) Köln 1967.

2. Geschichte im Überblick

1127–1279: Zeit der Südlichen Song-Dynastie, in deren Verlauf – unter dem Druck der aus Norden vordrängenden Mongolen – die „Reichsmitte" und vor allem die Hauptstadt nach Süden (Kaifeng und schließlich Suzhou) verlegt wird. Während dieser Zeit wird China zu einer Seefahrernation. Beim Zusammenbruch der Dynastie fliehen Tausende von Song-Loyalisten ins

Nanyang-Gebiet, d. h. ins heutige Südostasien, und gründen dort Auswanderersiedlungen, u. a. auch die Vorgängersiedlung des späteren Singapur. Kaiser Xiang Xing, der letzte Song-Monarch, scheut vor dieser Auswanderung zurück und wählt in Shenzhen – unweit des heutigen Hongkong – den Freitod.

1279–1368: Yuan-Dynastie. Während dieser Zeit der mongolischen Vorherrschaft über China bleibt die maritime Tradition der Südostküste erhalten.

1368–1644: Während der ersten Jahrzehnte der (wieder chinesischen) Ming-Dynastie erreicht der maritime Expansionsdrang Chinas seinen geschichtlichen Höhepunkt: Sieben Expeditionsreisen des Admirals Zheng He (1371–1434), z. T. bis nach Afrika. 1433 brechen die Ming ihre See-Expeditionen plötzlich ab und wenden sich wieder ganz den zentralasiatischen Steppenstraßen zu, von wo erneut die Mongolengefahr droht. Eine fast 500jährige Seefahrertradition wird damit schlagartig abgebrochen.

Die weitere Entwicklung Taiwans

1624–1661: Taiwan, das bis dahin fast nur von polynesischen Stämmen besiedelt – also noch keineswegs sinisiert – ist, wird eine Kolonie der holländischen „Vereinigten Ostindischen Compagnie“.

1629: Der Ming-Hof betraut die Zheng-Familie, aus der später auch der „Nationalheld Taiwans“, Coxinga, hervorgeht, mit der Küstenverteidigung.

1661: Coxinga erobert – auf der Flucht vor den Manzhous – Taiwan. Beginn der Sinisierung Taiwans.

1683: Das von den Manzhous 1644 proklamierte Qing-Reich erobert Taiwan und gliedert die Insel in den chinesischen Reichsverband ein – zuerst als Präfektur (fu), später (seit 1885) auch als Provinz (sheng). Es folgen 200 ruhige Jahre der Konsolidierung, der landwirtschaftlichen Erschließung, der ständigen Einwanderung – und des Abdrängens der Ureinwohner in die Berggebiete.

1700 ff.: Die ersten Ansiedlungen, aus denen sich das spätere Taibei bil-

Die weitere Entwicklung Hongkongs

1685: Der Qing-Hof löst die Wirtschaft aus dem altehrwürdigen Tributsystem heraus und konzentriert den gesamten Außenhandel des Reichs auf das südliche Guangzhou. Das dort entstehende „Canton-System“ wird von den europäischen Kaufleuten von Anfang an als zu bürokratisch bekämpft.

Um 1800: Die europäischen Kaufleute begleichen ihre Rechnungen statt mit Silber immer mehr mit Opium.

det, entstehen. 1738: Gründung des „Drachenbergtempels".

1839: Der Opiumkonflikt beginnt: Lin Zexu (1785–1850) verbrennt die britischen Opiumvorräte in Guangzhou und vertreibt die Händler, die sich daraufhin der 120 km südlich von Guangzhou gelegenen Insel Hongkong bemächtigten und sie als Zufluchtsort ausbauen.

1840–1842: Großbritannien erklärt dem chinesischen Reich den Krieg, der sich zu einer Folge von Scharmützeln und Zwischenverhandlungen entwickelt.

20.1.1841: Bei einer dieser Zwischenverhandlungen kommt es zum Vertrag von Chuanbi, aufgrund dessen China die Insel Hongkong formell an Großbritannien „verpachtet". Am 26.1.1841 wird die britische Flagge auf Hongkong gehißt.

29.8.1842: Unterzeichnung des Vertrags von Nanjing, durch den die Übernahme Hongkongs bestätigt und fünf weitere Häfen für ausländische Kaufleute „geöffnet" werden.

1850 ff.: Zahlreiche Überfälle taiwanesischer Ureinwohner auf ausländische Schiffe.

1858: Der Kampf der Großmächte um Taiwan beginnt: Im „Vertrag von Tianjin" wird China u.a. zur Öffnung Taiwans gezwungen.

1856–1858: „Zweiter Opiumkrieg". Aufgrund der „Konvention von Peking" (24.10.1860) wird Kowloon an Großbritannien abgetreten, d.h., ebenso wie die Insel Hongkong, „auf ewig" verpachtet.

1867: Amerikanischer Vergeltungsfeldzug gegen Ureinwohner Taiwans.

1874: Japanischer Vergeltungsfeldzug gegen Ureinwohner Taiwans.

1884/85: Vergeblicher Versuch Frankreichs, Taiwan in seinen Besitz zu nehmen.

1885: Taiwan wird Provinz: Administrative Neugliederung und Verlagerung der Provinzhauptstadt (vom heutigen Tainan) nach Norden, nämlich nach Taibei: Ausbau der neuen Hauptstadt. Unter Liu Mingchuan wird Taiwan zur modernsten Provinz des chinesischen Reiches.

1895–1945: Taiwan wird japanische Kolonie: Ausbau einer modernen Infrastruktur, „Befriedung" der Ureinwohner, Einbeziehung Taiwans in die japanische „Südwärts-Politik".

24.10.1945: Nachdem bereits erste Truppen der GMD gelandet waren, kommt der erste chinesische Provinzgouverneur, Chen Yi, nach Taiwan – zunächst begeistert von der Bevölkerung begrüßt.

1946ff.: Requirierungsmaßnahmen der Chen Yi-Regierung und zahlreiche Korruptionsfälle lassen bei der Bevölkerung das Gefühl einer erneuten Kolonialherrschaft aufkommen. Wachsender Widerstand.

9.6.1898: Großbritannien „pachtet" auch noch die „New Territories", und zwar auf 99 Jahre.

1851–1931: Die Bevölkerung der Kronkolonie nimmt von 33.000 auf 879.000 Einwohner zu. Entrepôtfunktion.

1.1.1912: Die „Republik China" wird ausgerufen. Hongkong wird zum Zufluchtsort konservativer Monarchisten und später – neben Guangzhou – zur Hochburg zahlreicher republikanischer Aktivisten, u.a. von Anhängern Sun Yixians.

1937–1945: Der Zweite Weltkrieg in Fernost. Hongkong wächst unter der Flüchtlingswelle bis 1939 auf 1,6 Mio. Einwohner an.

12.12.1941: Japan besetzt Hongkong.

14.8.1945: Japan kapituliert.

30.8.1945: Die Briten kehren nach Hongkong zurück. Erneuter Flüchtlingsstrom. Mitte 1950: 2,2 Mio. Einwohner.

1946–1952: Hongkong verliert wegen des Siegs der Kommunisten in China (1949) und wegen des westlichen Handelsembargos (1951) seine Entrepôtfunktion. Gleichzeitig profitiert Hongkong vom „Bürgerkriegs-, Blockade- und Koreaboom". Aus einer Pforten- wird Hongkong zu einer Industriestadt.

28. 2. 1947: Blutige Zusammenstöße zwischen Regierung und Bevölkerung. Bevölkerung greift zur
Selbsthilfe. Chen Yi fordert Trup-
penverstärkung vom Festland an.

8. 3. 1947: In Jilong landen mehrere
Militärbataillone.

9. und 10. 3. 1947: Aufrufung des
„Ausnahmezustands" und Massenerschießungen. Abberufung – und
später, im Juni 1950, Hinrichtung –
Chen Yis.

1. 1. 1947: Verkündung einer liberalen Verfassung in Nanjing, die jedoch in der Praxis schon bald
durchlöchert wird.

1948 ff.: Im Zeichen der sich ab-
zeichnenden Niederlage der GMD
gegen die maoistische „Volksbefreiungsarmee" auf dem Festland beginnt ein systematischer Umzug
von Beamten, Militärs und Zivilper-
sonen nach Taiwan.

18. 4. 1948: Erlaß der „Interimsbe-
stimmungen", die sich zu einer Art
„Ermächtigungsgesetz" für den
Staatspräsidenten entwickeln und
erst im April 1991 wieder aufgehoben werden.

19. 5. 1949: Verhängung des Ausnahmezustands über Taiwan, der bis
zum 15. Juli 1987 dauert.

5. 1. 1950: Truman will Taiwan fallenlassen.

Juni 1950: Beginn des Koreakriegs
– und damit positive Neubewertung
Taiwans. Die Insel wird zum „unversenkbaren Flugzeugträger" der
westlichen Verteidigungsstrategie
gegen die „kommunistische Gefahr". Schutz durch die 7. US-Flotte.

1. 5. 1951: Die amerikanische Military Assistant Advisory Group beginnt ihre Arbeit in Taiwan: Statio-

nierung von Truppen und Flugzeugeinheiten.

1949/50: Maos „Volksbefreiungsarmee" besetzt mehrere Inseln und greift auch Jinmen (Quemoy) an. Sieg der GMD-Truppen.

Juli 1949: Beginn eines „GMD-Reformprogramms"; erste Kommunalwahlen im Januar 1951.

1949–1953: Bodenreform in drei Stufen.

1949: Währungsreform.

28.4.1952: Unterzeichnung eines Friedensvertrags mit Japan.

1952–1960: Entwicklung der Textil- und Plastikindustrie; intensiver Handel mit dem Westen. Hongkong als „Billigproduzent".

1953: Beginn einer systematischen Importsubstitutionspolitik und Erlaß des Ersten Vierjahresplans.

Dezember 1954: Die GMD-Truppen verlieren die Schlacht um die Dachen-Inseln. Zum Ausgleich schließen die USA mit der RCh ein bilaterales Verteidigungsabkommen (2.12.1954) ab.

23.8.1958: Ein 44tägiges Artillerie-Dauerbombardement setzt gegen Jinmen ein. Die Insel wird jedoch gehalten.

1959: Umschaltung der Wirtschaftspolitik von Importsubstitution auf Exportförderung: 1960 ergehen die ersten „Investitionsförderungsbestimmungen", 1962 wird die Taiwan-Börse AG gegründet, und außerdem entstehen Industrieparks sowie Exportverarbeitungszonen.

1962: Dritte militärische Zuspitzung um Taiwan; doch friedliche Beilegung durch chinesisch-amerikanische Verhandlungen. Damit wird der krisenhafte „Vierjahreszyklus" militärischer Auseinandersetzungen (1950–1954, 1958–1962) beendet.

1964: Das Frankreich de Gaulles wendet sich von Taiwan ab und erkennt die VRCh diplomatisch an – erstes außenpolitisches „Schockerlebnis" Taibeis!

1967: „Kulturerneuerungsbewegung" als Antwort Taiwans auf die „Kulturerrevolution" in der VRCh.

1969: Erste Ergänzungswahlen auf zentraler Ebene.

1971/72: „Nixon-Schock": Der US-Präsident kündigt seine Reise in die VRCh an.

25. 10. 71: Taibei wird zugunsten Beijings aus der UNO ausgeschlossen.

28. 2. 72: Nixon und Zhou Enlai unterzeichnen das „Kommuniqué von Shanghai", in dem die Regierung der VRCh als die einzige rechtmäßige Regierung und Taiwan lediglich als eine Provinz Chinas bezeichnet wird.

1972 ff.: Die außenpolitische Niederlage dient als Schrittmacher des Mitbestimmungsprozesses und der Ersetzung von Außenpolitik durch Außenwirtschaftspolitik; allerdings gibt es immer noch ein Tauziehen zwischen Pluralismus und GMD-Monopol; weiterhin Verfolgung von Oppositionellen.

5. 4. 1975: Staatspräsident Jiang Jieshi stirbt; Nachfolger im Präsidentenamt und in der Parteiführung wird – nach einer längeren „Anstandspause" – sein ältester Sohn Jiang Jingguo.

Dezember 1979: Meilidao-Zwischenfall und Verhaftung fast der gesamten Opposition. Der Casus Meilidao wird freilich auch zum Wendepunkt in der Politik der GMD-Führung gegenüber Oppositionellen.

Dezember 1978: In der VR China beginnt das Reformzeitalter. Vor den Toren Hongkongs und Macaus entstehen „Wirtschaftssonderzonen". Langsam beginnt damit die alte Entrepôtfunkton der Kronkolonie wieder zurückzukehren.

1.1.1979: Die USA erkennen die VR China diplomatisch an, erlassen aber gleichzeitig den „Taiwan Relations Act", nach dem mit Taiwan quasidiplomatische Beziehungen weitergeführt und auch weiterhin Waffen an die Armee der RCh geliefert werden.

10.10.1979: Beijing unterbreitet der Regierung in Taibei einen „Neun-Punkte-Vorschlag zur Wiedervereinigung": Beginn der Wiedervereinigungsdiskussion.

1980ff.: Hohe Wachstumsraten der taiwanesischen Wirtschaft, die ihre Außenwirtschaftsorgane in der Zwischenzeit modernisiert und auch ihre Infrastruktur systematisch ausgebaut hatte, nicht zuletzt durch die „Zehn Basisprojekte", die seit 1979 u.a. das Zeitalter der Schwerindustrie einleiteten.

20.6.1986: Beginn offizieller politischer Reformen: Ein Zwölfergremium der GMD erarbeitet Reformvorschläge.

1984: London und Beijing einigen sich auf die „Rückgabe" Hongkongs zum 1.Juli 1997. Beginn einer kritischen innenpolitischen Phase: Protest- und Demokratisierungsbewegung in der Hongkonger Bevölkerung.

Mai 1986: Immer mehr Demonstrationen, Bürgerinitiativen, „soziale Bewegungen" und „Selbsthilfe"-Gruppierungen machen von sich reden. Am 19.Mai veranstaltet die Opposition, die sich inzwischen in sog. „Dangwai" („außerhalb der Partei", d.h. „außerhalb der GMD")-Gruppierungen organisiert hat, eine Großdemonstration gegen den inzwischen 38 Jahre alten „Ausnahmezustand". Auch Demonstrationen der Bauern und der Wohnungssuchenden finden statt.

28.9.1986: Die „Demokratische Fortschrittspartei" (Minjindang) wird in Taibei gegründet, nachdem es seit Mai 1984 bereits die oben erwähnte „Dangwai"-Gruppierung gegeben hatte. Die GMD zögert, unternimmt aber nichts gegen die Gründung.

1987 ff.: Immer mehr Verwandte, Journalisten und schließlich auch Unternehmer besuchen die VRCh. Taiwanesische Unternehmer werden mit zu den wichtigsten Investoren in den Küstenprovinzen.

14. 7. 1987: Der „Ausnahmezustand" wird aufgehoben.

31. 1. 88: Staatspräsident Jiang Jingguo stirbt. Sein Nachfolger im Parteiführungs- und Präsidentenamt wird Li Denghui, ein liberaler Taiwanese. Bei den Fraktionsauseinandersetzungen innerhalb der GMD werden die konservativen Kräfte in den Hintergrund gedrängt.

20. 1. 89: Das „Gesetz zur Regelung ziviler Körperschaften" gibt grünes Licht für die Legalisierung von Oppositonsparteien. Bereits am 1. 1. 1988 waren die bisherigen Maulkorbbestimmungen für die Presse aufgehoben worden.

Dezember 1989: Bei den Wahlen erleidet die GMD eine empfindliche Schlappe. Der Demokratisierungsprozeß hat sich inzwischen konsolidiert: Eine breite wohlhabend gewordene mittelständische Schicht liefert das soziale Unterfutter für diesen Prozeß.

20. 5. 90: Staatspräsident Li Denghui bietet der VRCh Wiedervereinigungsgespräche an. Beijing will allerdings nicht auf Regierungs-, sondern nur auf Parteiebene verhandeln.

4. 6. 1989: Das Tiananmen-Massaker führt zu Anti-VRCh-Demonstrationen in Hongkong. Erste Absatzbewegungen namhafter Hongkonger Firmen.

3. Mengen- und Leistungsvergleiche zwischen sieben Ländern

	Taiwan	Hongkong	Singapur	Süd-Korea	VRCh	Japan	BRD (alte Bundesländer)
Fläche (km²)	36.000	1.043	581	98.000	9.597.000	372.000	248.000
Bevölkerung (Mio.)							
a) Mitte 1980	17,8	5,1	2,4	38,1	987	116,8	61,5
b) Mitte 1990	20,2	5,8	2,7	42,8	1.119,9	123,6	63,2
jährl. Zuw. (%) (1980/90)	1,3	1,3	1,2	1,2	1,4	0,6	0,3
Bev.dichte Pers./km² (1990)	561	5.412	4.647	435	116	332	254
Bevölkerung nach Altersgruppen (1990) (%)							
a) unter 15	29,4	22,1	23,1	27,3	27,6	20,9	14,9
b) 15–64	64,4	69,6	71,4	68,2	66,5	68,5	70,1
c) über 65	6,2	8,3	5,5	4,5	5,9	10,6	15,0
Lebenserwartung (Jahre) (Stand 1990)							
a) männlich	71,1	74,2	68,0	62,7	66	75,6	71,8
b) weiblich	76,1	79,7	74,0	69,1	71	81,4	78,4

Kalorien pro Tag (1986/88)	2.930	2.883	2.882	2.867	?	2.822	3.528
Anteil der Erwerbstätigen an der Gesamtbevölkerung (1990) (%)	41,6	49,7	48,6	49	49,3	50,9	48,4
Erwerbstätige nach Wirtschaftsbereichen (1989) (%)							
a) Landwirtsch.	12,6	1,1	0,5	19	60,2	7,4	4,5
b) Industrie	40,2	38,8	36,3	34,1	21,7	33,5	37,3
c) Dienstl.	45,5	60,0	62,9	44,3	15	56,3	50,3
d) andere	1,7	0,1	0,3	2,6	3,1	2,8	7,9
BSP pro Kopf (1988) (US$)	6.142	9.635	9.316	4.364	350	23.660	19.304
Anteile der Wirtsch. Sektoren BSP (%)	im Jahr 1965 / 1988	im Jahr 1965 / 88	im Jahr 1965 / 88	im Jahr 1965 / 88	im Jahr 1965 / 88	im Jahr 1965 / 88	im Jahr 1965 / 88
a) Landw.	24 / 5	2 / 0	3 / 0	38 / 11	? / 27,4	9 / 3	4 / 2
b) Indust.	30 / 46	40 / 29	24 / 38	25 / 43	? / 47,1	43 / 41	53 / 51
c) Dienstl.	46 / 49	58 / 70	74 / 61	37 / 46	? / 25,2	48 / 57	43 / 47
Verwendung des BSP (1989) (%)							
a) Verbrauch	71,9	68,4	57,2	63,5	35,3	66,4	72,9
b) Investitionen	22,1	26,2	85,3	84,6	34,5	31,5	21,8

	Taiwan		Hongkong		Singapur		Süd-Korea		VRCh		Japan		BRD (alte Bundesländer)	
Wachstum des BSP (%)														
a) 1965–80	9,9		8,6		10,1		9,6		6,6		6,5		3,3	
b) 1980–88	8,0		7,3		5,7		9,9		12,4		3,9		1,8	
Wachstum von Verbrauch und Investitionen (%)	1965/ 80	1980/ 88	1965/ 80	80/ 88	1965/ 80	80/ 88	1965/ 80	80/ 88	1965/ 80	80/ 88	1965/ 80	80/ 88	1965/ 80	80/ 88
a) Staatsverbrauch	7,2	6,5	7,7	5,4	10,2	7,9	7,7	5,3	6,6	12,7	5,1	2,7	3,5	1,5
b) privater Verbrauch	8,4	7,6	9,0	7,1	8,0	4,7	7,8	7,5	6,5	12,5	6,0	3,2	4,0	1,6
c) Einheim. Inv.	14,7	5,7	8,6	3,0	13,3	2,6	15,9	10,5	?	12,4	6,7	4,9	1,7	1,2
Außenwirtschaft (1988) (Mio. US$)														
a) Export	60,667		63,161		39,205		60,696		59,650		264,772		322,555	
b) Import	49,673		63,894		43,765		51,811		55,268		183,252		248,999	
c) jährliche Wachstumsrate (%)	1965/ 80	1980/ 88	1965/ 80	80/ 88	1965/ 80	80/ 88	1965/ 80	80/ 88	1965/ 80	80/ 88	1965/ 80	80/ 88	1965/ 80	80/ 88
Export	19,5	13,9	9,5	12,3	4,7	7,3	27,2	14,7	6,6	12,4	11,4	5,3	7,2	4,6
Import	15,1	8,5	8,3	10,4	7,0	4,9	15,2	9,9	6,6	13,7	4,9	5,0	5,3	3,3

Quellen: Taiwan Statistical Data Book 1991; China Statistical Yearbook 1990; World Development Report 1991; The Challenge of Development; Hongkong 1990; A Review of 1989; Länderbericht Taiwan 1991 und Länderbericht Hongkong 1990 des Statistischen Bundesamtes Wiesbaden 1991; Hochrechnungen des Autors.

4. Karten

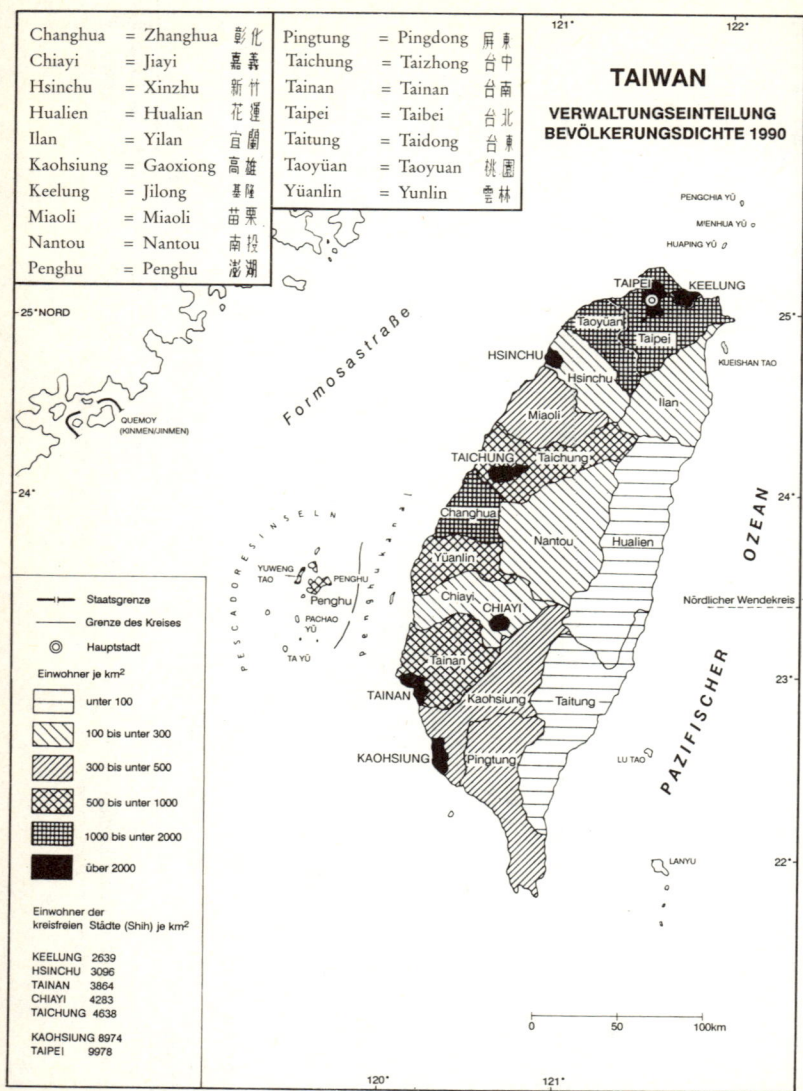

Changhua	= Zhanghua	彰化
Chiayi	= Jiayi	嘉義
Hsinchu	= Xinzhu	新竹
Hualien	= Hualian	花蓮
Ilan	= Yilan	宜蘭
Kaohsiung	= Gaoxiong	高雄
Keelung	= Jilong	基隆
Miaoli	= Miaoli	苗栗
Nantou	= Nantou	南投
Penghu	= Penghu	澎湖

Pingtung	= Pingdong	屏東
Taichung	= Taizhong	台中
Tainan	= Tainan	台南
Taipei	= Taibei	台北
Taitung	= Taidong	台東
Taoyüan	= Taoyuan	桃園
Yüanlin	= Yunlin	雲林

TAIWAN

**VERWALTUNGSEINTEILUNG
BEVÖLKERUNGSDICHTE 1990**

⊣⊢ Staatsgrenze
— Grenze des Kreises
◎ Hauptstadt

Einwohner je km²

unter 100
100 bis unter 300
300 bis unter 500
500 bis unter 1000
1000 bis unter 2000
über 2000

Einwohner der
kreisfreien Städte (Shih) je km²

KEELUNG	2639
HSINCHU	3096
TAINAN	3864
CHIAYI	4283
TAICHUNG	4638
KAOHSIUNG	8974
TAIPEI	9978

Statistisches Bundesamt, Länderbericht Taiwan 1991, Umschreibungstabelle der wichtigsten Namen ergänzt.

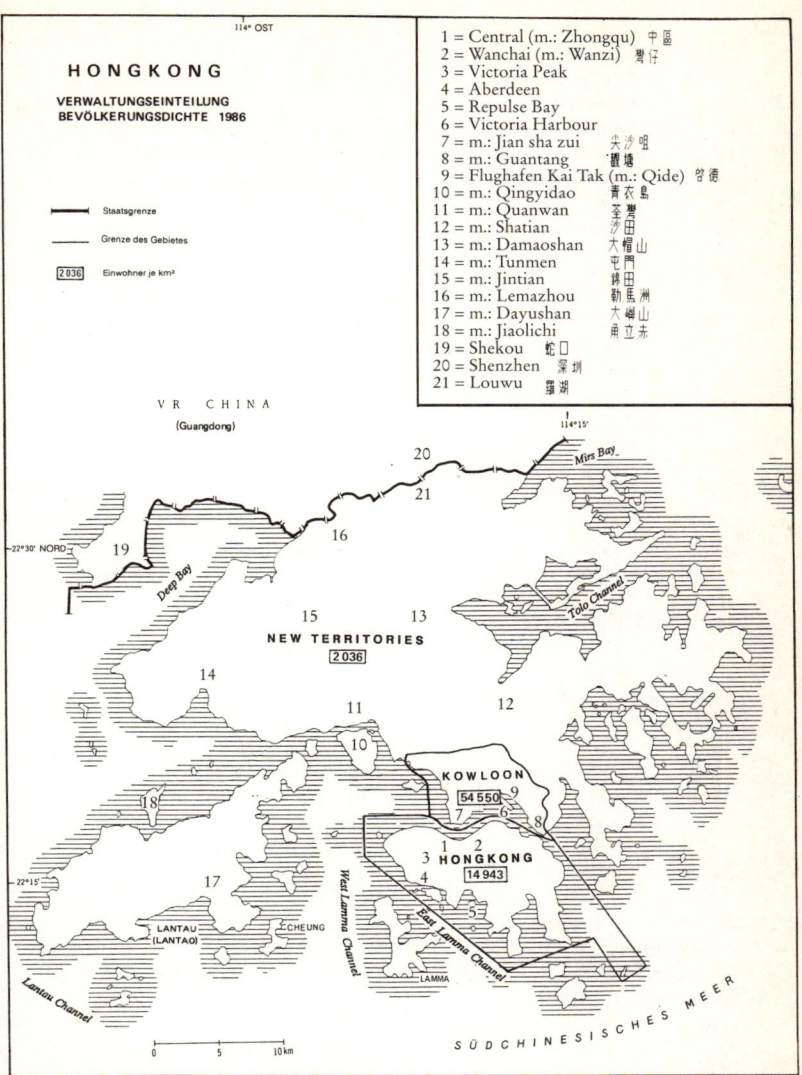

HONGKONG

VERWALTUNGSEINTEILUNG
BEVÖLKERUNGSDICHTE 1986

Staatsgrenze

Grenze des Gebietes

2 036   Einwohner je km²

1 = Central (m.: Zhongqu) 中區
2 = Wanchai (m.: Wanzi) 灣仔
3 = Victoria Peak
4 = Aberdeen
5 = Repulse Bay
6 = Victoria Harbour
7 = m.: Jian sha zui 尖沙咀
8 = m.: Guantang 官塘
9 = Flughafen Kai Tak (m.: Qide) 啓德
10 = m.: Qingyidao 青衣島
11 = m.: Quanwan 荃灣
12 = m.: Shatian 沙田
13 = m.: Damaoshan 大帽山
14 = m.: Tunmen 屯門
15 = m.: Jintian 錦田
16 = m.: Lemazhou 勒馬洲
17 = m.: Dayushan 大嶼山
18 = m.: Jiaolichi 角立夫
19 = Shekou 蛇口
20 = Shenzhen 深圳
21 = Louwu 羅湖

VR CHINA
(Guangdong)

114° OST

114° 15'

Mirs Bay

20
21
16
15   13

22° 30' NORD

19

Deep Bay

Tolo Channel

NEW TERRITORIES
2 036

14

11
10

12

KOWLOON
54 550

18

9
7   6   8

1   2
3   HONGKONG
4   14 943

22° 15'

17

West Lamma Channel

East Lamma Channel

LANTAU
(LANTAO)

CHEUNG

LAMMA

Lantau Channel

SÜDCHINESISCHES MEER

0   5   10 km

Statistisches Bundesamt, Länderbericht Hongkong 1990, bezifferte Ortstabelle ergänzt.

5. Abkürzungsverzeichnis

c.   = cantonesisch (gemeint ist die Wiedergabe eines Terminus in can-
          tonesischer Aussprache)
GMD   = Guomindang (früher übliche Schreibweise: Kuo-min-tang)
KPCh = Kommunistische Partei Chinas
m.   = mandarin (gemeint ist die Wiedergabe eines Terminus in hoch-
          chinesischer Aussprache, und zwar in der Pinyin-Verschriftung)
MJD   = Minjindang („Partei des Demokratischen Fortschritts", führende
          Oppositionspartei auf Taiwan)
SVZ   = Sonderverwaltungszone (rechtlicher Status Hongkongs nach
          1997)
TRA   = Taiwan Relations Act (US-Gesetz über die Beziehungen Wa-
          shingtons zu Taibei von 1979)
VRCh = Volksrepublik China
ZVR   = Zentrale Volksregierung (in Beijing)

6. Register

221

Aktuelle Länderkunden
in der Beck'schen Reihe